Gerhard Falschlehner
Die digitale Generation

Gerhard Falschlehner

Die digitale Generation

Jugendliche lesen anders

ueberreuter

Für Viktor und Nikolaus

Quellennachweise:
Alberto Manguel, Eine Geschichte des Lesens. © 2005 Random
House Mondadori, S. A., Barcelona. Aus dem Englischen von Chris
Hirte. © S. Fischer Verlag GmbH, Frankfurt am Main 2008
Paul Watzlawick, Anleitung zum Unglücklichsein. © 1983 Piper
Verlag GmbH, München
Abdruck mit freundlicher Genehmigung der Rechteinhaber.

Das für dieses Buch verwendete Papier
aus geprüfter nachhaltiger Forstwirtschaft
lieferte Salzer Papier, St. Pölten.

1. Auflage 2014
© Verlag Carl Ueberreuter, Wien 2014

ISBN 978-3-8000-7585-0

Umschlaggestaltung: BoutiqueBrutal.com
Umschlagfoto: © iStockphoto / tashka2000
Druck und Bindung: GGP Media GmbH, Pößneck

www.ueberreuter.at

Inhalt

─── Von der Steinzeit ins digitale Zeitalter. Vorwort.

Ich bin ein Fossil, ein Buchmensch. Ich habe als Kind geschätzte 45 Bände Karl May verschlungen, war Winnetou und Old Shatterhand in einer Person, wenn ich mit Dolch und Revolver durch den Garten meiner Großmutter robbte. Danach kämpfte ich mich durch Gustavs Schwabs *Sagen des klassischen Altertums* und vor allem den Trojanischen Krieg. War Hektor und deutete die Ilias um, sodass die tapferen Trojaner gegen die arroganten Griechen siegten. Schnappte mir später die Reclam-Heftchen aus einem verstaubten Regal mit alten Schulsachen meines großes Bruders. Brachte mich gemeinsam mit Werther um, wurde in Nikolai Gogols *Tagebuch eines Wahnsinnigen* selbst verrückt und irrte als einsamer *Steppenwolf* rat- und rastlos durch Hermann Hesses haarige Sätze. Meine ersten Mädchenliebschaften: Lotte, Hermine, Käthchen. Meine Welterfahrung, mein Weltschmerz, meine Ich-Suche führten durch Bücher.

Als Buchfossil schreibe ich nun unkompetenterweise über digitale Medien und ihre Auswirkungen aufs Lesen.

Ich kann mich noch gut an meine ersten Schritte ins World Wide Web erinnern. Ich hatte für alle BuchklubmitarbeiterInnen ein Seminar an der Donau-Universität Krems zur Einführung des Internets in unserem Büro organisiert. Nach einigen Einführungsvorträgen durften wir am Nachmittag selbstständig drauflossurfen, wussten aber alle nicht, was wir mit der großen Freiheit anfangen sollten: In der ehemaligen Tabakfabrik in Stein sitzend, gab ich als erste Internetadresse meines Lebens die Website der unmittelbar benachbarten Stadt Krems ein und kam mir vor wie ein verwegener Wildwestpionier oder wie Neil Armstrong bei seinen ersten Schritten auf dem Mond. Dass ich genauso gut nach New York, Delhi oder Moskau reisen hätte können, war mir damals noch nicht klar. Typisch »Digital Immigrant«, wie man uns Buchfossile nennt.

Wenn ich sehe, wie sich meine beiden Söhne sicher und selbstverständlich in den digitalen Welten bewegen, spüre ich diesen enormen Generation Gap, der die Vorinternetgeneration plagt. Ob wir Buchmenschen es wollen oder nicht, ob wir es gut finden oder nicht, das Rad lässt sich nicht zurückdrehen. Die digitalen Medien verändern unser Leseverhalten ähnlich dramatisch, wie es wohl einst die Erfindung der Schrift und später der Buchdruck getan haben.

___ Generation Gap

Es gibt eine spürbar große Diskrepanz zwischen dem Kindsein, so wie Kinder ihre Welt erleben, und dem Bild von Kindheit, wie Eltern, Erzieher und Printmedien die Welt der Kinder einschätzen. Zwei Generationen stehen einander ziemlich verständnislos gegenüber: Die Schriftgeneration, die noch vollständig mit Buchstaben auf Papier sozialisiert wurde (auf Werbedeutsch würde man sagen: »Generation 40 plus«), und die junge Generation, die mit digitalen Medien aufwächst. Wenn von Kindheit und Jugendkultur gesprochen oder geschrieben wird, geschieht das meist noch aus der Perspektive der Schriftgeneration und ist oft von jenem unsäglichen Kulturpessimismus geprägt, der seit rund 6 000 Jahren jeweils die ältere Generation über die jüngere jammern lässt. Wäre nicht weiter erwähnenswert, würde nicht die Digitalisierung diese Kluft verschärfen. Analoge Schriftmenschen wie ich, die sich mühsam eine Schneise durchs Internet bahnen, erziehen und beurteilen Menschen, die die digitale Welt von Geburt an verinnerlicht haben. Schon der Begriff »Neue Medien« ist verdächtig: Was wir Erwachsenen noch immer als »neu« empfinden, ist für unsere Kinder selbstverständlich und längst ein alter Hut.

Was wird nicht alles über die Kinder geraunzt: dass sie weniger und schlechter lesen; dass Computerspiele sie faul und unkonzentriert oder gar aggressiv machen; dass SMS und Facebook ihren Wortschatz auf ein Gestammel reduzieren; dass das Internet sie süchtig und einsam macht. Derartige Vorwürfe jedoch stimmen in dieser pauschalen Form nie und sind vor allem wenig hilfreich.

Natürlich betrachte ich berufsbedingt – als Geschäftsführer des Österreichischen Buchklubs der Jugend – die Entwicklung des Lesens mit Sorge. Ich stelle aber auch eine Diskrepanz fest zwischen dem subjektiven Empfinden vieler Erwachsener von der kaum mehr lesefähigen Jugend und den zahlreichen objektiven Befunden, die belegen, dass Jugendliche so viel lesen und schreiben wie noch nie; es haben sich bloß Medien und Lesetechniken geändert. Es gibt kein Indiz dafür, dass Büchernarren wie ich früher einen höheren Bevölkerungsanteil ausmachten. Ich stelle mit Verwunderung fest, wie reihenweise PublizistInnen, JournalistInnen, WissenschaftlerInnen angesichts der digitalen Medien in die alte Kulturpessimismus- und Weltuntergangsfalle tappen. Die Verbindung »digitale Medien und Jugend« löst fast reflexartig Wehklagen und düstere Zukunftsprognosen aus. Dabei kennen die geschätzten KollegInnen so wie ich all die nicht erfüllten Prophezeiungen über die verderbte Jugend, die schon im alten Ägypten existierten. Selbst der weise Sokrates hat sich fundamental geirrt, als er seinerzeit voraussagte, dass die Schrift den jungen Menschen das selbstständige Denken rauben würde.

Die Medienkluft erkennt man an unterschiedlichen Problemlösungsstrategien. Während meine Schriftgeneration das Lesen von Gebrauchsanweisungen, Merkblättern und Anleitungen als Pflicht vor dem Tun ansieht, arbeiten die »Digital Natives« nach dem Trial-and-Error-Prinzip fast immer schneller und effizienter. Ich erinnere mich an den ersten Flugsimulator meines älteren, damals zirka neunjährigen Sohnes am PC. Während ich im Handbuch ungefähr auf Seite 27 über das »Einsteigen ins Flugzeug« las, flog er bereits zwischen San Francisco und Los Angeles hin und her. Er konnte zwar nicht landen, ich aber war noch meilenweit vom Starten entfernt.

Bildgebende Verfahren der Neurowissenschaften zeigen, dass unsere Gehirn-Hardware zwar nicht veränderbar ist (wir denken immer noch mit dem alten Steinzeithirn), dass aber das Netzwerk der Neuronen sehr flexibel auf Veränderungen in der Kommunikation reagieren kann. Dass der Mensch die Schrift erfinden und lesen und schreiben lernen konnte, ist ein Beweis für die Fähigkeit, sich an veränderte Umweltbedingungen anzupassen und neue Denkstrategien zu entwickeln. Der Übergang zur Sesshaftigkeit brachte einerseits persönlichen Besitz von Gegenständen aller Art und Tauschhandel, andererseits Zeit und Muße, über seine eigene Vergangenheit und Herkunft nachzudenken. Beides machte die Entwicklung von Aufzeichnungen sinnvoll und die Fähigkeit, diese zu lesen, erforderlich. In den frühen Hochkulturen wurde die Schrift entwickelt, und das Gehirn fand Wege, sie zu lesen.

Der Schritt von der realen in die virtuelle Welt der digitalen Medien ist möglicherweise ein ähnlich großer wie vom Nomadentum zur Sesshaftigkeit und erfordert von uns das Lesen in völlig neuen Formen, Medien und Modi und damit auch neue Denk- und Problemlösungsstrategien. Ich bin überzeugt, dass die digitale Generation mit großem Erfolg daran arbeitet und dass sich das menschliche Gehirn flexibel auch an diese und alle weiteren Veränderungen jeweils ebenso anpassen wird.

Ich möchte in diesem Buch einige aktuelle Erkenntnisse aus der Leseforschung vorstellen, die meiner Meinung nach in eine zeitgemäße Leseförderung einfließen sollten. Ich plädiere dafür, den Lesebegriff um digitales Lesen sowie das Lesen von Bildern und dreidimensionalen Informationssystemen zu erweitern. Und ich möchte zeigen, wie die digitalen Medien das Leseverhalten der jungen Menschen verändern und wie ErzieherInnen und Eltern darauf reagieren können/sollen. Mein Buch ist *keine* Lesedidaktik (obwohl eine solche im digitalen Zeitalter dringend erforderlich wäre) und auch *kein* Ratgeber (weil ich Bücher dieser Kategorie oft betulich bzw. bevormundend finde). Ab und zu kann ich mir aber einen Seitenblick/-hieb auf meine frühere Profession, das Lehren, nicht verkneifen. Es gibt wunderbare Literatur zur Leseforschung und über digitale Medien aus diversen wissenschaftlichen Sparten – Entwicklungspsychologie, Neurowissenschaften, Pädagogik, Sprachwissenschaften, Kulturphilosophie, Publizistik –, die ich zurate gezogen, aus der ich viel geklaut und hemmungslos simplifiziert habe. Ich habe mich bemüht, meine Vorlagen getreu zu zitieren oder zumindest zu erwähnen. Ich bedanke mich bei allen IdeenspenderInnen für die Anregungen und entschuldige mich bei jenen, deren Erwähnung ich möglicherweise vergessen habe.

Bezüglich »gegenderter« Sprache habe ich mich entschieden, die weiblichen Formen bzw. das Binnen-»I« zu verwenden; das ist zwar sprachlich oft ein wenig verkorkst, aber so viel Platz muss sein, um die Leserinnen der Literatur explizit mitzudenken, die ja den weit größeren Anteil stellen als die Leser.

Lesen – Jugend – Medien

Neues Lesen?

Das Buch als Wissensmonopol hat ausgedient und wird als Nischenmedium seinen Platz finden. Lesen ändert seinen Charakter: Das lineare Lesen von Schrift bleibt als Basiskompetenz zwar unverändert wichtig, viel häufiger benötigen wir aber digitales Lesen, um uns in multimodalen und multimedialen Räumen zu orientieren.

Abschied vom Buch

Es ist Zeit, sich von den Büchern zu verabschieden. Sie haben rund 500 Jahre als Leitmedium unserer europäischen Kultur gedient und ihre Sache ganz gut gemacht. Andererseits: Wunder konnten sie auch keine bewirken. Sie konnten keine Tyrannen stürzen, sie haben die beiden Weltkriege nicht verhindert, und die Weltwirtschaftskrisen auch nicht. Bücher sind nicht einmal a priori gut. Weder sprachlich noch moralisch. Schließlich gibt es ja auch Druckwerke wie *Mein Kampf* oder *Zehn Wundermittel gegen Cellulite* oder *Fifty Shades of Grey*. Bücher als Transportmittel des Humanismus sind ein frommer Wunsch selbst ernannter HumanistInnen. Bücher waren auch nicht immer demokratiefördernd, denn letztlich blieben sie früher meist der Oberschicht vorbehalten, die gut lesen und es sich leisten konnte. Fernsehen, Radio und Internet heute sind viel demokratischer: Dazu hat sozusagen jede/r Zugang, und das kann jede/r, beim Internet mit der kleinen Einschränkung, dass man lesen können muss. Bücher halten oft nicht, was sie versprechen: Kein/e LeserIn wurde in 30 Tagen schlank, reich oder berühmt, selbst wenn der Buchtitel das verhieß. Und schließlich wurden Abertausende Schulkinder mit Klassenlektüre und Reihumlesen gequält.

Zeit, Adieu zu sagen. Aber kein Grund, traurig zu sein. Das Buch verschwindet ja nicht wirklich, es verliert nur seine etwas angegraute Rolle als moralische Instanz und als bildungsbürgerliches Prestigeobjekt. Ein ähnliches Schicksal erfuhren übrigens einst auch die Bilder, die jetzt wiederum das Buch und dessen -staben abzulösen scheinen.

Jahrtausendelang erzählten und erklärten Bilder den Menschen die Welt, dokumentierten und fabulierten – von den Höhlenmalereien bis zu den Biblia pauperum (Armenbibeln) in Kirchen –, bis die schier grenzenlosen Reproduktionsmöglichkeiten des Buchdrucks die Bildwelten ablösten. Doch auch die Bilder verschwanden durch den Aufstieg des Buches nicht völlig aus unserem Leben, sie bekamen nur einen neuen Stellenwert. Bilder hängen auch heute noch als Original oder in Kopie in Wohn- und Schlafzimmern und tagtäglich besuchen Millionen Menschen Museen und Galerien – freiwillig. Und als Foto erfuhren sie letztlich eine wundersame Transformation. So wird es auch den Büchern gehen, und darin steckt ihre Chance. Sie werden ihren moralinsauren Beigeschmack verlieren, ihre Aura des Verpflichtenden, und bleiben ein wertvolles Kulturgut neben anderen. Menschen, die bisher Bücher lasen, werden das weiter tun. Kinder werden sie als bereicherndes Medium erfahren, neben Tablet und Konsole oder sogar darauf. Und wie eh und je werden Kids in ihrem Zimmer hocken und mit ihrem Buch oder Tablet in ferne Galaxien oder Zauberwelten fliegen. Nicht alle, aber auch nicht weniger als in der Vergangenheit, die zu Unrecht glorifiziert wird. Denn zu keiner Zeit war Buchlesen mehrheitsfähig, sondern immer bloß eine Drittelgesellschaft: Ein Drittel der Population waren und sind gute und überzeugte LeserInnen, ein Drittel sogenannte »potenzielle LeserInnen«, die es grundsätzlich können und es tun, wenn es erforderlich ist, und ein (starkes) Drittel waren zu allen Zeiten NichtleserInnen. Alle anderen Behauptungen von der Lesegesellschaft anno dazumal sind sozialromantischer Schmarren. In vielen ländlichen oder proletarischstädtischen Kreisen gab es keine Bücher und auch keine Zeit dafür.

Vieles wird in Zukunft nicht mehr in Büchern stehen, weil sie technisch überfordert sind und das Internet praktischer ist: Bücher sind am Tag nach dem Druck schon veraltet, Texte in digitalen Medien können jederzeit aktualisiert, ergänzt, mit anderen verknüpft werden. Können in allen Schriftgrößen gelesen, ausgedruckt, übersetzt werden. Können Bücher alles nicht.

Wenn wir endlich aufhören, Bücher gegen die digitalen Medien auszuspielen, dann werden sie freilich einen neuen, wichtigen Platz in der Geistesgeschichte einnehmen: als wunderbares, bereicherndes Nischenprodukt für Menschen, die sich auf Tiefgang begeben und auf Geschichten einlassen wollen. Als in sich geschlossenes, stimmiges Ganzes im Gegensatz zu Medientexten, die ständig in Fluss sind. Und auch die Buchwirtschaft braucht sich nicht zu grämen: Als preiswertes und dekoratives Geschenk ist das Buch immer noch konkurrenzlos.

___ Vom Kleingedruckten zum Überkopfwegweiser

Auch vom klassischen Lesen müssen wir uns weitgehend verabschieden: Die »reine« Schrift, also Texte, die wir Buchstabe für Buchstabe von links oben nach rechts unten lesen, ist heute nur mehr die Ausnahme. Bilder, Symbole, Icons und allerlei blinkendes Zeug haben sich unter die Schrift gemischt, sie ergänzt oder gar ersetzt. Hypertext hat die Linearität nachhaltig durchbrochen. Lesen ist nicht mehr, was es einmal war. Verschwinden wird es aber auch nicht. Allen Kassandrarufen zum Trotz haben die digitalen Medien Lesen nicht überflüssig gemacht, sondern sind die wichtigsten Forderer und Förderer des Lesens geworden. Surfen Sie einmal im Internet oder bearbeiten Sie eine E-Mail, wenn Sie AnalphabetIn sind! Im digitalen Zeitalter gibt es kaum einen Beruf, der ohne Rezeption schriftlicher Informationen auskommt: vom Mechaniker, der Ersatzteile via E-Mail bestellen muss, bis zum Landwirt, der neben dem Acker auch noch jede Menge EU-Formulare durchpflügen muss, ist die Berufswelt von Lesenotwendigkeiten durchdrungen, auch in Berufen, in denen das früher nicht nötig war. Auch abseits der digitalen Medien leben wir in einer Informationswelt: Plakate, Hinweisschilder, Bestellformulare, Gebrauchsanweisungen, Sicherheitsbestimmungen. Vom Kleingedruckten zum

Überkopfwegweiser: Lesestoff allerorten, den wir benötigen, um irgendeinen Zutritt, eine Erlaubnis, eine Vergünstigung zu erhalten. Aber ist das noch Lesen? Was tut jemand, der eine Website rezipiert, in der Bilder, Icons, Töne und Buchstaben zusammenstoßen? Wenn jemand versucht, sich auf einem fremden Flughafen anhand von Infoscreens zum richtigen Gate zu bewegen? Hat Lesen immer und hauptsächlich mit Schrift zu tun oder ist es Wahrnehmen von Zeichen im allerweitesten Sinn?

Einen schönen Beitrag zu dieser Frage lieferte der argentinische Schriftsteller Alberto Manguel:

»Das Lesen von Buchstaben auf einer Seite ist nur eine ihrer Erscheinungsformen. Der Astronom liest am Himmel in Sternen, die längst nicht mehr existieren; [...] Jäger und Naturforscher lesen die Wildfährten im Wald; Kartenspieler lesen die Gesten und Mienen ihrer Partner, bevor sie die entscheidende Karte ziehen. Balletttänzer lesen die Notierungen des Choreographen, und die Zuschauer lesen dann die Figuren des Tanzes auf der Bühne. Teppichweber lesen die verschlungenen Muster eines gewebten Teppichs, Organisten lesen mehrere simultane Stimmen, um sie zu einem orchestralen Klang zusammenzuführen, Eltern lesen im Gesicht ihres Babys, um nach Anzeichen der Freude, der Angst oder des Staunens zu suchen. Chinesische Wahrsager lesen uralte Zeichen, die in den Panzer einer Schildkröte geritzt sind, Liebende lesen den Körper der Geliebten nachts im Dunkeln unter der Decke. Psychologen helfen ihren Patienten, die eigenen befremdlichen Träume zu lesen; hawaiische Fischer lesen die Meeresströmungen, indem sie die Hand ins Wasser halten; der Bauer liest am Himmel, welches Wetter zu erwarten ist, und alle teilen sie mit den Lesern von Büchern die Fähigkeit, Zeichen zu erkennen und mit Bedeutung zu füllen.«[1]

Die digitale Medienwelt legt einen weitgefassten Lese- und Textbegriff nahe. »Lesen« kommt vom Lateinischen »legere« und heißt »sammeln«; »Textur« bezeichnet ein Gewebe. Das passt gut ins digitale Zeitalter: Wir sammeln Informationen aus einem Gewebe von Zeichen. Bilder übernehmen bedeutungstragende Funktionen, Icons und Fotos ersetzen und ergänzen die Schrift. Wir lesen in unterschiedlichsten Modi und Medien, mit allen Sinnen, hörend, fühlend und riechend: Pieps- und Signaltöne weisen Computer- und MobiltelefonbenutzerInnen zurecht, Rüttellinien wecken uns auf Autobahnen, weil wir über die Fahrspurbegrenzung geraten sind, Duftspuren locken uns in U-Bahngängen zur nächsten Bäckerei mit frischen Croissants.

Was früher zwischen Buchdeckeln oder Heftseiten gedruckt wurde, der Text, löst sich immer öfter vom Papier und begegnet uns in vielfältigen realen und virtuellen Räumen und in multimodalen Informationssystemen. Das Design, das Layout, die Gesamtarchitektur der Information übernimmt eine tragende Rolle, um die verschiedenen Modi zusammenzuführen: das Leitsystem eines Flughafens oder einer U-Bahn, das weltweit gleiche Corporate Design von Handels- oder Restaurantketten, das Display von Smartphones oder das Layout einer Website – all das sind multimodale Texte, in denen Schrift zumeist eine wichtige, aber nicht unbedingt die dominante Rolle spielt und in denen dem Design eine zentrale Orientierungsfunktion zukommt. Wie wichtig dies ist, merken wir oft erst dann, wenn wir uns im Dschungel der Botschaften verirren: wenn wir auf einem fremden Flughafen das richtige Gate, im Einkaufszentrum den gewünschten Shop, auf der Website den gesuchten Link nicht und nicht finden können und stattdessen in einer Infosackgasse oder einer Datenbesenkammer landen.

Wo bleibt das lineare Lesen?

Frohe Botschaft für die Schriftmenschen: Lineares Schriftlesen ist zwar vielleicht quantitativ weniger, aber qualitativ nicht weniger wichtig geworden. Komplexe Informationen, differenzierende Aussagen, Formulieren von Nuancen, Darstellen schwierigerer Sachverhalte erfordern nach wie vor die Schrift. Bilder sind Texten oft emotionell und an Wahrnehmungsgeschwindigkeit überlegen, an Eindeutigkeit und Präzision gewinnt aber oft die Schrift. Piktogramme sind zwar einprägsam und kommunikativ, aber versuchen Sie einmal, Sprachnuancen wie ein »vielleicht« oder ein »manchmal« als Icon auszudrücken! Selbst hoch elaborierte Zeichensysteme wie Diagramme haben Grenzen der visuellen Darstellung und müssen verbalisiert werden, wollen wir sie in unserem Gedächtnis als Information abspeichern oder jemand anderem erklären.

Schrift ist unverändert die Basis gesellschaftlichen und politischen Lebens: Gesetze, Verträge, Verordnungen und politische Programme sind nur in Schrift denkbar. Die Vorstellung, dass die Macht des gelesenen Wortes in die Hände einer kleinen Minderheit gerät, ist ein demokratiepolitischer Albtraum so wie auch das umgekehrte Szenario: dass politische Entscheidungsträger nicht lesen können. In der Lesekompetenz steckt gesellschaftspolitische Sprengkraft: Nur wer komplexe Texte lesen kann, verfügt über Wissen – und über Macht. Wer Verträge, politische Programme und juristische Texte lesen kann, kann an der Gesellschaft aktiven Anteil nehmen, mitbestimmen, sein persönliches Recht einfordern. Letztlich ist alles Wissen dieser Welt gespeichert in Schrift – sei es naturwissenschaftlich, sei es geisteswissenschaftlich-philosophisch –, auch in den digitalen Archiven.

Kommunizieren in unserer komplexen Welt, Teilhabe an der Gesellschaft verlangt unverändert Schreib- und Lesekompetenz. Die grandiose Erfindung unserer Vorfahren, die Schrift, ist unumkehrbar. Und auch wenn manche Zukunftsfanatiker von sprachunterstützten Programmen schwärmen und Mobiltelefone und Navigationsgeräte mit uns sprechen: Überall dort, wo Informationen komplex und/oder umfangreich werden, wo eine Speicherung sinnvoll und notwendig ist, braucht es Schrift – und Menschen, die diese schreiben und lesen können. Vorfreude künftiger SchülerInnen ist daher unangebracht: Selbstverständlich steht am Anfang der Sozialisierung das Lesenlernen von Schrift. AnalphabetInnen sind heute und in Zukunft gesellschaftliche AußenseiterInnen, die sich unendlich mühsam einen Weg durch den Schriftdschungel bahnen müssen und die von wesentlichen Bereichen unserer Welt und unserer Gesellschaft ausgeschlossen bleiben. Je besser jemand Schrift lesen kann, desto kompetenter ist er/sie auch im digitalen Raum unterwegs und desto anspruchsvollere Informationen kann er/sie dort verarbeiten.

Lesen im digitalen Zeitalter ist Sowohl-als-auch: sowohl analoges, lineares Lesen als auch Navigieren und Interagieren in multimodalen Text- und Informationsräumen. Zweiteres muss daher ebenso erlernt werden wie das Alphabet auf dem Papier. Lesen ist das Orientieren in großen Räumen ebenso wie das konzentrierte Suchen im Kleingedruckten.

Jugendkultur ist Medienkultur

Jugendliche sind 24 Stunden am Tag in digitalen Medien unterwegs und trennen nicht mehr zwischen realer und virtueller Welt.
Sie passen ihr Rezeptionsverhalten an die Notwendigkeiten der Medienwelt an, und sie lesen und schreiben mehr denn je – vorausgesetzt sie können es.

Sie sind immer drin!

Unser Sohn Nikolaus lebt im Cyberspace. Umgeben von und verkabelt mit Fernseher, Konsolen allen Art und diversen -pods und -pads und -phones, notfalls mit Kopfhörern, schwebt er von der familiären Außenwelt abgeschottet auf seinem Teppichraumschiff durch Zeit und Raum und unser Wohnzimmer, während seine Eltern daneben am Esszimmertisch altmodisch Konversation (auf Neudeutsch »Face-to-Face-Kommunikation«) pflegen.

Die zwischen 1990 und 2000 geborene »Millenniumsgeneration« ist die erste, die durch digitale Medien sozialisiert worden ist. Haushalte mit Kindern verfügen heute – quer durch die sozialen Schichten – über die wichtigsten digitalen Medien, Kinder leben in Multimediakinderzimmern, in aller Regel mit eigenem Fernseher, Computer, Spielekonsolen, Handy und zunehmend Tablets. Vor allem mobile Medien sind seit ihrer Erfindung Alltagsbegleiter der jeweiligen Jugendgeneration. War es in meiner grauen Vorzeit das tragbare Transistorradio, mit dem ich zur Freude der MitbewohnerInnen durchs Zinshaus in Wien lärmte, folgten der legendäre Walkman, diverse MP-3-Player, der Gameboy. Pocketvergnügungen, die unabhängig machten und mit denen man durch übermäßigen Genuss Erwachsene gut ärgern konnte. Derzeit ist es das Smartphone, ein All-in-one-Medium, das alle anderen Medien in sich vereint oder Zugriffe auf sie möglich macht. Ein digitales Schweizer Taschenmesser: Telefon & SMS, Internet & E-Mail-Account, Mailbox & Musikbox, Fotoapparat &

Videokamera, Fernseher & Pocketkino, Spielekonsole & Navigationsgerät sowie Sammelbox für Apps aller Art. Identifikations-, Unterhaltungs- und Kommunikationsmedium und wohl auch Statussymbol. 2013 besaßen laut JIM-Studie 97 % der Jugendlichen ein mobiles Telefon, 50 % davon internetfähig, Tendenz stark und schnell steigend. Die Mediendurchdringung beginnt früh. Kindergartenkids nutzen instinktiv die Touchscreens von Tablets, VolksschülerInnen brauchen dringend internettaugliche Mobiltelefone, sobald sie einigermaßen lesen können. Auch bei den konsumierten Inhalten zeigt sich eine deutliche Akzeleration: Die Popkultur – Musik, Fernsehsoaps, Kinofilme, Accessoires –, eigentlich für Teenager konzipiert, wird schon von Volksschulkindern konsumiert. Spielfilme wie *Batman* und *Star Wars*, Fernsehsoaps wie *The Big Bang Theory* oder *Two and a Half Men* sind schon bei den Kids zu Hause. Kinderkulturmacher beklagen, dass ihnen das Publikum abhandenkommt, weil die Kinder lieber auf der Jugendlichenschiene unterwegs sind. *Deutschland sucht den Superstar* und *Dancing Stars* schlagen *Tom Turbo* und andere Kinderformate um Quotenlängen. Freilich nur dann, wenn es ums Image nach außen geht. Gibt man ihnen die Chance, den Kleinen, unbeobachtet Kind zu sein, dann tauchen sie gern auch wieder einmal in Kinderwelten ein. Der Plüschbär sitzt auf der Spiderman-Bettdecke, die Hexe Lilli neben Darth Maul. Für Eltern ist es eine nicht immer einfache Aufgabe, Kinder zwischen den beiden Welten durchzuschleusen, ohne zu frühen Kindheitsverlust, aber auch ohne sie gegenüber den FreundInnen urpeinlich aussehen zu lassen … Aber das ist eine andere Geschichte.

Zurück zu den Teenagern. Eine Trennung in Medienzeit und nonmediale Zeit, On- und Off-Media, ist nicht mehr möglich und sinnvoll. Pädagogisch sorgenvolle Messungen, wie viele Stunden Kinder vor oder in diversen Medien verbringen, sind müßig geworden. Sie sind immer drin, die Digital Kids, oder zumindest Stand-by. Medien – vor allem das Smartphone – strukturieren den Tag und bringen Spaß und Unterhaltung, geben alle notwendigen Informationen (etwa wann der Kinofilm beginnt, wie man in das angesagte Lokal kommt und wer schon dort ist), stellen Kommunikation mit den Freunden her und prägen auch zunehmend den Wissenserwerb (den privaten und auch den schulischen). Schließlich füllen sie Wartezeiten (an der Bushaltestelle, in der U-Bahn, in langweiligen Unterrichtsstunden) oder fungieren als Backgroundmedium (beim Frühstück, bei den Hausaufgaben). Sobald sich ein Zeitfenster öffnet, greifen Kids zum Handy oder zur Spielekonsole. Kommen sie von der Schule nach Hause, gehen sie zuerst ins Internet, greifen zur Konsole oder schalten den Fernseher ein – oder noch besser: alles zugleich.

Die Perspektive, die Kinder auf die Welt haben, ist medial geprägt. Eine scharfe Trennung zwischen Wirklichkeit und Medienwirklichkeit, zwischen realen und virtuellen Welten, gibt es für die Jugendlichen nicht mehr. Begegnungen und Ereignisse, die in den Social Media stattfinden, sind Realität. Menschen, denen man auf YouTube begegnet, haben den Stellenwert von guten Freunden. Umgekehrt spiegeln Kids ihre eigenen Erlebnisse sofort in den Social Media: posten Fotos und Filmchen, verraten, wo sie mit wem unterwegs sind, was sie cool finden und was uncool. Sie schauen sich gleichsam bei ihrem eigenen Tun zu und posten das sofort der Facebook- oder WhatsApp-Community. Medien und Kids sind wie Hase und Igel: Wo der eine hinkommt, ist der andere schon da. Wobei sich die Frage stellt, wer Hase und wer Igel ist.

Erwachsene erzählen gern die Geschichte vom Stadtkind, das am Land erstmals echte Kühe sieht und enttäuscht ist, weil diese nicht blau sind wie die Milka-Kuh aus der Fernsehwerbung. Die Geschichte ist doppelt falsch: Kinder wissen natürlich, dass sowohl Milka-Kuh als auch Almkuh existieren, die eine virtuell, die andere real. Aber dieser Unterschied spielt in ihrem Leben keine Rolle, höchstens, dass die eine Schokolade spendet, die andere Milch. Wir Erwachsenen nehmen übrigens genauso gern virtuelle Welten für bare Realität. Die amerikanische Medienforscherin Sherry Turkle[2] erkannte schon vor 15 Jahren den »artificial crocodile effect«, wenn wir Krokodile in Universum-Fernsehsendungen oder Sixpack-Männer und dünne Fotomodell-Frauen in Hochglanzmagazinen für Realität halten und ignorieren, wie mittels Photoshop und Computeranimation das träge Krokodil auf dynamisch-aktiv, der Mann auf Hugh Jackman und die Frau auf superschlank-faltenfrei getrimmt wurden.

___ Multimedialer Fleckerlteppich

Wir Erwachsenen haben oft Probleme, Medien parallel zu nutzen. Mich stört der Fernseher beim Lesen, und ich tue mir schwer, zwischen den verschiedenen geöffneten Windows auf meinem Notebook unfallfrei hin- und herzuspringen. Für Kinder – no problem. Sie switchen sowohl zwischen den Medien – der gleichzeitige Gebrauch von Handy, Spielekonsole und iPod ist für sie normal – als auch zwischen den Inhalten. Statt kontinuierlich ein ganzes Werk anzuschauen (egal ob Film oder Buch), stellen sie sich ihr persönliches Informations-. oder Unterhaltungsmenü selbst zusammen, basteln aus vielen Medienimpulsen ein ständig sich veränderndes Gesamtkunstwerk, einen multimedialen Fleckerlteppich aus Musik, Spielen, Filmausschnitten, Fotos.

Ein typisches Bild: Sohn schaut im Fernsehen eine Folge *Clone Wars*, gleichzeitig spielt er mit seinen Legofiguren Szenen nach. Und im Hintergrund wartet die Konsole mit dem neuesten *Star-Wars*-Computerspiel, die in Werbepausen zum Einsatz kommt. Die Unterhaltungsindustrie forciert diese crossmediale Kommunikation: Zum neuen Film oder zur angesagten Fernsehserie gibt es zeitgleich das passende Computerspiel, eine offizielle und mehrere informelle Websites, die DVD-Edition, das Legospiel und vielleicht sogar das Buch zum Film. Die Verknüpfung all dieser Medien, die Verbindung zwischen reeller und virtueller Welt, macht für Jugendliche heute ihre Medienkultur aus. Hop-on-Hop-off …

Jugendliche nutzen vorrangig das Medium, das im Augenblick den gewünschten Inhalt bzw. Nutzen und darüber hinaus vielleicht noch einen Imagemehrwert bietet. Die »alten« Medien verschwinden zwar nicht, stehen aber unter dem Druck der jederzeit und überall abrufbaren digitalen Angebote auf Smartphone und Tablet und müssen sich als Nischenprodukte neu erfinden. Das Radio fungiert nach wie vor als Hintergrundbeschallung, der Fernseher dient als »Lean-Back-Medium«, 91 % der Jugendlichen sitzen täglich davor. Beide Medien leiden jedoch darunter, dass sie an fixe Sendezeiten gebunden sind, während die Kids es zunehmend gewohnt sind, ihre Lieblingssongs, Serien und Filme »on demand« im Internet abzurufen, wann immer *sie* wollen, nicht, wann sie das Medium spielt. Das Kinocenter überlebt als leicht retro angehauchter sozialer Popcorn-Cola-Treff in der Peergroup. Die Frage nach dem Image von Medien stellt sich heute nicht mehr, man hat ohnedies Zugriff auf alle. Höchstens Markenimages spielen noch eine Rolle, je nachdem welche Konsole oder welches Markenhandy grad kultmäßig die Nase vorn hat. Erwähnens- und bemerkenswert ist, dass das Buch im Medienkonzert der Kids durchaus seinen Platz behauptet.

Medien schaffen Kommunikation

Es ist eines der Horrorszenarien sorgenvoller Eltern, ihr Kind hocke stunden- und nächtelang allein in seinem Zimmer vor dem Computer und falle in dumpfe Vereinsamung. Abgesehen davon, dass man uns Bücherwürmer zu meiner Zeit ähnlich gewarnt hat (»Geh doch raus und spiel mit deinen Freunden, die Sonne scheint!«), liegen Eltern mit diesen Befürchtungen falsch. Die Sorge vor »Cocooning« und Isolation der Jugendlichen durch übermäßigen Medien-, vor allem Computergebrauch, hält einer Überprüfung nicht stand. Im Gegenteil: Medien schaffen Gemeinsamkeiten und Kommunikationsanlässe. Social Media sind eben soziale Medien. Kids nehmen sich viel Zeit, um sich über das coolste Musikvideo oder den angesagten You-

Tube-Clip auszutauschen – im virtuellen Schreibgespräch mit Kumpels oder Freundinnen. WhatsApp-Freunde sind mehrheitlich dieselben, mit denen man auch real bekannt ist, sie schreib-quatschen miteinander schon am Heimweg von der Schule per Telefon und SMS und dann zu Hause via Social Networks. Manchmal finden diese Kommunikationen parallel, oft auch gleichzeitig statt. Social Media sind Verlängerungen der sozialen Kontakte in Zeiten des Tages, in denen man einander nicht persönlich trifft. Eltern merken das in der Regel an der Handyrechnung. Dass sich Jugendliche darüber austauschen, was sie essen, tun oder reden, mag belanglos sein, doch Kommunikation ist es allemal. Diese spielt sich überwiegend in der Peergroup der Gleichaltrigen oder aber auch in Onlinecommunitys ab, wo das Alter der GesprächspartnerInnen keine Rolle spielt und auch heftig »gefakt« wird. Erwachsene spielen als mediale Vorbilder und GesprächspartnerInnen eine geringe bis gar keine Rolle, Mütter oder Väter nur, wenn sie technikaffin sind, LehrerInnen praktisch gar nicht. Die digitale Generation bleibt unter sich.

Wer je das Bild einer »LAN-Party« gesehen hat, weiß, dass Computerspielen viel weniger einsam ist, als Erwachsene mutmaßen. Hunderte Jugendliche sitzen in einer Halle vor ihren PCs inmitten von Kabelgewirr, Coladosen und Pizzakartons und spielen mit-, neben- und übereinander. Aber auch zu Hause wird immer häufiger mit OnlinepartnerInnen gespielt, deshalb bieten die aktuellen Konsolen auch Internetzugang. Eltern haben oft gar keine Ahnung, dass ihre eigenen Kinder gar nicht einsam im Zimmer vorm Computer sitzen, sondern fröhlich in der Onlinecommunity unterwegs sind, wobei hier der Personenkreis weit über persönliche Freundschaften hinausgeht. Etliche Computerspiele – wie etwa das berühmt-berüchtigte *World of Warcraft* – sind überhaupt nur als Gemeinschaftsspiele möglich. Und viele Spiele, wie etwa das friedfertige *Minecraft* und seine Ableger, erhalten durch gemeinsames Onlinespielen zusätzlichen Reiz. Mit den Kumpels stundenlang einträchtig nebeneinandersitzen und spielen –

jeder auf der eigenen Konsole, dabei aber gemeinsam den virtuellen Raum zu durchstreifen und sich darüber auszutauschen –, das gehört zum heutigen »Abhängen« der Kinder dazu wie früher Räuber und Gendarm. »Anschlusskommunikation« gilt in der Lesedidaktik als Forderung – die Jugendlichen realisieren sie.

Aber auch das passt den InternetkritikerInnen nicht. Kaum zeigt sich, dass Jugendliche nicht einsam im Netz verschwinden, sondern dort fröhlich ihre FreundInnen treffen – wird auch das kritisiert. Für Offline-Erwachsene scheint die Preisgabe privater Daten und der Verlust der Intimsphäre eine enorme Bedrohung zu sein. Ob sich mit Facebook, Google & Co. »Big Brother«-ähnliche Überwachungstendenzen im Netz durchsetzen oder ob die Webcommunity sich dagegen wehrt, ist an anderer Stelle zu diskutieren. Aber jedem Jugendlichen ist – nach der rasch abklingenden Anfangseuphorie, in der man die Social Media unkontrolliert mit privaten Dingen füllte – heute einsichtig zu machen, dass er/sie keine inkriminierenden Fotos online stellt oder sensible Daten preisgibt. Man sollte die Jugendlichen nicht für dumm verkaufen. Schließlich können wir ihnen ja auch beibringen, sich im Straßenverkehr oder auf einer Skipiste vernünftig zu verhalten und nicht mit Fremden mitzugehen. Und die realen Bedrohungen im Alltag sind allemal gefährlicher als die virtuellen.

Mobbing, sexueller Missbrauch und Gewalt sind in den meisten Fällen nicht medial verursacht. Sie finden hauptsächlich im realen Leben, in Schulen und in Familien statt – ganz ohne digitalen Hintergrund. Ich will die Gefahren des Internets keineswegs verharmlosen, ärgere mich jedoch über die Schlagseite, die den Medien die Generalschuld zuschiebt und den sozialen Background der Opfer und der Täter außer Acht lässt. Und ich wittere hinter mancher Kritik eher die typisch österreichisch-deutsche Gartenzaun-&-zwerg-Mentalität, die alles, was anders oder gar nach Öffnung riecht, einmal vorauseilend ablehnt. Ich selbst erlebe die Social Media als harmlos-unnützen Raum, in dem einander bekannte Menschen, darunter manche, die ich jahrelang nicht mehr gesehen habe, Wissenswertes, Kurioses und Überflüssiges mitteilen und austauschen. Dass nicht alles, was in Bild und Wort gepostet wird, Niveau hat, spiegelt unsere Gesellschaft wider, gelegentliche Geschmacklosigkeiten teilen die Social Media mit allen herkömmlichen Medien. Dass sich ausgerechnet Boulevardzeitungen, deren Geschmackssicherheit sich von Seite 6 bis zu den Kontaktanzeigen durchzieht, am meisten über Social Media mokieren, scheint mir besonders scheinheilig zu sein. Gerade die jugendliche Webcommunity bewies bisher eher gesunde Skepsis. Wenn sie sich von Konzerninteressen vereinnahmt fühlte, zog die Karawane zur nächsten Website weiter und ließ die vorige stehen. Wo ist denn das viel gepriesene »Second Life«, jene virtuelle Welt, der man eine Riesenzukunft vorhersagte, heute, und wer weiß schon, wo Facebook in ein paar Jahren rangiert?

____ Mediensprache: *Lol* und SBZ

>Lol hahaha, that just made my day I will show all my friends!<
>Is the fella who made this up a pervert or wat!!<

Zwei typische Postings über ein YouTube-Video. Das eine drückt Begeisterung aus, das andere Verärgerung. Beide bedienen sich des typischen Social-Media-Denglish, einer Mischung aus Kürzeln, Deutsch und Englisch. Die gute Nachricht: Die Voraussetzung, um die vielfältigen Formen der Onlinecommunitys – E-Mail, Instant Messaging, Chatten, Simsen, Posten, Online-Gaming – zu nutzen, ist immer Lesen und Schreiben. Die schlechte Nachricht: Korrektes Hochdeutsch wird meistens nicht verwendet. Auch kein Oxford-English.

Über den vermeintlichen digitalen Sprachverfall wird in den Printmedien, bekanntlich den wahren Bewahrern des guten und reinen Hochdeutsch, viel und regelmäßig nasegerümpft. Nicht erst heute.

26

Bereits vor 250 Jahren schrieb Arthur Schopenhauer:»Der eselohrige Jetztzeitjargon bringt bitterste Gedankenarmut unter ein unermüdliches klappermühlenartiges, betäubendes Gesalbadern.«[3] Und 1986 hieß es in der»Zeit«:»Die Null-Bock- und Sprechblasensprache der Jugendlichen und die Überflutung mit Fremdwörtern.« Die jeweils gemeinten Jugendlichen sind heute entweder 250 oder rund 45 Jahre alt. So viel zum aktuellen Verfall der Sprache. Diese Diskussion ist genauso alt wie jene über den Sittenverfall der Jugend. Und genauso verzichtbar.

Die Erinnerung von uns Schriftmenschen lässt gern nach, wenn es um die eigene Jugendsprache geht, mit der sich junge Menschen zu jeder Zeit von den Erwachsenen abgrenzten. Meine Mutter hatte echte Sorgen über mein Fortkommen, weil ich als zehnjähriger Micky-Maus-Leser liebend gern im»Keuch! Ächz! Würg! Blubber!«-Comicsprech redete. Heute halten wir Alten das Simsen und Mailen und Chatten für den Niedergang der Sprache, geflissentlich übersehend, dass Kürze und salopper Ton in E-Mail oder SMS einerseits auch in unserem Alltag längst üblich und andererseits ein lässiges Distanzieren vom peinlichen»Sprech« der Altvorderen sind. Und natürlich können wir Kindern leicht klarmachen (sofern sie es nicht ohnedies wissen und spüren), dass es unterschiedliche Sprachregister gibt, je nachdem, wo und wann und mit wem man kommuniziert.

Wenn wir vom Verfall des Wortschatzes reden, meinen wir automatisch den Wortschatz, der für unsere Generation prägend war. Aber so wie wir die Begriffe unserer Großeltern wie»Chaiselongue« und »Trottoir« nicht mehr verwenden, tauschen Jugendliche unser Vokabular gegen zeitgemäßere Begriffe wie»Energiesparmodus« (faulenzen) oder»egosurfen« (Einträge über sich selbst im Internet suchen), die wahrscheinlich schon wieder out sind, wenn dieses Buch erschienen ist. Die Historie der Wörter, die jugendliche Begeisterung ausdrücken, spiegelt den Sprachwandel wider: Was zu Großmutters Zeiten früher»eisern«,»klassisch« oder»tulli« hieß, wurde später zu»leiwand« und »toll«, dann zu »super« und »edel«, dann »geil«, »krass« oder »mega«, und derzeit? Cool? Qualitätsunterschiede in den Generationssuperlativen festzustellen fällt mir ausgesprochen schwer. Tatsache ist: Der Wortschatz der Jugendlichen heute ist ebenso groß, wenn nicht größer als der meiner Generation. Dass es Kinder mit einem kleineren und Kinder mit einem größeren Wortschatz gibt, das war schon immer so. Selbst wenn grammatikalische Strukturen sich im Laufe der Zeit ändern, halte ich das für verschmerzbar, solange Kinder nach wie vor lesen und schreiben. (Den korrekten Gebrauch von Genitiv und Konjunktiv hat übrigens schon meine Generation verbockt.)

Sprachforscher nennen die Mischung aus Sprache und Schrift in den Social Media, die konzeptionell mündlich und medial schriftlich ist, »Schreibsprechen«. Communitysprachen gelten ihnen als Erweiterung der Sprache, nicht als Verengung. In ihrer Verknappung dienen SMS-Nachrichten und Facebook-Postings vor allem einem pointierten, sozialen Austausch unter FreundInnen. Ein Smiley, ein Spruch, ein Foto mit flapsigem Kommentar – all dies hat die Funktion eines elektronischen Briefchens, eines freundschaftlichen Anstubsens.

Und statt den vermeintlichen Verfall der deutschen Sprache durch englische Einsprengsel zu bejammern, könnten wir uns ja auch freuen, dass die Jungen »Global English« als Chance verstehen, wirklich weltweit problemlos kommunizieren zu können.

Lol ist übrigens ein Kürzel für »laughing out loud«, und SBZ heißt nicht »Schulbuchzentrum«, sondern: »Schreib bitte zurück«!

—— Jugendliche lesen nicht schlechter, sondern anders – Social Media Community und Schwarmkreativität

In den Social Media wie WhatsApp, Facebook oder Twitter hat Lesen völlig neue Dimensionen erfahren – sowohl quantitativ als auch qualitativ. In der negativ gefärbten Diskussion über die Gefahren wird die Tatsache ignoriert, dass Social Media das größte Lese- und Schreibforum aller Zeiten darstellen. Anders gesagt: Dass noch nie zuvor so viele junge Menschen quer durch alle sozialen Schichten miteinander gelesen und geschrieben haben. Und selbst wenn man miteinbezieht, dass es selten weltbewegende Themen sind, über die man sich austauscht, so steht dennoch fest: Das Internet ist die reinste Form einer schriftlichen Zweiwegkommunikation, bei der in unglaublicher Intensität ein lustvoller Austausch lesender und schreibender junger Leute stattfindet, denen geifernde Voyeure herzlich egal sind.

Das Austauschen und Posten mehr oder weniger origineller Gags und Kuriositäten, politischer oder gesellschaftlicher Statements, das Downloaden selbst gedrehter kleiner Filme und das Kommentieren fremder Wort- oder Bildbeiträge, das Weitersenden von Petitionen, Petitessen und Pointen, von selbst gezeichneten oder geklauten Cartoons – das alles sind Formen einer kollektiven Kreativität, wie es sie bisher noch nicht gab. Die Community kreiert Inhalte, führt Texte, Bilder und Songs intertextuell weiter, interpretiert, verfremdet, kommentiert, ergänzt, parodiert sie. Der 1989 für Bienen geprägte und oft auf die Internetcommunity angewendete Begriff »Schwarmintelligenz« ließe sich ergänzen um »Schwarmkreativität«. Das gemeinsame Weiterspinnen diverser Inputs funktioniert in der Regel unter Verzicht auf die eigene und durch Ignorieren fremder geistiger Urheberschaft. Aber nicht nur junge Leute, sondern generationsübergreifend hören wir alle kostenlos Musik im Netz und laden Bilder oder Texte herunter, tauschen Gedanken oder Fotos Dritter über die Social Media aus, konsumieren Filme aus irgendwelchen Kanälen, und wir zerbrechen uns kaum den Kopf über Urheberrechte bzw. Copyright. Umgekehrt legen Jugendliche auf ihr Urheberrecht eben auch keinen Wert, die Verbreitung der Ideen ist wichtiger als der Schutz des geistigen Eigentums. Es scheint als entwickelte die Millenniumsgeneration durch die offenen Internetzugänge neue Urheberrechtsvorstellungen: »Open Source« gilt – ungeachtet aller wirtschaftlichen und juristischen Probleme, die ja gerade heftig diskutiert werden – als positiver Wert, ob das nun Software oder Inhalte betrifft.

Die Hauptstadt von Usbekistan? Alle männlichen Oscargewinner mit Bart? Alle Pokémon der Silbernen Edition? Die Formel für die Volumenberechnung einer Blumenvase? Die Anleitung, wie man das Goldene Schwert aus der Höhle des bösen Monsters Urmug entwenden kann?

Schnell mal eine Information über einen Film oder Schauspieler googeln, checken, wann das Match beginnt, die neuesten Apps testen. Mobiltelefon und/oder Tablet fungieren als Taschenlexikon in allen Lebenslagen und bieten rasche und aktuelle Information in Ton, Bild und Text. Brockhaus und Meyer waren zweifellos gute Lexika. Aber versuchen wir es einmal ohne Generationsbarriere zu sehen: Jugendliche sind heute Informationskaiser. Wann immer sich bei mir daheim und familienintern Fragen stellen, übers Wetter, über Filme, Politik oder Sport oder bloß über die richtige Fahrtroute: Ich kann sicher sein, dass einer meiner beiden Söhne die Antwort im Internet schneller gefunden hat als ihr Vater, der reflexartig noch immer gern nach einem Lexikon greift. Natürlich ist der schnelle Check am Handy eine Sache, das konzentrierte Lesen in einem Buch eine andere. Tatsache jedoch ist, dass Jugendliche in den digitalen Medien schnell und kompetent Informationen suchen und finden, wofür wir früher Stunden, wenn nicht Tage brauchten.

Die einseitige Diskussion über die Gefahren des Internets ignoriert auch die vielleicht umfassendste Weiterentwicklung im Bereich sachbezogener Kommunikation und wissenschaftlichen Erfahrungsaustausches seit der Erfindung des Buchdrucks: Nahezu jeder Mensch ist heute technologisch in der Lage, sich zu jedem beliebigen Thema mit Gleichgesinnten auf der ganzen Welt auszutauschen – von der Plauderrunde bis zum hoch wissenschaftlichen Diskurs, vom Strick- und Häkelforum bis zur quantenphysikalischen Diskussion, vom

Pokémon-Fanclub bis zum esoterischen Zirkel. Wenn man bedenkt, wie räumlich und zeitlich beschränkt die Möglichkeiten wissenschaftlicher Recherche und Dialoge früher waren, so kann man heute mit Fug und Recht von einer demokratischen Revolution des Wissenserwerbs sprechen, und zwar auf allen Ebenen: universitärer, schulischer, privater. Wir haben zunehmend direkten Zugriff auf Primärquellen, was früher eine mühsame Suche in Bibliotheken erforderte (die oft erfolglos blieb, weil die gesuchte Literatur gerade verliehen, verstellt, für jemand anders reserviert oder einfach nicht auffindbar war).

Dass auch in der guten, alten Schule schon bald kein didaktischer Stein auf dem anderen bleiben wird, ist mittlerweile allen BildungsexpertInnen und vielen LehrerInnen klar.

—— Auch beim Computerspielen muss man lesen

Lesen und Computerspielen stehen in keinem Widerspruch zueinander: Computerspiele verlangen nämlich mehr als lediglich Fingerfertigkeit, und zwar, je nach Schwierigkeitsgrad des Spiels, in überraschend hohem Maß Fähigkeiten, die Lesekompetenz implizieren. Als Spielende geraten wir leicht in Stress, weil wir sehr genau und schnell Informationen apperzipieren und verarbeiten müssen, während sich das feindliche Monster schon in Stellung bringt. Auf dem Bildschirm wird zugleich links unten eingeblendet, auf welchem Level wir uns bewegen, rechts unten, wie viel Lebensenergie wir noch haben, rechts oben, welche Geräte uns zur Verfügung stehen und links oben, aus welcher Perspektive wir die Spielewelt sehen. All diese relevanten Informationen müssen wir blitzschnell lesen und kapieren, damit das Monster uns nicht frisst. Und diese Zeichengenauigkeit und äußerste Konzentration müssen wir aufbringen, Level für Level, oft stundenlang …

Auf manchen Computerspielen steht der Vermerk, dass nur gute LeserInnen sie spielen sollten. Zu den Computerspielen gibt es umfangreiche Literatur – sogenannte Walkthroughs oder Cheats, in Buchform oder im Internet, die von den Playern auch gelesen werden, denn sie enthalten detaillierte Anleitungen und wo nötig auch Lösungen.

—— Es gibt sie noch: Zeitschriften und Bücher

Zeitschriften für Kids werden seit Jahren regelmäßig totgesagt, leben aber beispielsweise als Begleitprodukte im Merchandisingkonzept der Unterhaltungsindustrie ganz gut weiter: kein Blockbuster, keine TV-Serie, kein Computerspielformat, das nicht begleitend auch Magazine auf den Markt bringt. Problematischer ist es mit den klassischen Jugendzeitschriften: Wenn sie nicht, wie etwa die Jugendmagazine JÖ und TOPIC, über die Schulen vermittelt werden, haben sie am freien Markt wenig Chancen. Denn alles, was Jugendliche interessieren könnte, von Autos über neueste Gadgets und Mode bis zu Popstars, finden sie online schneller und aktueller als wöchentlich oder monatlich am Zeitschriftenkiosk.

Anders ist das mit Büchern. Überraschenderweise überlebt das Buch im digitalen Zeitalter relativ unbeschadet, denn es wird nach wie vor als ein sehr persönlicher Rückzugsort empfunden und genutzt. Es gibt keine Hinweise darauf, dass die Zahl der LeserInnen (Betonung auf dem großen I) zurückgeht. Die aktuelle JIM-Studie[4] zeigt, dass 42 % aller Jugendlichen zwischen 12 und 18 Jahren (49 % der Mädchen und 36 % der Burschen) täglich oder zumindest mehrmals in der Woche in ihrer Freizeit Bücher lesen, und vor allem, dass diese Zahl in den letzten zehn Jahren (2003 waren es 38 %) stabil geblieben ist. Lediglich die Buchlesezeit sinkt leicht, weil auch der Medientag nur 24 Stunden hat und das Buch in Konkurrenz zu allen anderen Medien steht. Wobei »Buch« hier das klassische gedruckte Papierbuch meint; E-Books werden von Jugendlichen wenig genutzt, sie bleiben vorerst ein Spielzeug für erwachsene BuchleserInnen im Urlaub oder auf der Fahrt zur Arbeit.

Beim Lesen von Büchern zeigen sich allerdings große Genderunterschiede. Das Lesen vor allem von belletristischer Literatur ist weiblich:[5] Während 49 % der Mädchen angeben, täglich oder fast täglich in ihrer Freizeit zu lesen, tun das nur 35 % der Burschen. Die reziproken Werte finden sich übrigens beim Computerspielen: Für 48 % der Burschen schaut die Welt wie eine Konsole aus, nur 14 % der Mädchen spielen täglich. Wer hier einen Erklärungsansatz für die guten Lesekompetenzen der Mädchen und der schlechten der Burschen vermutet, liegt richtig. Leser sind eigentlich Leserinnen; das deutschsprachige Verlagswesen würde ohne Frauen und Mädchen arm ausschauen. Und auch die Lesevermittlungskette ist noch immer überwiegend weiblich: vorlesende Mütter, Kindergartenpädagoginnen, Volksschullehrerinnen ... Lesen steht offenbar in einem engen Zusammenhang mit weiblichen Rollenmustern.

Die heutige Jugend liest und schreibt also, freilich in anderen Medien und andere Inhalte, als wir Schriftmenschen es vielleicht gern hätten oder als PädagogInnen es im Unterricht vermitteln. Wenn Kids lesen, haben sie ein ganz entspanntes Verhältnis dazu: Sie tun es einfach. Alle seriösen Umfragen der letzten 20 Jahre weisen jedenfalls nicht auf dramatische Veränderungen im Leseverhalten hin, die die Behauptung einer zunehmend analphabetischen Jugend rechtfertigen würden.

Selbstverständlich sind 20 % potenzielle AnalphabetInnen, wie sie die PISA-Studie 2012 erhob, erschreckend hoch, und es gilt, alles zu tun, um diese Zahl zu reduzieren. Aber es gibt auch kein Indiz dafür, dass diese Zahlen in früheren Generationen erheblich geringer waren! Was sich verändert, ist die Art des Lesens. Es gibt keine Medienpriorität mehr. Das Lesen ist nicht mehr automatisch das Lesen eines Buches, wie es Fragestellungen in diversen Leseumfragen immer noch implizieren. Das Lesen hat sich vom Medium Buch losgelöst. Wenn Jugendliche lesen, dann vor allem im Internet, mehr als drei Viertel von ihnen täglich und oft stundenlang.

Dumm, unkonzentriert und desinteressiert?

Die Ausführungen im vorangegangenen Abschnitt stehen vermutlich im Widerspruch zu der Wahrnehmung vieler PädagogInnen, die beklagen, dass »ihre« Kinder heute wesentlich weniger gut lesen können als frühere Generationen und dass die Konzentration und Bereitschaft fehle, sich auf längere und anspruchsvollere Texte einzulassen. Wie lassen sich objektive Befunde und subjektive Wahrnehmungen zur Deckung bringen?

Dazu biete ich drei Erklärungsansätze an:

I Kinder mit Leseproblemen fallen in unserem heutigen Schulsystem viel mehr auf als in früheren Zeiten, in denen außerhalb des Gymnasiums auf Lesen oft weniger Wert gelegt wurde. Ich habe noch jenen legendären Satz eines Berufsschuldirektors im Ohr, der einst verkündete: »Wann i a Biachl siech, hab i scho gfressen.« (Für deutsche LeserInnen: »Wenn ich ein Buch sehe, vergeht mir der Appetit.«) Eine Zierde seines Standes. LehrerInnen sind heute unvergleichlich aufmerksamer und auch die Gesellschaft misst dem Lesen spätestens seit PISA mehr Bedeutung bei.

I Zwischen dem Lesen, das in der Schule vermittelt und abgefragt wird, und dem Lesen der Internetgeneration gibt es gravierende Unterschiede. Während Kinder das überfliegende Lesen am Computer tagtäglich trainieren und entsprechend beherrschen, tun sie sich beim konzentrierten, linearen Lesen analoger Texte tatsächlich schwerer, weil sie es generell weit weniger praktizieren. Doch sowohl in der Schule als auch in den diversen Tests wird dem linearen Lesen am Papier eine größere Bedeutung beigemessen.

I Bei aller Euphorie darf nicht übersehen werden, dass ein Viertel der Jugendlichen bei allen Tests der basalen Lesekompetenz schlecht bis katastrophal abschneidet. Diese De-facto-AnalphabetInnen scheitern jedoch sowohl im analogen, linearen als

34

auch im digitalen Lesen. Was ich vorher über die lesende Jugend geschrieben habe, gilt daher dezidiert nicht für jene 20 bis 25 % extrem leseschwachen SchülerInnen. Und das sind in Österreich pro Jahrgang rund 20 000: ein ausverkauftes Fußballstadion oder eine ganze Kleinstadt.

Der oft behauptete Antagonismus zwischen (braven) LeserInnen und (abgestumpften) MedienkonsumentInnen ist freilich ein Märchen. Die mediale Borderline verläuft vielmehr entlang der Alphabetisierungsgrenze: zwischen lesekompetenten Jugendlichen, die alle Medien selektiv nutzen, und AnalphabetInnen, die sich auch mit der Nutzung digitaler Medien schwertun. Nur wer lesen kann, kann auch auf der Medienorgel selektiv und bewusst spielen. Analoge AnalphabetInnen sind auch digitale AnalphabetInnen. Lesen beeinflusst zudem unmittelbar die Freizeitgewohnheiten: LeserInnen nutzen digitale Medien selektiver, kompetenter und vor allem aktiver. Sie schauen anspruchsvollere Filme und nutzen ein breiteres Angebot an Fernsehprogrammen und Kanälen, sie nutzen das Internet wesentlich umfassender und sie spielen schwierigere Strategiespiele.

NichtleserInnen am anderen Ufer des Datenflusses sind in weiten Teilen vom gesellschaftlichen Leben ausgeschlossen. Sie gehen mit Scheuklappen durch die Medienwelt und müssen ständig Vermeidungsstrategien ersinnen, um Texte zu umgehen. Wer je erlebt hat, wie erwachsene AnalphabetInnen sich im Alltag durch den immer größer werdenden Informationsdschungel lavieren müssen und von einer Peinlichkeit in die nächste taumeln, erkennt die Brisanz. Wer mangels Lesefähigkeit an der Jugendcommunity der Social Media nicht teilnehmen kann, dem drohen soziale Isolation, Verzweiflung, Frust und gnadenlose Langeweile. Ich wage die folgende Behauptung: Sprachlosigkeit und Analphabetismus sind eine viel größere soziale Bedrohung für Jugendliche als Computerspiele, Social Media und Fernsehen zusammen.

Horizontale statt vertikale Wahrnehmung

Ob und wie weit die digitalen Medien das Lese- und Rezeptionsverhalten der Jugendlichen verändern, ist umstritten. Man könnte von einem Trend von der vertikalen zur horizontalen Wahrnehmung sprechen: Die Informationskompetenz der Schriftgeneration war/ist eher vertikal: konzentriertes, lineares Lesen; die der Netzwerkgeneration ist eher horizontal: viele Informationen gleichzeitig bei geringerer Tiefenschärfe und Kontinuität apperzipieren. Die Schriftgeneration ist ausdauernder beim Lesen linearer Texte. Die Fähigkeit, multimodale Zeichenkombinationen schnell und parallel zu verarbeiten, ist dagegen bei jungen Leuten tendenziell höher. Aus diesen Beobachtungen qualitative Schlüsse zu ziehen wäre jedoch gewagt, das wäre so, als würden wir moralisch bewerten, ob Weitwinkelfotos oder Nahaufnahmen grundsätzlich besser sind. Die Präsenz der jeweils dominanten Medien legt einfach bestimmte Rezeptionsformen nahe: Das Buch verlangt linear-vertikale Kompetenzen und den langen Atem, das Internet parallele rasche horizontale Wahrnehmung.

Ebenso umstritten ist die Frage nach der vermeintlich sinkenden Konzentrationsfähigkeit der Kinder aufgrund ausufernden Medienkonsums. Bewegungsfreudige Kinder werden heute gern und schnell für krank und hyperaktiv erklärt und mit der Diagnose ADD (Attention Deficit Disorder) abgestempelt. Ob ihr Bewegungsdrang wirklich nur mit den Medien zu tun hat oder nicht auch mit der Tatsache, dass sie stundenlang in Schulbänken still sitzen müssen, sei dahingestellt. Ich beobachte jedoch, dass natürliche Verhaltensmuster, die es bei vielen Kindern zu allen Zeiten gab, heute gern und schnell in den medizinisch-diagnostischen Bereich geschoben werden, statt dass nach pädagogischen Lösungen – in der Schule, zu Hause, gesellschaftspolitisch – gesucht wird. Man könnte den Argumentationsspieß auch umdrehen: Warum schaffen es Kinder, die in der Schule dekonzentriert und hyperaktiv wirken, sich am Computer stundenlang in eine Materie zu vertiefen und darauf zu konzentrieren?

Skepsis ist dann angebracht, wenn Veränderungen in der Gehirnstruktur durch digitale Medien postuliert werden, die Jugendliche dumm, lese- und denkfaul werden lassen. Manch eine Behauptung ist erstaunlich hanebüchen, etwa wer viel googele, verlerne es, selbstständig zu denken, wer alles bei Wikipedia nachlese, schädige sein Langzeitgedächtnis …

Das menschliche Gehirn reagiert seit Jahrtausenden flexibel auf gravierende technologische Veränderungen wie auf die Erfindung der Schrift, der Uhr, des Kompasses, der Landkarte, des Telefons. Immer schaffte unser Gehirn es, seine Informationsabläufe effektiver zu gestalten, immer ging mit technologischen Fortschritten auch eine beträchtliche Horizonterweiterung Hand in Hand. Kinder verfügen heute über bedeutend mehr Weltwissen als jede frühere Generation. Sie erlernen Strategien, diese Überfülle an Informationen effizient zu organisieren. Natürlich brauchen sie unsere Hilfe dabei, Google, Wikipedia usw. sinnvoll und vor allem kritisch und nicht zu naiv zu verwenden. Was sie nicht brauchen, ist nutzloses Krankjammern.

Möchte wissen, wer ich bin

Weil die traditionellen Autoritäten – Kirche, Schule, Eltern, Politik – selbst in Krisen stecken und kaum mehr Wertorientierung anbieten, suchen Jugendliche diese in den digitalen Medien und in der Popkultur. Die großen Mythen der Weltliteratur haben sich in multimediale Universen verwandelt.

Orientierungssuche: Verlust der Autoritäten

»Denn ich bin, ich weiß nicht wer, / dreh mich hin und dreh mich her, / dreh mich her und dreh mich hin, / möchte wissen, wer ich bin.«

Seit 40 Jahren begleitet Mira Lobes wunderbares Buch *Das kleine Ich-bin-ich*[6] Kinder auf ihrer Identitätssuche. »Woher komme ich?« »Wer bin ich?« Diese Fragen sind für Kinder auch heute unverändert wichtig, doch woher nehmen sie Antworten? Traditionelle Normierungen durch die Gesellschaft, der verbindliche Katalog der Fragen wie »Was darf ich tun?«, »Wo gehöre ich hin?« sowie vermeintlicher Antworten darauf scheint weitgehend verloren gegangen. Die früheren Autoritäten haben unsere Kinder ziemlich im Stich gelassen. LehrerInnen, Pfarrer und Eltern können keine Sicherheit mehr vermitteln, sie sind mit sich selbst und ihrer eigenen Orientierungssuche beschäftigt. LehrerInnen stecken im permanenten gewerkschaftlichen Abwehrkampf gegen das außerschulische Böse. Die christlichen Kirchen lecken ihre Wunden nach der Demaskierung manch einer pädagogisch-pädophilen Scheinmoral. Eltern sind oft überfordert von einem überbordenden Alltag, von familiären Konstellationen und wirtschaftlichem Druck. Muslimische Familien werden oft vor eine kulturelle Zerreißprobe zwischen Traditionalismus und westlicher Lebensart gestellt. Und PolitikerInnen als moralische Orientierungshilfe? …? …? Selbst das Fernsehen verliert seine Rolle als Autorität: Gab es früher einmal in der Woche den Kasperl, der den Kindern sagte, wer das böse Krokodil war, sind es heute jede Menge Kanäle, die eine Polyphonie von Informationen anbieten.

Kinder sind in ihrer Wertesuche oft ziemlich alleingelassen, ähnlich wie das kleine »Ich-bin-ich«, das von Tier zu Tier wandert und nirgendwo Anerkennung oder Rat findet. »Wer nicht weiß, wie er heißt, / wer vergisst, wer er ist, / der ist dumm! / Bumm.«

In Ermangelung der Orientierungshilfen durch scheinbare oder echte Autoritäten, oft mangels Gesprächsbereitschaft der Erwachsenen, müssen viele Jugendliche sich wohl oder übel selbst sozialisieren. Schlüsselkinder, die nicht nur ihr Mittagessen, sondern auch ihr Wertemenü selbst zusammenstellen und wärmen müssen. »Doing Identity« nennt man diese Identitätssuche heute, bei der Kinder auf der Suche nach ihren Grundbedürfnissen (»Core Needs«) sind: Neben dem Willen zu überleben und dem Bedürfnis nach Sicherheit ist es die Sehnsucht nach Liebe, Nähe und Anerkennung, die sie haben. Dazu kommt mit zunehmendem Alter die Positionierung in der Gesellschaft: »Wie gehe ich mit meinen und fremden Emotionen um? Welche Rollen spiele ich, in welche schlüpfe ich freiwillig, in welche werde ich gedrängt? Wo erfahre ich Wertschätzung und was muss ich dafür tun, um in dieser Gesellschaft wertgeschätzt zu werden?« Die dritte Ebene der Identitätssuche ist nach wie vor die Suche nach Normen und Werten. »Was ist erlaubt, was nicht? Wo sind meine Grenzen? Wie und was wird sanktioniert, wie und was belohnt?«

Wenn Erwachsene sich weder Zeit nehmen noch die Courage haben, mit Kindern über Normen, Werte und Rollen zu sprechen, ist es verständlich, dass Kinder sie dort suchen, wo sie die meiste Zeit verbringen: in den Medien. Diese haben immer Zeit und geben reichlich Antworten und Anschauungsunterricht: Von *Ich bin ein Star, holt mich hier raus* bis zur *Großen Chance* bietet das Fernsehen ein umfangreiches Repertoire an Role Models, Verhaltensweisen und Normen an: Wie muss man sich benehmen, damit man im Dschungelcamp oder bei der Castingshow eine Runde weiterkommt? Wie muss mann/frau

ausschauen, um ein Supermodel zu werden? In Computerspielen und
Social Media können Kinder selbst in unterschiedliche Rollen schlüp-
fen und diese ausprobieren: Held oder Monster, Lara Croft oder Luke
Skywalker, digitaler Räuber oder Gendarm.

Die leidige Medienwirkungsdiskussion

Wie wirken die Medien auf Jugendliche? Die Antwort kommt
reflexartig: gewaltverherrlichend und verrohend.

Bei der Frage nach der Wirkung von Medien wird meist der
Aspekt »Gewalt« fokussiert und der Blick wird durch unsachliche, oft
unsägliche Beiträge verstellt. In der sogenannten öffentlichen Meinung wird gern *den* Medien Schuld an Gewalt gegeben und *den*
Jugendlichen pauschal unterstellt, Medienbotschaften unhinterfragt
zu übernehmen. Nach jedem Amoklauf findet sich sofort mindestens
ein/e LokalpolitikerIn oder selbsternannte/r MedienexperteIn, der/
die sorgenzerfurcht das Verbot von Computerspielen verlangt. Als
hätten die reale Gesellschaft und das reale soziale Umfeld nichts mit
den Verbrechen zu tun. Als könnte es nicht sein, dass gewaltbereite
Jugendliche im realen Leben Probleme haben, wenn sie sich tage- und
nächtelang mit Computer und *Death Metal* einsperren. Verständnis-
lose Eltern? Verwahrlostes Umfeld? Ungerechte Behandlung in der
Schule oder am Arbeitsplatz? Leistungsdruck? Zukunftsängste oder
Liebeskummer? Mobbing und das Gefühl von Ohnmacht? Fehlende
GesprächspartnerInnen? Egal, das Computerspiel ist schuld, alle
anderen aus dem näheren oder weiteren Umfeld der Jugendlichen sind
aus dem Schneider.

Die seriöse Mediensozialisationsforschung findet wenig Gehör,
weil ihre differenzierenden Sichtweisen nicht gefragt sind. In den letzten 40 Jahren wurde alle Medienwirkungstheorien widerlegt, die
monokausale Zusammenhänge postulierten. Gleich ob es sich um
Katharsisthesen handelte, wonach das Anschauen von Aggression die
Bereitschaft zum eigenen aggressiven Handeln abbauen helfe, oder

um Habitualisierungsthesen, wonach ständiger Konsum von medialer Gewalt die Sensibilität gegenüber Gewalt abstumpfen lasse, oder um Imitationsthesen, wonach Mediengewalt zur Nachahmung anrege. Alle vorliegenden Befunde weisen eindeutig darauf hin, dass in Medien beobachtete Gewaltakte »ganz offensichtlich keinen unmittelbaren Einfluss auf die Bereitschaft der Rezipienten, selbst aggressives Verhalten zu zeigen, nehmen«.[7] Weder positiv noch negativ. Weder abschreckend noch aufputschend.

Mediengewalt *kann* dann einen Beitrag zur Gewaltbereitschaft liefern, wenn alle anderen gesellschaftlichen Einflüsse in dieselbe Richtung weisen, wenn eine Reihe sozialer und persönlichkeitsbedingter negativer Faktoren zusammentreffen. *Kann*, muss aber nicht. Wie der/die einzelne Jugendliche auf mediale Angebote reagiert, welche Werte und Normen er/sie übernimmt, welche Rollenvorbilder er/sie in seinen/ihren Alltag integriert, all das hängt ganz entscheidend von seiner/ihrer persönlichen Disposition und Sozialisation ab. Und damit auch die bewusste oder unbewusste Entscheidung, ob er/sie auf Gewalt in Medien aggressiv oder verschreckt reagiert.

Jenseits der Gewaltdiskussion hat die Mediensozialisationsforschung eben erst damit begonnen, zu untersuchen, inwieweit digitale Medien tatsächlich in die Lebenswelt von Jugendlichen eingreifen. Antworten sind rar, zum einen weil es noch keine Ergebnisse von Langzeitstudien geben kann, zum anderen weil Versuchsanordnungen schwierig sind, da man ja die »Nebengeräusche« realer Umwelteinflüsse nie ganz ausblenden kann. Klar ist: Medien bieten heute auf alle grundlegenden Wertefragen von Jugendlichen Antwortmöglichkeiten an, nicht linear, sondern fragmentarisch, nicht einmütig, sondern in einer gewaltigen Kakophonie. Castingshows und Quizsendungen, Reality-Formate und Dokushows, Soaps und Thriller: Medien liefern Bruchstücke von Lebensentwürfen und -modellen, die von den Jugendlichen wie ein Steinbruch verwendet werden. Die Herausforderung liegt offenbar darin, die Vielfalt und Widersprüchlichkeiten all dieser Rollenmuster und Lebensbilder aus den Medien für sich selbst zu bewerten, zu adaptieren, zu akzeptieren oder auch zu verwerfen. Ein prüdes, keusches Leben wie in *Twilight* oder sexuelle Freizügigkeit wie in den Videoclips von Miley Cyrus? Ein magisch-durchdrungenes Leben wie in *Harry Potter* oder ein realitätsnahes wie in *Gute Zeiten, schlechte Zeiten*? Pokémon cool oder kindisch finden? Abmagern oder Muskeltraining?

Hier liegt jedoch zugleich auch die Chance des kritischen Vergleichens und der Differenzierung. Der Medienpluralismus und die unüberschaubare Anzahl der Formate, die marktschreierisch um die Nutzergunst buhlen, verhindern a priori Indoktrinierung, schärfen die Fähigkeit zur Relativierung, vielleicht auch zur Resilienz. Jugendliche können routinierter wegzappen und die Ohren zuklappen als Erwachsene. An die Stelle der rigiden Moralvorgaben früherer Autoritäten ist heute ein schier unendlicher Pluralismus des Möglichen, des Erlaubten getreten. Und da stellt sich mir die Frage, ob denn das wirklich so schlecht ist. Der automatische Schuld- und Sühnedualismus früherer autoritärer Angstpädagogiken in Kirche, Schule und Familie ist obsolet geworden, was derzeit eher die Autoritäten als die Kinder und Jugendlichen in Identitätskrisen zu stürzen scheint. Um etwaigen Missverständnissen vorzubeugen: Ich halte es für unerträglich, dass wir, die Erwachsenen, den Kindern und Jugendlichen so wenig Orientierung geben (können), dass sie weitgehend allein durchs Mediendickicht tappen, wo sie viel Fragwürdiges, Bedenkliches, Totalitäres oder Scheußliches vorfinden. Aber es täte mehr Differenzierung bei der Beurteilung der Jugend und im Glauben an sie gut: Zwischen der oft heraufbeschworenen medialen Skylla namens Orientierungslosigkeit und Charybdis namens Gewaltbereitschaft liegen Welten jugendlicher Gelassenheit.

_____ Brauchen Kinder Märchen?

Neben den oben genannten Autoritäten waren es zu allen Zeiten und in allen Kulturen Geschichten, Erzählungen, die Antworten lieferten. *Kinder brauchen Märchen*, diagnostizierte einst Bruno Bettelheim.[8] Die Antworten auf die alten Fragen – Wo komme ich her? Wer bin ich? Wo gehe ich hin? – wurden in den Mythen und Sagen eines Volkes überliefert. Eingebettet in Erzählungen, die neben der transzendentalen Dimension auch das Unterhaltungsbedürfnis befriedigten: Spannung, Thrill, Sex & Crime. Bis in meine Schriftgeneration hieß das, vorgelesen oder in mündlicher Tradition von Generation zu Generation erzählt zu bekommen oder unter der Bettdecke selbst zu lesen. Grimms Märchen, die klassischen Sagen des Altertums, Rübezahl, die Donausagen, die Deutschen Heldensagen.

Funktioniert so heute meist nicht mehr: einerseits weil die alten Märchen und Sagen kaum mehr gekannt und (vor)gelesen werden, obwohl Grimms Märchen zurzeit einen Hollywoodfilm-Boom erleben; andererseits weil der deutschsprachige Märchenkanon kritisch zu hinterfragen ist. Wenn Grimms Märchen mit ihrer feudalen Herrschaftsstruktur und »schwarzen« (Straf)Pädagogik als Modelle deutschsprachiger Erzähltradition herhalten müssen, so ist der Verzicht auf – zumindest manche dieser Märchen – kein großer Schaden. Wenn im *Rumpelstilzchen* etwa der geldgierige König die schöne Müllerstochter nur heiratet, weil sie Gold spinnen kann, und wenn diese sich dem Ungeliebten und ihrem tyrannischen Vater devot fügt, dann sind das »Happy« am »End« und die moralische Orientierung bescheiden.

Dennoch: Bettelheim hat auch heute noch recht. Kinder brauchen Märchen. Und es gibt ja auch wunderschöne und freche Geschichten, in denen sich Unterdrückte emanzipieren, Außenseiter sich profilieren, in denen es Solidarität gibt (wie im *Tapferen Schneiderlein* oder den *Bremer Stadtmusikanten*). Es wäre interessant, Märchen gegen den Strich zu bürsten und eine zeitgemäße Auswahl zusammenzustellen. Doch findet man Märchen heute woanders: nicht mehr in Grimms Sammlung, sondern in der Pop- und Fantasykultur.

___ Pokémon & Co.: Das Manga-Universum

Wenn mein Sohn sich mit seinem besten Volksschulfreund unterhielt, dann verwendeten sie gern eine Fremdsprache: »Pokémonisch«. Anstelle einheimischer Märchen konsumieren unsere Kinder heute oft lieber fernöstliche Geschichten auf Basis von Mangas.

Mangas sind japanische Comicbücher, die der Tradition japanischer Bildgeschichten auf Schriftrollen folgen, die buddhistische Mönche schon um 1000 zeichneten. Sie werden in der japanischen Leserichtung von hinten nach vorne und von rechts nach links gelesen. Es gibt Mangas zu unzähligen Themen und für jede Altersgruppe und sie bilden das wichtigste Standbein des japanischen Verlagswesens. In den 1990er-Jahren begannen sie, die europäische Kinderkultur zu erobern, zunächst als Konsolenspiele. Es folgte die Invasion der Kinderzimmer durch die Pokémon, herzig-aggressive Pocketmonster, die sofort nach ihrem Erscheinen wütende pädagogische Debatten auslösten. Dem enormen Erfolg des 1996 erstmals veröffentlichten Spiels folgten Anime-Fernsehserien, eine große Zahl von Merchandisingprodukten und seit 1998 bisher 13 Kinofilme und jede Menge weiterer Spieleditionen. Sie gehören zu den erfolgreichsten Produkten der modernen Spieleindustrie, nun schon in der dritten oder vierten Kindergeneration, und sie schufen zwischen meinen beiden Söhnen trotz elf Jahren Altersunterschied eine wichtige Kommunikationsbasis.

Andere Formate folgten: *Dragonball*, *Gormiti*, *Yu-Gi-Oh*, *Naruto* und viele mehr. Subversiv schlichen sich die kleinen Gestalten mit den übergroßen Augen in die Seelen unserer Kinder und veränderten nachhaltig die Bildästhetik in Film, Fernsehen, Comic und Werbung. Auch wer nie Mangas gelesen hat, ist heute ständig mit ihrer Bildsprache konfrontiert.

Nikolaus und sein Freund Daniel tauschten mit dem Gestus alter buddhistischer Mönche mit konzentrierter Miene ihr Wissen aus, bewerteten die Kraft und Stärke einzelner Spielfiguren und erwiesen sich in der Peergroup als wahre Meister und Experten, wenn sie alle 150 Pokémon einer Edition und ihre Kampfeigenschaften auswendig hersagen konnten.

Kinder gehen im Manga-Universum komplett auf und erleben den Flow der höchsten Konzentration, weil ihnen die Mangas ein großes Maß an Identitätsstiftung bieten:

Während auf den ersten Blick alle Kinder-Mangas gleich und eher schlicht zu sein scheinen, erzählen sie bei genauerem Lesen mythische Entwicklungsgeschichten für Kinder, das magische Moment spielt eine große Rolle. Oft muss ein junger Mensch mithilfe von Freunden und magischen Kräften seine Welt retten, besondere Fähigkeiten erwerben und wie Parzival verschiedene Stationen und Prüfungen absolvieren. In *The Legend of Zelda* ist es der Knabe Link, der die fiktive Welt Hyrule vor Bedrohungen retten und die Prinzessin Zelda aus den Fängen eines niederträchtigen Zauberers befreien muss. Es geht im Kindermanga oft um die Erlangung von Werten und Grundtugenden wie Weisheit, Mut, Kraft, Freundschaft. Dass es in manchen Manga-Serien, wie in allen anderen Medienformaten auch, bedenkliche Inhalte und fragwürdige Moralvorstellungen gibt, sei nicht verschwiegen.

Wichtige Rollen spielen soziale Kontakte und der Sammeltrieb: Yu-Gi-Oh-Karten, putzige Plastiksammelfiguren (Pokémon oder Gormiti), metallene Kreisel (Bayplates) werden gesammelt und getauscht, es gibt reale Bayplates-Kämpfe auf Spielplätzen, und auch Computerspiele werden gemeinsam gespielt, Lösungswege und Figuren ausgetauscht, Cheats und Walkthroughs gemeinsam ausprobiert.

Faszination übt die Vielfalt der Beschäftigungsmöglichkeiten aus, die die kindliche Fantasie auf mehreren Ebenen anspricht und das komplette Eintauchen in ein Universum ermöglicht. Zu den Comic-Mangas kamen Trickfilme, sogenannte Animes, die in unzähligen Folgen auf diversen Kindersendern gespielt werden. Das Hauptgeschäft bilden Konsolenspiele bzw. Computerspiele, in denen die Abenteuer der Figuren nachgespielt werden können. Dazu kommen Sammelkarten, Spielwaren und Kostüme in allen Größen, Lizenzen für Lego, Merchandisingprodukte von der Teetasse bis zum Spannleintuch, vom T-Shirt bis zur Schultasche, und letztlich auch Verfilmungen – mit realen Schauspielern oder computeranimiert.

Was für die Manga-Figuren spricht, gilt übrigens auch für das amerikanische Superhelden-Universum von Spiderman, Superman, Batman & Co. und für die diversen Hybride, bei denen Hollywood auf fernöstliche Kultur trifft, so wie etwa in der Reihe *Avatar*. Warum Dornröschen und Schneewittchen gegen die japanische und amerikanische Konkurrenz wenig Chance haben, ist eine interessante Frage. Vielleicht weil ihnen das Marketingkonzept und das Budget großer Freizeitkonzerne fehlen; vielleicht aber auch, weil die faden, eindimensionalen Prinzen und Prinzessinnen neben den listigen Fantasyhelden alt ausschauen und kaum als Identifikationsfiguren für Kinder taugen. Es wäre interessant, diese und andere Fragen in der Schule zu thematisieren und vielleicht auch einmal einen Vergleich zwischen fernöstlichen und deutschen Märchentraditionen, amerikanischen und europäischen Erzählweisen vorzunehmen. Warum in Schulbüchern der Sekundarstufe (!) Grimms Märchen noch immer unhinterfragt Elfjährigen zur Leseförderung dienen sollen und LehrerInnen in Seminaren bei mir mit Stolz verkünden, Mangas nicht zu kennen, bleibt eines der großen Rätsel unseres aktuellen Schulsystems und seines Lehrkanons.

____ Artus mit Lichtschwert: Fantasy-Universen

Etwas ältere LeserInnen tauchen ein in Fantasy-Universen, von denen drei in den letzten zehn bis 20 Jahren den Jugendmarkt dominierten: *Star Wars*, *Lord of the Rings* und *Harry Potter,* drei Epen, die viele Gemeinsamkeiten aufweisen und die ich stellvertretend für andere wie etwa die *Twilight*-Vampirsaga, *Eragon* oder *Die Tribute von Panem* heranziehen möchte. Die drei oben genannten Geschichten wurden erst durch moderne Computertechnik und Digitalisierung zu bildgewaltigen Kino-Epen und dadurch weltweit bekannt. Alle drei sind auch Entwicklungsromane, in denen es um die Identitätssuche Pubertierender geht und die Welten eröffnen, in die Jugendliche komplett eintauchen können. Alle drei verwenden die Artussage als »Steinbruch«, gleichsam als moderne Fortschreibungen alter Mythen. Während bei *Star Wars* am Anfang der Film stand, dem unzählige Bücher folgten, liefern bei *Herr der Ringe* und *Harry Potter* Romane die literarischen Vorlagen für Verfilmungen, die Grundmuster sind jedoch bei allen gleich.

Wenn aus den Schlammmassen im Bergwerk des Zauberers Saruman sich nach und nach die verunstalteten Kreaturen der Orks erheben und in Schlachtenreihen gegen Minas Tirith ziehen oder wenn sich die labyrinthartigen Gänge und Treppen von Hogwarts ineinanderverschieben, dann könnten die surrealen Bilder von M. C. Escher oder Salvadore Dalí Paten gewesen sein. Der Turning Point, warum Film-Epen zu einer großen Konkurrenz für Literatur wurden, liegt in der Digitalisierung. Waren Filmmonster früherer Dekaden (von *King Kong* bis *Godzilla*) und literarische Verfilmungen (vom *Nibelungenlied* bis zum *Schatz im Silbersee*) noch bis in die 1980er-Jahre immer an der Grenze zum unfreiwillig Komischen und keine wirkliche Konkurrenz zum geschriebenen Wort, so ermöglicht Digitalisierung heute ein filmisches Erzählen von bestechender Qualität. Narrative Welten von enormer Suggestivkraft werden erschaffen. Mittelerde oder Hogwarts wurden so überzeugend belebt, dass man fast von Realismus sprechen könnte, oder präziser: von einem paradoxen Hyperrealismus des Irrealen. Der digitalen Fantasie sind keine Grenzen gesetzt und sie überlagert die Fantasie des Lesers. Unlängst klagten SchülerInnen im Radio, dass nach Ansehen der Filmversion von *Life of Pi* der dem Film zugrunde liegende Roman von Yann Martel »aus ihren Köpfen verschwunden« sei. Oscargewinner Ang Lees gewaltige Kinobilder hatten ihre eigenen Bilder verdrängt.

Die Mythen funktionieren, ähnlich den Manga-Universen, als Medienverbund: Zum Film gibt es Bücher, Spin-offs (Ableger) bzw. Syndications (Mehrfachverwertungen bestimmter Inhalte in Medien) als Fernsehserien, Computerspiele, Merchandisingprodukte, Websites etc. In immer neuen Technologien werden die Mythen dekliniert, immer jünger wird auch das Publikum, das angesprochen wird: *Star Wars* versucht mit computeranimierten Filmen und putzigen Legofiguren bereits erfolgreich, VolksschülerInnen in seinen Bann zu ziehen. Technische Etiketten wie Digital remastered, Directors Cut und 3D fungieren als Vorwand, Filme und Computerspiele mit viel medialem Getöse immer wieder neu aufzulegen.

Die Geschichten von Artus und dem Zauberer Merlin liefern die Vorbilder. Die Tafelrunde auf der Suche nach dem Symbol für das Gute und im ständigen Kampf gegen die bösen Mächte spiegeln sich in den modernen Mythen: Im *Krieg der Sterne* kämpfen die Yedi-Ritter gegen die bösen Sith-Lords, bei *Harry Potter* steht der Orden des Phönix im Kampf gegen Voldemort und seine Death Eater, in *Herr der Ringe* sind es die Gefährten, die gegen den Zauberer Sauron und seine Armeen des Bösen zu Felde ziehen. Im Personal sind die Parallelen bis in die Physiognomie der Figuren unübersehbar: Es gibt den jugendlichen Helden, der nach langer Suche die Welt letztlich ganz alleine in einem mutigen Schritt retten muss: Luke Skywalker, Harry Potter und der kleine Hobbit Frodo sind die Ahnen von Artus (oder Parsifal in den französischen und deutschen Versionen der Gralslegende). Unterstützt wird der Held vom weisen Zauberer Merlin: Obi Wan Kenobi und Yoda, Gandalf und Albus Dumbledore. Und es droht immer auch ein mächtiger Verführer, der unter dem Fluch seiner eigenen Vergangenheit zwischen Gut und Böse steht: Darth Vader, Severus Snape und der gefallene Hobbit Gollum. (Bei Artus ist es übrigens eine Verführerin, die Zauberin Morgaine). Und auch das Schwert Exkalibur taucht als Lichtschwert in *Star Wars*, als Zauberstab in *Harry Potter* und als Isildurs Schwert in *Herr der Ringe* auf. Als Entwicklungsroman und Fantasystory zugleich funktionieren diese an Artus angelehnten Mythen bis heute und sprechen jeweils neue Jugendgenerationen an, wobei freilich hinter der Kraft der Saga eine gigantische Kommerzindustrie steht. Doch der jugendliche Held, der gefährlichen Abenteuern ausgesetzt ist, zwischen Gut und Böse hin- und hergerissen wird und der letztlich seine Welt rettet, liefert viele Identifikationsmöglichkeiten. Und es sind auch die schillernden Bösewichter, die anziehen: Severus Snape ist wohl die faszinierendste – weil rätselhafteste – Figur im Potter-Universum, und Darth Vader, obwohl ein ganz Böser, die Symbolfigur für die *Star-Wars*-Serie schlechthin. Die deutschsprachige Mythenliteratur kennt wenig Vergleichbares. Die einheimischen Mythen, die den Stoff hätten, Kinder zu faszinieren, wurden durch den deutschen Nationalismus und vor allem durch den Missbrauch der Nationalsozialisten schwer beschädigt. Sagen über Helden wie Dietrich von Bern, Hildebrand oder Parzival wären zwar fantasytauglich, sind jedoch als Leitfiguren der »Herrenrasse« ideologisch aufgeladen, in die Erwachsenenwelt entrückt und dann weitgehend vergessen worden.

Von der Ente zum Schwan: Pop-Inszenierungen

Ich gebe zu, dass ich als Vater zweier Söhne mit Freundeskreis deutlich mehr Erfahrung habe mit dem Medienkonsum der Burschen als mit dem der Mädchen. Alle Untersuchungen zeigen jedenfalls Genderunterschiede in den literarischen und medialen Interessen auf. Während Burschen ihre Identitätssuche sehr gern in entlegene Galaxien abschieben und nur im fernen Weltraum oder im tiefsten Fantasywald heldenhafte Gefühle zulassen, sind Mädchen in ihren literarischen Interessen offener: Einerseits gewinnt seit *Harry Potter* und *Twilight* bei vielen Mädchen Fantasy an Bedeutung, andererseits lieben viele auch realitätsnahe Geschichten und versuchen ihre Rolle im Hier und Jetzt zu verankern, wobei die Geschichten durchaus auch aus Hollywoods Traumfabrik kommen können. Auch für Mädchen gibt es Medienverbünde mit Identifikationsmustern, meist angesiedelt zwischen Daily Soaps, Popmusik und Kultfilmen: *Hannah Montana*, *High School Musical*, *Plötzlich Prinzessin* hießen einige stilprägende Urgesteine, denen für jede Pubertätsgeneration passende Epigonen in Film und Soap folgten und folgen. Die Basis ist auch hier uralter, narrativer Natur: Die Verwandlung des hässlichen Entleins in einen edlen Schwan oder des unscheinbaren Aschenputtels in eine Prinzessin taucht in immer neuen Variationen in der Popkultur auf und trifft offensichtlich einen weiblichen Identifikationsnerv. Unscheinbares Schulmädchen wird im Doppelleben zum Popstar oder zur Prinzessin. Anhand dieser Schablonen werden Beziehungsrollen durchgespielt: Traumberufe, erste Beziehungen, erster Sex, Mode, Aussehen, Lifestyle. Popmusik, Bücher zum Film und Zeitschriften, Fanseiten und Weblogs erweitern dieses Mythenuniversum. Wichtig ist das nahtlose Hin- und Herswitchen zwischen fiktiver und (schein)realer Welt: Bei *Hannah Montana* wurde sogar das Leben der realen Schauspielerin Miley Cyrus via Regenbogenpresse in das Spiel vom Alltagsgirl zum Showstar mit einbezogen und sie wurde zur Kunstfigur.

_____ Unbesiegbar und unverwundbar: Computerspiele

Konsolen- und Computerspiele sind ein wichtiger Teil der narrativen Universen. In der Medienkritik haben sie zurzeit die Rolle der Bösewichter übernommen, die früher einmal die sogenannte Schundliteratur, später die Comics und dann das Fernsehen innehatten. So gern Medientraditionalisten dieses Klischee fördern, so falsch ist es.

Der Computerspielexperte Herbert Rosenstingl[9] erzählt gern von jenem brutalen Spiel, in dem Soldaten reihenweise getötet werden und das Ziel des Spiels darin besteht, alle am Kampfplatz Anwesenden umzubringen, Männer, Frauen, Tiere. Jede Figur verfügt dabei über eigene Tötungsmechanismen, bis auf einen Superhelden, der alle Killertechniken beherrscht. Rosenstingl meint damit das Schachspiel. Abgesehen von der falschen Einschätzung der vermeintlich aggressionsfördernden Wirkung (siehe oben) lassen sich die meisten Computerspiele ebensowenig auf Gewalt reduzieren wie Homers *Ilias* oder Shakespeares Königsdramen. Natürlich sind Inhalte von Computerspielen oft trivial und gewalttätig, wie auch von Filmen oder Literatur. Aber eben nicht *nur*. Als ich unlängst wieder einmal in Karl Mays *Der Schatz im Silbersee* schmökerte, war ich verblüfft über die seitenlange, unfassbare Detailgenauigkeit einer Folterszene am Marterpfahl. Die Schilderung von Gewalt und Aggressivität als Spiegelbild menschlicher Abgründe war und ist Thema aller Kunstformen – vom Bild über den Roman, den Film bis zum Computerspiel, von der Hoch- bis zur Trivialkultur, wobei die Grenzen wohl häufig fließend sind. Dass der Reiz der Computerspiele nicht vordergründig in Gewaltausübung liegt, beweist das Kultspiel *Minecraft*, das als »independant game« nahezu ohne Werbekampagne seit über einem Jahr Kinder in seinen Bann zieht: ein simples Konstruktionsspiel, bei dem aus unterschiedlichsten Materialien Bauwerke und Landschaften geformt werden können.

Computerspiele sind zu einer nicht zu unterschätzenden Konkurrenz von Büchern geworden, nicht weil sie so banal sind, sondern weil sie, ähnlich den bereits beschriebenen Unterhaltungswelten, Erzählungen mit hohem Identifikationsfaktor bieten.

Viele Computerspiele führen in komplexe, virtuelle Welten und Simulationen, die dem User hohe räumliche und kombinatorische Fähigkeiten abverlangen. Nicht nur Strategiespiele wie *Sim City* oder *Age of Empires*, sondern auch Fantasieabenteuer wie die *Zelda*-Serie oder anspruchsvolle Sportsimulationen verlangen von den SpielerInnen wesentlich mehr als bloßes Ballern, nämlich strategisches Denken, Einfühlsamkeit, Vorausplanung. Das wohl faszinierendste Element an ihnen ist der Reiz des Unbekannten: Derjenige, der die Simulation eines Computerspiels betritt, der zunächst, wie bei einem guten Buch, die Spielregeln nicht kennt, muss sich in unbekannten, virtuellen Welten zurechtfinden und die Regeln dieser Welten durchschauen: »Wo befinde ich mich selbst, was ist meine Mission? Wo muss ich hin, wie gelange ich ans nächste Ziel, was brauche ich an Ausrüstung?« Das erfordert weit mehr als bloß geschickten Umgang mit dem Gamepad, nämlich ein hohes Maß an Orientierungsvermögen, Fähigkeit, Hypothesen zu bilden und zu erproben, Finden und Auswerten versteckter Hinweise und Informationen, Formulieren von Aufgabenstellungen. Das erklärt auch, warum Jugendliche stundenlang in den Welten versinken können wie früher in einem Buch: Sie sind tatsächlich gefordert, um das nächste Level zu erreichen oder den Ausgang aus dem Tunnel zu finden.

Computerspiele rauben der Literatur das Monopol des Interaktiven: Das Gamepad macht den Player zur handelnden Person. »Wir können fliegen! Wir können im Handumdrehen Burgen und ganze Städte errichten!« Es liegt schon ein faszinierendes Machtgefühl in den Händen eines schüchternen Zwölfjährigen, der als Superheld durch ein Universum stapft und fürchterliche Gegner reihenweise beseitigt.

Warum sind SpielerInnen so motiviert, dass sie stundenlang spielen können? Weil Computerspiele ein perfektes Motivationssystem bieten. Sie belohnen Jugendliche für Konzentration und Ausdauer, für strategisches Denken und Lesekompetenz – Eigenschaften, die Jugendlichen in der Schule gern abgesprochen werden – mit zusätzlichen Leben, Eintritt in das nächste

Level, besserer Ausrüstung oder machtvolleren Zaubersprüchen. »Im Vergleich zur Konsole ist ein Buch langweilig. Der Leser erhält kein Feedback, das Buch sagt nicht nach zehn Seiten: ›Hey super, du hast zehn Seiten geschafft.‹«[10]

Was hat das alles mit Lesen zu tun?

Die digitalen Medien haben die Rolle des Märchenonkels bzw. der Märchenerzählerin übernommen. Die alten Mythen sind nicht verschwunden, sie wurden in neue Bildsprachen und in digitale Welten transformiert. Pop- und Fantasy-Universen liefern Kindern Orientierung. Sie tauchen in Rollen und Schauplätze ein, können sich mit Helden identifizieren, mit dem Knaben Link aus *Zelda*, mit Prinzessin Lea aus *Star Wars*, oder sie können auch einmal mit der Rolle des Bösen liebäugeln wie mit dem rotgesichtigen *Stars-Wars*-Krampus Darth Maul. Konsolenspiele bieten Ansporn und Belohnung, vielleicht als Ersatz für mangelnde Anerkennung und Selbstbewusstsein im realen Leben. Aber auch Normen und Regeln werden vermittelt. Viele der Welten veranstalten quasireligiöse Inszenierungen und haben Wertesysteme, oft herrschen rigide moralische Ansichten, manchmal auch bedenklich totalitäre Strukturen. Hogwarts und die Yedi-Akademie sind nichts für Weicheier. Aus dem medialen Crossover von Konsumieren (in Film und Fernsehen) über interaktives Mitwirken (am PC, mit Legosteinen) bis zum sozialen Miteinander (beim Austauschen von Figuren, Lösungen, Sammelkarten) entwickeln Kinder und Jugendliche ihre eigenen (Selbst)Inszenierungen: »Doing Identity«.

Harte Konkurrenz für Bücher? Hier kommt die gute Nachricht für uns LeseerzieherInnen: In allen diesen Beispielen spielt das Lesen im engeren und weiteren Sinn eine wesentliche Rolle. Die vorgestellten Universen – ob Manga, Fantasy oder Action – sind tief im Narrativen verwurzelt. Es sind uralte Mythen und Märchen, die den Stoff liefern. Dass diese Narrationen nicht mehr ausschließlich in Schrift tradiert werden, macht sie nicht kleiner oder weniger wichtig. Dass es heute vielfältige Vermittlungsformen gibt, reduziert das Lesen zwar, schließt es jedoch nicht aus. Vielleicht haben wir diese Schlüsselthemen in der Lesepädagogik auch zu lange ignoriert? Dennoch kommen auch Bücher nicht zu kurz: Immerhin gehören *Harry Potter* und der *Herr der Ringe* inzwischen zu den Romanen der Weltliteratur. Die *Harry-Potter*-Bände zählen zu den meistverkauften Büchern aller Zeiten, der *Herr der Ringe* und *Der kleine Hobbit* wurden durch die Verfilmung aus der Beschaulichkeit der Tolkien-Gemeinde auf die Bestsellerlisten gehoben. Darüber hinaus gibt es zu allen Fantasyformaten eigene Buchreihen, in denen die Geschichten erzählt oder auch weitergeführt werden. Eine Bibliografie deutschsprachiger Bücher zu *Star Wars* etwa vermerkt 220 lieferbare Titel.[11]

Zu allen Fantasy-Formaten gibt es Web-Literatur und Web-Communitys. Unbeachtet von den Erwachsenen lesen und schreiben Jugendliche begeistert Geschichten rund um ihre Helden. Die Googlesuche nach Fanfiction allein für Severus Snape aus *Harry Potter* ergibt an die 100 000 Ergebnisse, nach Obi Wan Kenobi aus *Star Wars* 38 000 Treffer. Dazu kommen jede Menge kommerzielle und nicht kommerzielle Wikis. Auf vielen dieser Web-Foren entstand eine lebendige Subkultur des Schreibens: »Feuertanz«, »What hurts the most?« oder »Snapes Geheimnis« heißen einige der zahlreichen Geschichten, die den sadistischen Professor zum Helden machen und seine Geschichte fortschreiben. Jugend-Communitys, die »Literaturpflege« betreiben: freiwillig, engagiert und kreativ.

_ Was ist Lesen?

Schrift lesen

Eigentlich ist unser Gehirn für das Lesen nicht geeignet. Allerdings haben wir Menschen mit der Erfindung der Schrift gelernt, Gehirnareale und Verbindungen, die ursprünglich für andere Aufgaben gedacht waren, fürs Lesen zu adaptieren. Das Kapitel beschreibt die komplexen und faszinierenden Vorgänge im Gehirn beim Lesen, die jedes Kind erlernen muss.

Die Geschichte mit dem Hammer

Darf ich Sie einladen, mit mir gemeinsam Paul Watzlawicks *Geschichte mit dem Hammer* zu lesen? Ich möchte Ihnen erzählen, was sich während der Lektüre in Ihrem und meinem Kopf abspielt. Welche faszinierenden Leistungen unser Gehirn vollbringt, während wir eine Minute lang lesen.

»Ein Mann will ein Bild aufhängen. Den Nagel hat er, nicht aber den Hammer. Der Nachbar hat einen. Also beschließt unser Mann, hinüberzugehen und ihn auszuborgen. Doch da kommt ihm ein Zweifel: Was, wenn der Nachbar mir den Hammer nicht leihen will? Gestern schon grüßte er mich nur so flüchtig. Vielleicht war er in Eile. Vielleicht hat er die Eile nur vorgeschützt, und er hat was gegen mich. Und was? Ich habe ihm nichts getan; der bildet sich da etwas ein. Wenn jemand von *mir* ein Werkzeug borgen wollte, ich gäbe es ihm sofort. Und warum er nicht? Wie kann man einem Mitmenschen einen so einfachen Gefallen abschlagen? Leute wie dieser Kerl vergiften einem das Leben. Und dann bildet er sich noch ein, ich sei auf ihn angewiesen. Bloß weil er einen Hammer hat. Jetzt reicht's mir wirklich. – Und so stürmt er hinüber, läutet, der Nachbar öffnet, doch bevor er ›Guten Tag‹ sagen kann, schreit ihn unser Mann an: ›Behalten Sie Ihren Hammer!‹«

(Paul Watzlawick: Die Geschichte mit dem Hammer[12])

War Forschung über die Lesevorgänge im Kopf jahrhundertelang auf die Sicht von außen, auf Spekulationen und auf Obduktionen angewiesen, kann sie heute dank des technisch-medizinischen Fortschritts dem Gehirn während des Lesens quasi zuschauen. Durch Verfahren wie das EEG (Elektroenzephalografie: Hirnstrommessung), PET (Positronen-Emissions-Tomografie: Verfahren, das Schnittbilder erzeugt) und MRT (Magnetresonanzverfahren, bei dem ebenso Schnittbilder erzeugt werden) sind faszinierende Einblicke in das Gehirn in Echtzeit möglich. Man kann feststellen, welche Gehirnareale und neuronalen Verbindungen beim Lesen aktiv sind. Forscherteams liefern weltweit nahezu täglich neue Daten. Obwohl einer der renommiertesten Kognitionswissenschaftler der Gegenwart, Stanislas Dehaene[13], feststellt, dass man immer noch am Anfang der Erforschung des Gehirns stehe, haben wir doch in den letzten 20 Jahren viele spannende Erkenntnisse über den Lesevorgang gewonnen, die sich auch in der Leseförderung anwenden lassen.

—— Wie der Steinzeitmensch lesen lernte

Eigentlich ist unser Gehirn fürs Lesen gar nicht geeignet. Unsere Gehirnstrukturen sind immer noch die des Steinzeitmenschen und somit einige Millionen Jahre alt, während die Schrift erst vor wenigen Tausend Jahren erfunden wurde – ein viel zu kurzer Zeitraum, um das Gehirn genetisch an das Lesen anzupassen. Es gibt daher auch kein Leseareal, sondern unser Gehirn muss sich mit Hilfskonstruktionen behelfen. Stanislas Dehaene nennt es »neuronales Recycling«: Wir Menschen haben gelernt, Gehirnareale und Verbindungen, die ursprünglich für andere Aufgaben gedacht waren, fürs Lesen zu adaptieren. Beispielsweise gibt es im linken hinteren Schläfenbereich ein Areal, das für die Erkennung exakter Formen zuständig ist. Es ist jenes Areal, in dem einst der Steinzeitmensch Spuren las: Fußabdrücke im Staub oder Sand, geknickte Zweige. Wir LeserInnen nutzen dieses Areal heute für die visuelle Buchstabenerkennung. Dort, wo Menschen früher die Spur eines Tieres im Sand lasen, erkennen wir heute Buchstabenspuren auf Papier.

Was das Lesenlernen für Kinder und PädagogInnen so schwierig macht: Während Kinder in den ersten Lebensmonaten Sehen, Hören, auch Krabbeln und Sprechen in den genetisch vorprogrammierten Arealen und Verknüpfungen spielerisch erwerben, müssen sie ihren Leseprozess mühsam erarbeiten. Lesen ist nicht – wie man lange vermutete – ein immer gleicher mechanischer Vorgang, sondern während des Lesens laufen viele verschiedene komplexe Abläufe im Gehirn gleichzeitig ab. Nur durch regelmäßiges Training werden diese so automatisiert und aufeinander abgestimmt, dass Lesen schließlich als flüssiger Prozess funktioniert.

Es gibt nämlich nicht *einen* Lesevorgang, sondern viele verschiedene Leseweisen, bei denen das Zusammenwirken der Gehirnareale in unterschiedlichen Reihenfolgen funktioniert: Ob wir einen Text leise oder laut, liegend, stehend oder gehend lesen, aus einem Buch oder vom Bildschirm ablesen, aus purem Vergnügen oder weil wir für eine Prüfung lernen – immer sind unsere Gehirnregionen in unterschiedlicher Konstellation und Intensität beteiligt. Es macht gehirnphysiologisch einen relevanten Unterschied, ob wir denselben Text im Wartezimmer des Friseurs oder der Zahnärztin lesen. Körperspannung, Umgebungseinflüsse, Aufmerksamkeit (gelangweilt oder nervös) etc. lassen unser Gehirn den Text anders lesen. Radfahren oder Essen mit Messer und Gabel sind vergleichsweise simple Vorgänge, die im Gehirn fix gespeichert sind, wenn man sie einmal gut erlernt hat. Lesen dagegen muss laufend trainiert werden. Daraus erklärt sich das Phänomen des Sekundäranalphabetismus. SchülerInnen, die nur die nötigste Pflichtlektüre lesen und ansonsten um alles Geschriebene einen möglichst großen Bogen machen, können die in der Volksschule mühsam erworbene Basiskompetenz relativ rasch wieder verlernen, weil die neurologischen Abläufe im Gehirn nicht gefestigt sind und die Neuronenverbindungen wieder verblassen.

Was vor dem ersten Satz passiert

Eine Geschichte beginnt immer mit dem ersten Satz. Dieser erste Satz weist die Lesenden in eine bestimmte Leserichtung. Oft ist er ausschlaggebend dafür, ob man weiterliest oder das Buch weglegt.

»Eines Tages erwachte Gregor Samsa und musste entdecken, dass er in einen Käfer verwandelt war.«[14] So lautet ein berühmter erster Satz, dem man sich kaum entziehen kann. »Ich bin nicht Stiller«[15], lautet ein anderer, der aufhorchen lässt.

»Ein Mann will ein Bild aufhängen«, so heißt Watzlawicks erster Satz … Stopp.

Denn eigentlich beginnt eine Geschichte ja schon vorher. In den paar Sekunden, in denen wir ein Buch aufschlagen oder einen Text ausgehändigt bekommen, arbeitet unser Gehirn schon auf Hochtouren. Es analysiert blitzschnell die Situation, in der wir den Text lesen werden und konstruiert Erwartungen:

Bei der Aussicht auf einen gemütlichen Leseabend im Sessel setzen Entspannung und Vorfreude ein; lesen wir den Text für eine Prüfung, mögen Stress- oder Angstgefühle entstehen; wird uns der Text geschenkt, so sind wir überrascht oder vielleicht sogar skeptisch. Drei Situationen, drei unterschiedliche Ausgangslagen für unser Gehirn, drei verschiedene Lesevorgänge.

Diese paar Sekunden sind entscheidend für den weiteren Verlauf der Lektüre. Eine Erwartungshaltung wurde aufgebaut, die Gehirnareale wurden in Bereitschaft versetzt. Binnen Millisekunden werden nun drei Areale im Gehirn aktiv: Eines löst die Aufmerksamkeit von dem Objekt, das vorher im Mittelpunkt stand, ein zweites verschiebt sie ins Buch und ein drittes fokussiert uns auf den Text.[16]

Der Kaffeehäferleffekt: visuelle Worterkennung

Unser Blick fällt auf die erste Zeile. EINMANNWILLEINBILDAUFHÄNGEN. Unsere Augen tasten einen Text nicht fließend ab, sondern unser Blick bewegt sich schnell und sprunghaft, in sogenannten Sakkaden, von Fixpunkt zu Fixpunkt, vier- bis fünfmal pro Sekunde, und versucht mehrere Buchstaben zu erfassen, jeweils zehn bis 14 Buchstaben gleichzeitig (bei Leseanfängern sind es deutlich weniger). Treffen nun die Buchstaben auf die Netzhaut (Retina), werden sie dort mosaikartig in Tausende winzige Bildteile zerlegt und an das Gehirn weitergeleitet.

Die Arbeitsweise unseres Gehirns mit seinen Millionen Neuronen ähnelt einem Betrieb mit zahlreichen Mitarbeitern, von denen jeder nur auf einen Arbeitsschritt spezialisiert ist. Zuerst wandern die Buchstaben in die Abteilung für visuelle Worterkennung, das »Areal 37«. Im ersten Stock sitzen »Puzzle-Neuronen«: Diese analysieren Striche, Bögen, Konturen und Punkte, die von der Retina laufend eingespielt werden, und versuchen die Einzelteile wie ein Puzzle wieder zu Buchstaben zusammenzusetzen.

Da Lettern jedoch in unterschiedlichster Gestalt auftauchen (in unterschiedlichen Schriften, Groß- oder Kleinbuchstaben, dick, dünn oder kursiv), gibt es im zweiten Stock »Invarianz-Experten«, die darauf spezialisiert sind, Lettern zu abstrahieren, d. h. Buchstaben ungeachtet ihrer Form, Größe und Schriftart – eben invariant – zu erkennen. Wir können etwa ein großes R, mit Brust, langem Rücken und weggespreiztem Bein, und ein kleines r, ein kurzer senkrechter Strich und ein kleiner Bogen, als ein und denselben Buchstaben identifizieren, obwohl diese Zeichen im Schriftbild einander kaum ähneln. Diese Wahrnehmungsinvarianz unseres Gehirns lässt uns viele Dinge im Alltag eindeutig erkennen: Wir identifizieren ein Kaffeehäferl, egal ob der Henkel nach links oder rechts zeigt, immer als Kaffeehäferl.

Im dritten Stockwerk befinden sich die »Silben-Experten«, Neuronen, die darauf spezialisiert sind, Buchstabengruppen zu erkennen, die zusammengehören, die sogenannten Morpheme. Das Wort »aufhängen« zum Beispiel wird in drei Teilen identifiziert: die Vorsilbe »auf-«, der Wortstamm »-häng-« und die Endsilbe »-en«.

Im vierten Stock schließlich sitzen »Kombinationsexperten«, die die erkannten Einzelbuchstaben und Buchstabengruppen zusammensetzen und prüfen, ob sich daraus ein sinnvolles Wort ergibt. Ist »willein« ein Wort, oder sind es zwei Wörter?

Dass wir Wörter in Bruchteilen von Sekunden erkennen können, hängt mit der perfekten Teamarbeit der Neuronen zusammen. Puzzle-Spezialisten, Invarianz-Experten, Silben-Neuronen und Kombinationsexperten tauschen laufend Informationen über die einlaufenden Zeichen aus – nach unten und nach oben (Bottom-up- und Top-down-Prozesse). Deshalb ist das menschliche Gehirn bis heute jedem Textverarbeitungsprogramm überlegen, das Informationen nämlich nur Zeichen für Zeichen nacheinander verarbeiten kann.

Von der Schrift zur Sprache zum Wort

Schrift ist in Zeichen festgehaltene Sprache. Um vom Geschriebenen zum Sinn zu gelangen, müssen wir das Schriftbild in Sprache rückverwandeln. Die zuständige Abteilung unseres Gehirns liegt im Planum temporale, der oberen Region des linken Schläfenlappens, wo die Übereinstimmung von Buchstaben und Lauten gesucht wird, anders gesagt: wo Schriftzeichen (Grapheme) in Laute (Phoneme) umgewandelt werden. Für LeseanfängerInnen ist das beschwerlich: Sie wandern von Buchstabe zu Buchstabe, ordnen jeden Buchstaben dem dazugehörigen Laut zu und versuchen dieses Laut-Buchstaben-Gebilde zusammenzulauten, d. h. zu recodieren.

Wir sehen: EINMANNWILL …

Unser Gehirn versucht zunächst Laut für Laut einzeln zu artikulieren: E – I – N – M – A – N – N – W – I – L – L …, und dann daraus sinnvolle Einheiten herauszuhören: EIN – MANN – WILL …

Ungeübte LeserInnen und LeseanfängerInnen müssen diesen mühsamen Weg immer beschreiten. Kinder kann man beim Recodieren gut beobachten, wenn sie beim Lesen die Lippen leicht und lautlos bewegen.

Neben diesem phonologischen (oder auch »synthetisierenden« oder »indirekten«) gibt es nach dem sogenannten Zwei-Wege-Modell[17] einen schnelleren, lexikalischen (ganzheitlichen oder direkten) Weg, bei dem wir das Wort auf einen Blick erkennen, weil es in unserem Gedächtnis bereits gespeichert war. Diese Art des »Erlesens« funktioniert anstrengungsfreier. Je größer unser Wortschatz ist, desto mehr Wörter können wir auf direktem Weg erlesen. Aktuelle Forschungen deuten darauf hin, dass beim Lesen *immer* beide Wege aktiv sind, dass also auch beim lexikalischen Erfassen parallel die Übersetzung der Buchstaben in Laute erfolgt, allerdings unbewusst und automatisiert. Wenn wir auf ein schwieriges oder unbekanntes Wort stoßen, wenn wir zum Beispiel auf einer ungarischen Landkarte den Berg »Hármashatárhegy« finden oder auf dem Beipackzettel eines Medikaments das Wort »Acetylsalicylsäure«, dann werden auch geübte LeserInnen unbewusst Laut für Laut recodieren.

Ergeben die Buchstaben keinen Sinn, entsteht Stress und der Arbeitsspeicher ist überlastet:

D – E – N – N – A – G – E – L …

DENN AGEL? GEL? IGEL?

Die typischen LeseanfängerInnen sind oft Murmeltiere, die auf dem phonologischen Weg Wort für Wort vor sich hinmurmeln, ohne auch nur eines zu verstehen, oder »WortbildspekulantInnen«, die flüchtig über den Text huschen und glauben, alles verstanden zu haben. Sie lesen IGEL statt NAGEL und in der Folge womöglich HASE statt HAMMER … und machen aus Watzlawicks Geschichte ein Märchenrätsel mit ungewissem Ausgang.

Wie verstehen wir Wörter?

Stanislas Dehaene vergleicht die Vorgänge im Gehirn mit einer Flutwelle, die das Gehirn jedes Mal erfasst, wenn ein Wort verstanden wurde. Bei Flut strömt eine sogenannte Sprungwelle gleichzeitig alle Flüsse aufwärts, die an derselben Küste münden. Ähnlich ist es beim

Lesen. Sobald ein Wort erkannt wird, kommt eine Welle durch die Verästelungen in etliche Bereiche unseres Gehirns und bringt Millionen von Neuronen zum Schwingen – bis in die entferntesten Regionen der Hirnrinde, in denen unser Langzeitgedächtnis sitzt – und sucht nach Erinnerungen, Emotionen und Assoziationen.[18]

Das Ergebnis der Flutwelle ist ein sogenanntes »Schema«, ein Netzwerk, das sich um jedes Wort herum aufbaut. Man kann es sich wie ein Mind-Mapping (»mind map«, Gedächtnislandkarte) oder eine Word Cloud (Wortwolke) vorstellen, worauf bzw. worin alle verfügbaren Erinnerungen und Assoziationen zum gelesenen Wort organisiert werden.

Während wir nun das Wort »Hammer« lesen, kramen wir in unterschiedlichen Gedächtnissen. Das semantische Gedächtnis, in dem bekannte Wörter nach Themen gespeichert werden, steuert bei, was wir im mentalen Werkzeugkistchen liegen haben: *Hammer, Zange, Schraubenzieher* … Das episodische Gedächtnis, das unser Wort mit früheren Handlungen oder Ereignissen verknüpft, erinnert sich: *mit Papa einmal ein Baumhaus gebaut.* Das perzeptuelle Gedächtnis verknüpft den Hammer mit unseren Sinneseindrücken: *Gewicht, Holzgriff, Eisenkopf, Lärm der Schläge.* Und schließlich reichert das emotionale Gedächtnis alle Begriffe mit individuellen Gefühlen an: *Hammer, Fingernagel, blau, Schmerz, Tränen.* All diese Assoziationen und Erinnerungen bieten uns Andockmöglichkeiten, um den Sinn des Wortes und des ihn umgebenden Satzes erschließen zu können.

Wortschemata sind *die* Schlüssel zum Leseverständnis und ein unglaublich dynamischer Vorgang. Das Wortverständnis ist nie objektiv, sondern immer durch frühere Handlungen, Empfindungen und Sinneseindrücke mitgeprägt. Jeder Mensch versteht das Wort »Hammer« subjektiv und individuell. Ist ein Wort unbekannt, so muss das Gehirn passende Andockmöglichkeiten bei den umliegenden Wörtern suchen und ausprobieren. Diesen Vorgang kennen alle, die in einem fremdsprachigen Satz eine zentrale Vokabel nicht verstehen und aus dem Zusammenhang zu erschließen versuchen, was es bedeuten könnte.

Aus Wörtern werden Sätze

Flüssiges Lesen ist die Kunst des sinnvollen Verwebens. Wir verknüpfen Wörter zu Sätzen und weben daraus den Text wie einen Teppich. LeseforscherInnen sprechen von lokalen Kohärenzen. Wie wir aus einer Vielzahl von Wörtern schließlich einen sinnvollen Text erschließen, dazu gibt es einige überraschende Techniken.

Schlüsselwörter sammeln

Gute LeserInnen analysieren Sätze nicht Wort für Wort, sondern schielen beim Lesen schon nach Schlüsselwörtern, den sogenannten Propositionen, die verraten, wer in einem Satz *wem was tut*.

»An einem schönen Sonntag ging Peter zum Angeln an den Fluss, setzte sich nieder und fing schon nach kurzer Zeit einen Fisch.«

In diesem Satz sind *Angeln, Fisch, fing, Peter* die Schlüsselwörter, die seinen Sinn prägen. Kompetente LeserInnen überfliegen wie bei einem Helikopterflug einen ganzen Text und markieren geistig jene Schlüsselwörter, die besonders auffallen und wesentliche Hinweise auf den Sinn liefern.

Watzlawicks Geschichte auf Schlüsselwörter reduziert sähe vergleichsweise so aus: *Mann, Hammer, ausborgen, Nachbar, Zweifel, Gefallen abschlagen, Kerl.*

Letztlich resultiert aus diesem Vorgehen die Kunst, einen Text sinnvermutend zu überfliegen. Dazu eine private Anekdote: Wenn unsere amerikanische Freundin Lizz uns voller Freude einen englischsprachigen Zeitungsausschnitt über Österreich schickt und wir beim Überfliegen die Worte »Känguru« und »Koala« scannen, können wir davon ausgehen, dass Lizz wieder einmal der üblichen Verwechslung Austrias mit Australia erlegen ist.

Die Suche nach Schlüsselwörtern lässt sich übrigens gut üben: Wir könnten Kinder ab und zu dazu ermuntern, einen Text erst zu überfliegen und dann Vermutungen anzustellen, was sinngemäß darin stehen könnte.

Inferenzen bilden

Jeder Text lässt Leerstellen, die wir konstruktiv und kreativ ergänzen müssen und können.

Wenn in Watzlawicks Text zum Beispiel von einem Mann und dessen Nachbarn die Rede ist, bleibt vieles unerzählt. Es heißt: »Also beschließt unser Mann, hinüberzugehen …«

Wer ist der Mann? Wo geht er hin? Wer ist der andere? Wir stellen uns vielleicht zwei erwachsene Männer vor, die Wohnungstür an Wohnungstür wohnen oder vielleicht auch Haus an Haus. Gemeindebau? Reihenhaussiedlung? Villa neben Villa? Vielleicht vermuten wir, dass der erste Mann allein lebt – aufgrund seines schrulligen Verhaltens. Wenn wir wollen, können wir ihn uns auch bildlich vorstellen: alt oder jung, groß oder klein, Glatze, Bart? Inferenzen haben viel mit Fantasie zu tun und Fantasie mit Textverständnis.

Anschlussvermutungen

Wenn wir einen Textabschnitt lesen, formulieren wir unbewusst Vermutungen über die Fortsetzung der Geschichte, stellen Hypothesen auf und stellen Fragen. Damit verknüpfen wir Absatz für Absatz miteinander und holen uns die Motivation, weiterzulesen. Wird er wirklich anläuten? Wie wird der Nachbar reagieren? Wird er den Hammer bekommen? Wie wird die Geschichte enden?

Wir könnten den Text auch nach Sinnschritten gliedern, hier zum Beispiel nach den Emotionen des Mannes: Zuerst ist er frohgemut, dann bekommt er Selbstzweifel, schließlich entwickelt er Selbstmitleid und zum Schluss wird er zornig.

Nur wenn ein Text uns gar nicht interessiert, dann lautet die Anschlussfrage wohl lediglich: Wann ist er endlich zu Ende?

Prosodic Parsing: sinngemäßes lautes Lesen

Wenn nötig, hilft uns beim Überfliegen eines Textes das lautlose Mitmurmeln (Subvokalisieren), um den Rhythmus und die Melodie des Satzes zu erspüren und damit den Sinn zu erfassen:

DEN NAGEL HAT ER NICHT ABER DEN HAMMER …

Hat er jetzt den Hammer? Oder den Nagel? Oder beides? Oder keines?

Lautes Lesen hilft. Die Pause macht den Sinnunterschied, auch wenn man die entsprechende Beistrichregel gar nicht kennt:

DEN NAGEL HAT ER (Pause), NICHT ABER DEN HAMMER …

All diese Strategien können im Leseunterricht gut geübt werden: Das Erkennen von Schlüsselbegriffen, das Gliedern nach Kapiteln, das Mutmaßen über das Folgende sind klassische Lesestrategien, die Kindern das Textverständnis erleichtern. Und auch das vorbereitete Vorlesen (wenn der Text vorher leise gelesen und somit vorbereitet werden darf, damit er anschließend gut laut vorgelesen werden kann), bei dem auf Rhythmus und Satzmelodie geachtet wird, ist ein wertvoller Beitrag zum Textverständnis.

_____ Der Blick auf den ganzen Text

Watzlawick hat der Geschichte ein verstörendes, offenes Ende gegeben. Völlig ansatzlos und der Situation nicht entsprechend, schnauzt der Mann seinen Nachbarn an. »Behalten Sie Ihren Hammer!«

Der Erzähler gibt dem Nachbarn in der Geschichte keine Chance, zu reagieren, und fordert somit die LeserInnen auf, den Text selbst zu bewerten und zu einem guten oder bösen Ende zu bringen. Dazu müssen wir die Stimmungen und Gefühle der Hauptfigur ergründen,

66

um ihre unerwartete Reaktion zu verstehen: Warum hat der Held so viele Selbstzweifel? Warum reagiert er letztlich so aggressiv? Ist er so einsam, dass er nur mit sich selbst kommuniziert? Ist er ein Spinner? Gibt es eine Vorgeschichte, die seine Reaktion erklärt?

Wir analysieren den Text, kommentieren und deuten ihn. Dazu bedienen wir uns sogenannter mentaler Modelle. Aus ähnlichen Ereignissen oder Situationen, die wir selbst erlebt, in Büchern gelesen oder in Filmen gesehen haben, destillieren wir unsere Deutung der Geschichte. GehirnforscherInnen stellten fest, dass LeserInnen »die in einer Erzählung dargestellte Situation geistig simulieren«.[19] Die beim Lesen aktivierten Gehirnregionen sind dieselben wie beim Erleben, es ist also so, als würden wir die fiktive Handlung real erleben. Für einen Moment stehen wir also selbst mit dem Hammer vor der geschlossenen Tür unseres Nachbarn und versuchen, uns in das Verhalten der Hauptfigur hineinzuversetzen. Wenn wir lesend in eine Geschichte eintauchen und uns mit einer Figur identifizieren, dann ist es keine Einbildung, sondern unsere Gehirnstrukturen werden so aktiviert, als wären wir tatsächlich AkteurInnen in der Geschichte. Dann sind wir »wirklich« Old Shatterhand oder Pippi Langstrumpf, Harry Potter oder eben der Mann ohne Hammer.

Wir haben eine Minute gelesen. Unser Gehirn hat in dieser Minute buchstäblich Feuerwerke abgeschossen: Millionen von Neuronen haben »gefeuert«, wie die HirnforscherInnen es nennen, und die fiktive Geschichte zu unserer eigenen gemacht. Lesen ist ein Stufenprozess mit unzähligen Teilleistungen, die aber nicht hintereinander ablaufen, sondern nahezu gleichzeitig im ständigen Austausch der Informationen – sowohl Bottom-up als auch Top-down. Auf allen Stufen dominiert die Suche nach dem Sinn des Textes, ein Lesen ohne Sinnvermutung gibt es nicht. Lesen als eine sinnsuchende und sinnstiftende Tätigkeit – eigentlich eine schöne Vorstellung.

___ Digitales Lesen

Lesen in digitalen Medien hat – dank Internet und derzeit vor allem durch Social Media – das analoge Lesen quantitativ überflügelt. Wir lesen heute in der Regel häufiger und mehr auf Bildschirmen als auf dem Papier.

___ Sprint und Hürdenlauf

Wie lesen Menschen im Internet?

Der Webexperte Jakob Nielsen, der Blickbewegungsstudien durchführte, meint lapidar: »Sie lesen gar nicht«.[20] Angesichts Millionen digitaler Seiten, die täglich online gehen, ist das natürlich eher ein boshaftes Aperçu denn ein seriöser Befund, aber es wäre interessant, das Körnchen Wahrheit darin zu suchen. Wie unterscheidet sich Lesen auf einem Bildschirm vom Lesen auf bedrucktem Papier?

Die Benutzung eines Buches oder einer Zeitschrift ist relativ simpel: das Buch bzw. das Druckwerk halten, von links oben bis rechts unten lesen, umblättern, weiterlesen etc. Lesen in digitalen Medien ist vielfältiger, oft auch anspruchsvoller. Sich im Nachrichtenportal von Schlagzeile zu Schlagzeile hangeln; mithilfe von Google oder Wikipedia recherchieren; im Reiseladen den nächsten Traumurlaub suchen und buchen, sich gelangweilt oder belustigt durch die Statusmeldungen der FreundInnen auf Facebook scrollen. Lesen am Bildschirm hat viele Facetten, mal liest man genau, mal oberflächlich, mal punktuell, mal sprunghaft, mal gleicht es einem 100-Meter-Sprint, mal einem Hürdenlauf.

Nur in Ausnahmefällen – etwa beim E-Book, das das gedruckte Buch möglichst genau nachahmt – steht die Schrift am Bildschirm allein, linear und ungestört, in aller Regel sind Bildschirmtexte multimodal und verfügen über Hyperlinks, die den linearen Lesefluss unter- und durchbrechen. Digitales Lesen ist Slalomfahren durch Kacheln, Links und Fenster und das gleichzeitige Verarbeiten verschiedener Modi wie Schrift, Bild und Ton, ein Navigieren in unterschiedlichen Richtungen.

Die Auswirkungen der digitalen Revolution auf Intelligenz, Gedächtnis, Konzentration und Lernfähigkeit vor allem junger Menschen werden zurzeit heftig und in den unterschiedlichsten Bereichen diskutiert – so etwa auch aus Sicht der Neurowissenschaften sowie der Psychologie und Soziologie. Zahlreiche Untersuchungen liegen vor, der jeweilige Standpunkt färbt durchaus auch die Ergebnisse.[21] Für SkeptikerInnen des digitalen Zeitalters lassen sich Indizien finden, die eine globale Verdummung der Menschheit nahelegen. AnhängerInnen wiederum finden ausreichend Belege für die grenzenlose Freiheit in der digitalen Welt. Auf der einen Seite warnen besorgte und meist nicht mehr ganz junge Intellektuelle bestsellertauglich vor den desaströsen Folgen, auf der anderen Seite erfüllen manche Studien mit Jubelmeldungen offensichtlich vor allem die Erwartungen ihrer Auftraggeber aus der Soft- oder Hardwarebranche. Doch ob gut oder bedenklich – das Lesen in digitalen Medien findet nicht nur statt, sondern hat durch Internet und Social Media das analoge Lesen quantitativ überflügelt. Wir lesen häufiger und mehr auf dem Bildschirm als am Papier. Warnungen vor den Gefahren des Internets klingen also ähnlich wie seinerzeit die Warnungen vor der Benutzung der Dampflokomotive. Der Zug rollt …

F wie Fast reading: nicht lineares Lesen

Beim klassischen linearen (auch: sequenziellen oder kontinuierlichen) Lesen gab der/die AutorIn den roten Faden vor. Die digitalen Medien, allen voran das Internet, lassen das lineare Lesen in dieser klassischen Weise nicht zu. Websites bieten Informationen üblicherweise nicht linear-sequenziell, sondern gleichzeitig und diskontinuierlich. Displays von Smartphones und Tablets funktionieren wie ein großer Setzkasten: In neben-und übereinander angeordneten Frames oder Kacheln verstecken sich Infohäppchen mit Links zum Anklicken.

Diese nicht lineare Anordnung erfordert von uns viel Eigeninitiative. Hatten AutorInnen von Büchern durch Satzstrukturen ihre Gedankengebäude festgelegt und somit vorgegeben, denen LeserInnen nur folgen mussten, so müssen UserInnen den roten Faden durch Inhalte selbst suchen oder sogar selbst entwickeln, müssen die Kohärenzen des Textes, die Reihenfolge und die Zusammenhänge selbst festlegen.

UserInnen reagieren auf diese Form der Textgestaltung vor allem mit Tempo. 2006 führte Jakob Nielsen wie erwähnt das mittlerweile berühmte Blickbewegungsexperiment[22] mit 232 InternetnutzerInnen durch, die Tausende von Websites betrachteten und deren Augenbewegungen währenddessen gefilmt wurden. Das Ergebnis: Kaum eine/r der ProbandInnen las die Bildschirmtexte linear, also Zeile für Zeile. Der überwiegende Teil überflog die Websites, wobei die Augenbewegungen ein Muster schrieben, das dem Buchstaben »F« ähnelt: Zuerst lasen sie in einer horizontalen Bewegung die ersten zwei, drei Textzeilen genauer, dann rutschten die Augen ein Stück tiefer, wo sie abermals horizontal ein paar Zeilen lasen. Schließlich wanderte der Blick den linken Rand der Website vertikal abwärts. Nielsen leitete daraus Usability-Regeln ab, wie Websites effizient zu gestalten seien: In den ersten zwei bis drei Zeilen müssten alle wesentlichen Informationen enthalten sein; Texte müssten entlang der vertikalen Linie in Punkten und Zwischenüberschriften klar gegliedert werden. Eine literarische Horrorvorstellung: Texte werden zum Kopffüßler, in zwei Sätzen und ein paar griffigen Schlagzeilen muss alles gesagt sein.

Nielsens Experiment wurde durch eine Reihe weiterer wissenschaftlicher Untersuchungen bestätigt, wonach LeserInnen Websites meist mit hoher Geschwindigkeit »scannen«, d.h. nach Schlüsselimpulsen absuchen. Man stellte fest, dass Websites in der Regel nicht länger als zehn bis 20 Sekunden und nur in seltenen Ausnahmefällen länger gelesen würden, dann folgt schon der Klick auf die nächste Seite. Diese Technik des Überfliegens ist übrigens unabhängig von

Inhalt und Art der Website, also egal ob Unterhaltung, Werbung oder wissenschaftlicher Aufsatz – und auch unabhängig von Alter, Geschlecht oder Bildungsgrad der UserInnen. Überfliegen ist aber nicht zwangsläufig negativ. Wer in digitalen Informationssystemen unterwegs ist, braucht diese Art frei schwebender Aufmerksamkeit, die nur Relevantes registriert. Oft wollen wir gar keinen ganzen Text lesen, sondern uns auf Wesentliches konzentrieren. Wer in einem Online-Warenkatalog ein bestimmtes Produkt, zum Beispiel eine Badehose, sucht, hätte bei genauem linearem Lesen den Sommerurlaub wohl versäumt, bis er sich zum Kapitel Sommermode durchgekämpft hätte. Surfen, Zappen und Switchen – verwandt mit dem Durchblättern von Büchern und Zeitschriften – sind wichtige Techniken der selektiven Informationsverarbeitung und notwendig, um dem Information-Overkill zu begegnen. Das oft verächtlich betrachtete Überfliegen hat zentrale Qualitäten, die übrigens nicht nur beim digitalen Lesen wichtig sind: Sachbücher, Fachzeitschriften, Kataloge erfordern diese Fähigkeit ebenso.

____ Wohin und retour? Hyperlinks und navigierendes Lesen

Ein wesentliches Merkmal digitalen Lesens sind Hyperlinks, also jene elektronischen Minitrampoline, die uns beim Anklicken auf eine neue Seite, in eine neue Welt, zu einer neuen Information hüpfen lassen. Hyperlinks sind wunderbar und teuflisch zugleich. Musste man auf Papier einem Querverweis bzw. Fußnoten – oder wie in diesem Buch Endnoten – hinterherblättern und anschließend in einer Bibliothek nach der angegebenen Quelle suchen, genügt nun ein Klick auf den Hyperlink und man hat die ergänzende Information, den Verweis, den Film, das Foto … vor sich. Manchmal klickt man sich sogar direkt in das zitierte Werk. Hyperlinks bergen aber auch Gefahren: Jede/r InternetuserIn weiß, wie schnell man sich von einem Text wegklickt und nie mehr zurückfindet. Es funktioniert ein wenig wie mit dem Kleiderschrank in dem Fantasyroman *Die Chroniken von Narnia* von Clive Staples Lewis. Man verschwindet in eine unbekannte Welt, hat keine Ahnung, wo man sich befindet und wer da plötzlich zu einem spricht. Und es erfordert viel Disziplin, um im Zuge der Recherche die Wege und Pfade genau zu dokumentieren, sodass man einerseits durch den Kleiderkasten wieder zum Ausgangstext zurückfindet und andererseits all die nützlichen Informationen später wieder auffinden kann.

Hypertext spaltet die LeseforscherInnen: KritikerInnen warnen, dass Hypertext das unkonzentrierte, oberflächliche Lesen fördere. Man hoppele von Text zu Text, von Link zu Link, ohne irgendetwas zu Ende zu lesen. Zum anderen schwärmen etwa InformationswissenschaftlerInnen von den faszinierenden Möglichkeiten, den Wissenserwerb durch Hyperlinks für Assoziationen, Vergleiche und Ergänzungen zu öffnen.

Beides ist möglich. Zweifellos gilt jedoch: Hypertext ist anspruchsvoller zu lesen als linearer Text. »Das Entziffern von Hypertext vergrößert die kognitive Belastung des Lesers beträchtlich und schwächt somit seine Fähigkeit, das Gelesene zu verstehen und zu behalten«, sagt der Publizist Nicholas Carr und zitiert aus Untersuchungen, die zeigen, dass Menschen in einem linear gelesenen Text mehr begreifen und sich an mehr erinnern als in einem mit Links gespickten Text zu demselben Thema. Es erfordert anspruchsvolle Problemlösungsmechanismen, Links zu bewerten und sich durch ihr Geflecht zu navigieren.[23] Wir können uns nicht aufs bloße Decodieren konzentrieren, sondern wir müssen parallel zum Akt des Lesens ständig Entscheidungen treffen. Lineares Lesen ist Wandern auf einer geraden Landstraße, Hypertextlesen ist eine Expedition durch einen Irrgarten mit etlichen Verzweigungen und Weggabelungen. Hypertextlesen erfordert, wenn wir es konzentriert tun, mehr Entscheidungsaufwand, *mehr* und nicht *weniger* Lesekompetenz.

Es ist das Wesen des Internets, über eine geflochtene Struktur zu verfügen; es bietet kein Nacheinander von Informationen, sondern ein In- und Nebeneinander. Und ob wir wollen oder nicht: Zur aktuellen und auch zukünftigen Lesekompetenz gehört das Hypertextlesen, das vom Lesenden Strategiewissen und Übung erfordert, sofern man nicht nur oberflächlich surfen will.

Ein tröstlicher Gedanke aus dem vorangegangenen Kapitel über die Wortschemata: Vielleicht kommt die Hypertextstruktur unserer dreidimensionalen Gehirnstruktur ja letztlich näher als das zweidimensionale Hintereinander auf einem Blatt Papier.

Lesen mit Maus, Tastatur und Finger

In digitalen Medien werden Informationen in der Regel multimodal präsentiert. Schrift wird um Logos, Bilder, Filmsequenzen und manchmal auch um Töne ergänzt. LeserInnen müssen die unterschiedlichen Modi parallel verarbeiten: Bild, Text und Ton ergeben erst gemeinsam einen Sinn. Darüber hinaus sind haptische Eingaben wie Mouseover, Klicken, Scrollen, Wischen mit Maus, Tastatur oder Finger erforderlich, um einen Text insgesamt zu erfassen. Manchmal erhält man akustische Zusatzinformationen durch Knack-, Klingeloder Klicktöne. Wir »lesen« Websites so gesehen mit den Augen, Ohren und Händen.

Multimodalität ist keine Erfindung der digitalen Neuzeit. Auch analoge Schrifttexte bedienen sich mehrerer Modi: unterschiedliche Schriftarten und -größen, Farbgebung, Satzspiegel und Gliederungselemente wie Zwischentitel, Absätze, Einzüge strukturieren den geschriebenen Text und verleihen ihm zusätzliche Bedeutungsebenen: Eine Serifenschrift wirkt seriöser, gebundener, eine serifenlose Schrift offener, lockerer. Modi können einen Text färben und beeinflussen, können bedeutungstragende Funktion übernehmen. Textverarbeitungsprogramme stellen heute eine unüberschaubare Bandbreite an Modi zur Verfügung, um Texte zu gestalten.

Eine interessante Diskussion eröffnete der sogenannte »Mali-Test«.[24] In dieser Versuchsanordnung mit über 100 Freiwilligen las eine Gruppe am Computer ausschließlich Schrifttext über das afrikanische Land Mali. Die andere Gruppe konsumierte neben schriftlichen Texten auch audiovisuelle Zuspielungen, die per Hyperlink zu öffnen waren. Beim anschließenden Wissenstest schnitt die Nur-Text-Gruppe signifikant besser ab als die Multimediagruppe und gab auch im Interview an, mehr gelernt zu haben. Dieser Versuch scheint allen didaktischen Erfahrungen, dass anschauliches Lernmaterial – Bilder, Filme, Tondokumente – einen Stoff anreichert und das Lernen vereinfacht, zu widersprechen oder sich zumindest in der digitalen Welt nicht so einfach bestätigen zu lassen. Der »Mali-Test« ist natürlich Wasser auf die Mühlen der Internet-Verteufler.

Tatsächlich jedoch muss man das Testergebnis differenzierter lesen. Er zeigt zwar, dass sich komplexe Informationen via Schrift präziser und strukturierter fassen und lernen lassen. Aber natürlich sind ergänzende, multimodale Informationen veranschaulichender und sinnvoll. Ich selbst habe von Mali erst eine konkretere räumliche Vorstellung, seit die Bilder islamistischer Zerstörungswut durch alle Medien gingen. Die Fotos der muslimischen Heiligtümer holten für mich Timbuktu aus dem mythischen Nebel. Der »Mali-Test« beweist noch etwas ganz anderes, das in der aktuellen Lesedidaktik nämlich ignoriert wird: Wir müssen lehren und lernen, wie wir aus mehrkanaligen und multimodalen Informationen das Wesentliche herausfiltern können, wie wir Bilder, Filmsequenzen oder auch Tonspuren auswerten, nutzen und strukturieren können. Der »Mali-Test« ist keine Absage an Multimodalität, sondern ein klarer Auftrag an die Lesepädagogik, Kinder nicht mit multimodalen Texten allein zu lassen, sondern ihnen Lesestrategien zu vermitteln, mit denen sie die verschiedenen Kanäle entschlüsseln und wirksam zusammenführen können.

___ Fatal error! Re-agierendes Lesen

Das Herunterladen digitaler Inhalte, Apps oder Programme und die damit verbundene Aufforderung »Folgen Sie den Anweisungen auf dem Bildschirm« gehören für mich regelmäßig zu den stressverdächtigen Momenten im Zuge meiner Internetaktivitäten. Ich lese mich verzweifelt durch ungebetene Pop-ups, die mir ständig kleine und unangenehme Aufgaben stellen: Ich muss einen Usernamen eingeben. Nehme ich den eigenen oder einen erfundenen? Was erwarten die von mir? Ich muss ein Kennwort erfinden. Wähle ich wie empfohlen eine möglichst sinnlose Zeichenfolge, die ich irgendwo notiere und dann bei nächster Gelegenheit entsorge? Oder verwende ich mein übliches Passwort, variiere es ganz leicht und vergesse es im selben Augenblick? Ich muss dubiosen Geschäftsbedingungen zustimmen, deren eingehendere Lektüre Wochen in Anspruch nähme. Verpfände ich gerade mein Haus oder meine Seele? Ich muss entscheiden, ob ich das Zeug speichern oder ausführen will: natürlich beides, aber in welcher Reihenfolge? Und wenn ich glaube, endlich alle Hürden genommen zu haben, dann erhalte ich eine obskure Meldung: »Warnung. Das Installieren des Programms X könnte das Ausführen des Programms Y instabil machen.« Was heißt *könnte*? Und was zum Teufel *kann* ich dagegen tun? Manchmal heißt es am Ende auch nur ganz unmissverständlich: »Fatal error!«

Digitales Lesen ist inzwischen ein längst integrierter Bestandteil von Alltagshandlungen, wobei die Grenzen von Information, Kommunikation und Interaktion ebenso verschwimmen wie die alte Einteilung von Ein- und Zweiwegkommunikation. Lesen heißt im beruflichen und privaten Alltag heute in hohem Maß reagieren müssen, und zwar sofort, lesen unter akutem Handlungsdruck, weil digitale Medien die Reaktionszeiten drastisch verkürzt haben. Konnte ein Brief früher wochenlang unbeantwortet liegen bleiben, drängen E-Mails oder SMS oder Faxe auf möglichst umgehende Antwort. Im digitalen Kontext erhalten wir Imperative und Anleitungen, auf die wir auf der Stelle reagieren müssen: Eingabemasken und Onlineformulare ausfüllen, Displaybefehle befolgen. Ohne Eingabe von Daten und Kennwörtern ist ein Fortgang der Lektüre meistens gar nicht möglich. Das digitale Lesen wird von der ständigen Forderung begleitet, Entscheidungen zu treffen, weil der Text weiterläuft, weil der Medienpartner in »Echtzeit« auf das prompte Re-Mail wartet oder weil das gegnerische Monster im Computerspiel rasches Handeln von uns verlangt. Mobiltelefone, Konsolenspiele, Bankomaten, Homeshoppingkanäle, Telebanking … allesamt Autoritäten, die von uns fordern, Lesen mit Entscheidungen und Eingaben zu verknüpfen. Mein interaktiver Albtraum: Ich stehe vorm Fahrscheinautomaten wie die Kuh vorm neuen Tor, mein Zug fährt bereits ein, hinter mir wartet eine ungeduldige Schlange und ich versuche verzweifelt, meinen gewünschten Fahrschein korrekt einzutippen, ohne irrtümlich eine Hunde-, Kinder- oder Jahreskarte zu lösen.

Wir LeserInnen sind nicht mehr nur passive KonsumentInnen, sondern in etlichen Formaten sind wir aktiv, interaktiv, manchmal sogar hyperaktiv. Mit der Beschaulichkeit des Lesens ist es da eher vorbei.

—— Multitasking und mediale Konvergenz

Das Zauberwort der Multimedianutzung lautet Multitasking. Es bezeichnet die (vermeintliche) Fähigkeit der jungen Generation, die vielfältigen digitalen Informationen gleichzeitig zu verarbeiten. PsychologInnen bestätigen es allerdings: Das menschliche Gehirn wird bei Multitasking fehleranfällig, es ist der mehrfachen und gleichzeitigen Belastung nicht gewachsen. Statt Zeitgewinn bedeutet Multitasking oft Zeitverlust, weil Fehler wieder ausgebügelt werden müssen. Die Effizienz beim ständigen Wechsel verschiedener Aufgaben in kurzen Zeitabschnitten ist deutlich geringer als beim konzentrierten Arbeiten an einem Thema. PsychologInnen sprechen von »Wechselkosten«, die beim Multitasking entstehen.

Auch aus neurowissenschaftlichen Untersuchungen weiß man, dass echtes Multitasking – gleichzeitiges Verarbeiten unterschiedlicher Informationsquellen – eine Illusion ist. Unser Gehirn kann zwar durchaus mehrere Eindrücke parallel wahrnehmen, also etwa einen Text lesen und gleichzeitig dazu ein Bild betrachten oder auch Musik hören. Wenn es aber nicht mehr nur *wahrnehmen*, sondern auch *reagieren* und *entscheiden* muss, scheitert jeder Versuch des gleichzeitigen Erfassens. Ein Autofahrer, der sich auf den Gegenverkehr und auf sein Telefongespräch zugleich zu konzentrieren versucht, hat deshalb keine Kapazitäten mehr frei, um auf die Fußgängerin an der Straße zu reagieren. Immer wenn wir unsere Aufmerksamkeit auf ein neues Ziel richten, muss auch unser Gehirn sich neu fokussieren, und es legt die erste Aufgabe in einem Zwischenspeicher ab, um Kapazitäten für die zweite Aufgabe freizusetzen. Zumindest eine der Aufgaben wird dann nur mit halber Kraft bearbeitet. Ich kann also einen Text verstehend lesen und mich im Hintergrund von Musik berieseln lassen. Sobald ich aber auf den Refrain oder auf die Melodie achte, macht das Schriftbild Pause. Das gilt übrigens alters- und geschlechtsunabhängig für alle, weder junge Leute noch Frauen sind im Besonderen multitaskingfähig.

So wie im analogen bleibt es uns auch im digitalen Leben nicht erspart, wichtige Informationen hintereinander zu lesen.

Was die digitale Jugend von der Schriftgeneration unterscheidet, ist also nicht Multitasking, sondern die Fähigkeit zur medialen Konvergenz: rasches Reagieren und Switchen zwischen den Medien und Formaten. Die Fähigkeit, auf verschiedenen Tastaturen nahezu gleichzeitig zu spielen, von einem Fenster ins andere, von einem Medium ins nächste zu springen – diese Qualität hat die digitale Jugend uns voraus. Das hat mit jahrelangem Training zu tun: So wie ein Schlagzeuger auf mehreren Schlaginstrumenten mit Händen und Füßen gleichzeitig unterschiedliche Rhythmen schlagen kann, können Jugendliche die unterschiedlichen Rhythmen der medialen Informationen schneller koordinieren. Was fürs digitale Lesen natürlich von Vorteil ist. Während ich mich zwischen mehreren offenen Fenstern ständig verheddere, ist der Umgang mit Windows, Tabs und geöffneten Programmen für meine Söhne in atemberaubend raschem Nacheinander kein Problem. Sie sind auch schneller und geschickter im reagierenden Lesen – siehe mein oben erwähntes Fahrscheinautomatenbeispiel – und haben ihren Altvorderen deshalb regelmäßig den Gebrauch der diversen neuen, digitalen Kasteln zu erklären …

___ Googeln oder Gedächtnis?

Im analogen Medienzeitalter war Lesen eng mit Lernen verknüpft. Wir lasen in Büchern oder Zeitschriften, um Dinge zu lernen, sie uns zu merken und im Langzeitgedächtnis zu verankern. Beim digitalen Lesen scheint dies umgekehrt zu sein: Wir lesen, um uns die Dinge *nicht* merken zu müssen. Wir benützen das Internet wie eine ausgelagerte Festplatte unseres Gehirns. Was man googeln und auf Wikipedia nachlesen kann, muss man sich nicht merken.

Auch bei diesem Thema schlagen die Wogen der Diskussion hoch. Lässt digitales Lesen unser Gehirn und vor allem unser Langzeitgedächtnis verkümmern oder bekommen wir durch unseren »Internet-Außenspeicher« freie Kapazitäten für andere anspruchsvolle Aufgaben? Werden wir dümmer oder produktiver? Ist es noch Bildung, wenn wir bloß wissen, wo wir nachschauen müssen? Wissen wir überhaupt, wo wir nachschauen müssen, wenn wir keine Bildung haben?

Mir scheinen beide Extrempositionen unhaltbar zu sein. Weder macht uns das Internet dümmer noch mutieren wir zu Gehirn-Cyborgs mit ungeahnten Kapazitäten. Wir sind noch immer dieselben, irgendwo zwischen der Fell- und Keulenphase und der Jeans-Generation. Möglicherweise ist zwischen dem Besuch einer guten, alten Bibliothek mit echten Büchern und dem Spaziergang durch die virtuellen Räume des Internets doch gar nicht so viel Unterschied, wie immer behauptet wird. Früher benötigten wir solides Basiswissen zu einem Thema, um zu wissen, wo und in welchem Buch wir recherchieren müssen. Und heute? Ich kann als gelernter Historiker Hunderttausende Jahreszahlen, Herrschernamen und Fakten im Internet finden, die ich mir nie im Leben merken kann, will und muss. Geschichtsverständnis und Geschichtsbewusstsein muss ich aber in meinem Gehirn entwickeln, im Zusammenspiel zwischen Bewusstsein und Wissen und im Verknüpfen vorgefundener Informationen. So wie früher einem Lexikon muss ich auch Google und Wikipedia die richtigen Fragen stellen. Google ist wertvoll, Wikipedia liefert mir jede Menge Fakten und Daten, doch beide zusammen ersetzen meinen persönlichen Wissensbaukasten im Gehirn in keiner Weise. Know-how und Know-where!

Ich möchte noch einen Schritt weiter gehen. Computer verarbeiten Wissen nach anderen Prinzipien als das menschliche Gehirn, nämlich ziemlich stupid 1 : 1. Sie speichern Inputwissen ungefiltert ab und geben dieses auf Knopfdruck wieder – unkommentiert, unverknüpft, unreflektiert. Ein Computer kann zwar eine unvorstellbare Fülle an Informationen in Bruchteilen von Sekunden in sich hineinfressen, doch kein Computer der Welt kann auch nur zwei getrennte Informationen von selbst – ohne Eingabe der Regeln und Befehle – sinnvoll verbinden und Bezüge herstellen. Das leistet nach wie vor nur das menschliche Gehirn. Wenn wir Wörter wie »Apfelstrudel« oder »Porzellantasse« lesen oder komplexere Begriffe wie »Demokratiepaket« oder »islamische Revolution«, vermischen sich unweigerlich neue Informationen mit all unseren gespeicherten Erinnerungen und Vorinformationen, Wissensrelikten und persönlichen Haltungen. Aus dieser Informationsspeicherung wird in unserem Langzeitgedächtnis so etwas wie Bildung, ein Konglomerat aus angereichertem Wissen und vernetztem Bewusstsein. Im Computer dagegen gibt es immer nur unverbundenes Speichern.

Wenn KritikerInnen oder BefürworterInnen heute bei der Frage nach dem digitalen Gedächtnis ein Entweder-oder-Szenario herbeischreiben, dann verzapfen beide Gruppen bewusst oder unbewusst Unsinn: Kein Mensch kann seine Bildung und sein Gedächtnis komplett ins Internet auslagern. Es wäre aber auch schlicht borniert, die faszinierenden Möglichkeiten des Internets nicht zu nutzen. Schon Bibliotheken ergänzten unser subjektives Wissen durch nachschlagbare Fakten, und nicht anders fungiert das Internet heute. Ich sehe keinen Grund, warum digitales Lesen uns geringere Chancen dazu bieten sollte als analoges Lesen. Im Gegenteil: Google, Wikipedia etc. erleichtern es uns, auf Faktenwissen zurückzugreifen. Alle, die den »richtigen« Umgang damit gelernt haben, können googeln. Doch können Google & Co. eigenes Denken und persönliche Wissensnetzwerke niemals ersetzen. Lesen und Lernen war seit jeher und ist noch immer ein Balanceakt zwischen Faktensammeln und kognitivem Vernetzen, zwischen ausgelagertem Wissen und aktiver Bildung, ein Oszillieren zwischen objektiver kritischer Distanz und subjektiver Aneignung von Wissen.

___ Realität versus Virtualität

Der Jagdflieger versenkte seine Bombe punktgenau im Schornstein des Gebäudes, das lautlos in sich zusammenfiel. Es war der mediale Sündenfall, als CNN uns im Golfkrieg 1990 die Bilder vom klinisch sauberen Krieg vorgaukelte, bei dem es keine Opfer, kein Leid, keinen Lärm gebe. Stattdessen: ästhetische Bilder. Heute wissen wir, dass diese Bilder uns betrogen haben.

Die Grenzen zwischen Virtualität und Realität sind fließend geworden. Photoshop und digitale Bearbeitung erlauben jede Form von Verfremdung, Veränderung und Simulation von Realitäten. Wann immer wir Medien konsumieren, sollten wir den Wahrheitsgehalt der gezeigten Informationen hinterfragen.

Das gilt nicht nur für Bilder. Auch in Texten wird oft gelogen wie gedruckt. Es ist als irgendetwas zwischen zynisch und peinlich zu bezeichnen, wenn ausgerechnet Boulevardzeitungen, die lügen, dass sich die Balkenlettern biegen, sich gern und oft über die Bedrohungen des Internets auslassen. Dennoch: Realität ist Schall und Rauch im digitalen Raum. Zu den Kategorien Wahrheit und Lüge kommen im Internet noch die Dimensionen Realität und Virtualität bzw. Echtheit und Simulation hinzu. Musste man früher schon von relativ schlichtem Gemüt sein, um etwa die Romanfigur Sherlock Holmes für real zu halten, so fallen diese Unterscheidungen im Internet heute selbst Medienkundigen manchmal schwer. Sich dessen bewusst zu werden, dass die Grenzen zwischen virtuellen und realen Welten fließend sind, ist eine spezielle Herausforderung an den digital Lesenden.

Leserichtung = Denkrichtung

Bestimmt die Leserichtung auch die Denkrichtung?

Die digitalen Medien haben die jahrhundertelang gewohnte Leserichtung – Wort für Wort, von links oben nach rechts unten – nachhaltig durcheinandergebracht. LeserInnen müssen sich im Web den Informationspfad selber suchen. Die autoritative Vorgabe des linearen Textes wird ersetzt durch – Freiheit oder Beliebigkeit? Noch radikaler verändern Smartphones und Tablets die Rezeptionswege:»Intuitive Benutzerführung« gilt als neue Qualität der Rezeption. Nicht nur innerhalb eines Textes, sondern auch zwischen den Medien springen wir hin und her: Patchworkrezeption ersetzt Linearität.

Haben diese Veränderungen auch mit dem Verlust von Autoritäten zu tun? Die *Zehn Gebote* ließen sich schön linear aufschreiben und auswendig lernen: erstens, zweitens, drittens … AutorInnen geben gewissermaßen die Sinnspur vor, wie ihr Text zu lesen sei. Die »neuen« Medien verweigern ein solches Orientierungsangebot. Schwarmintelligenz statt eindeutigem Urheber. LeserInnen sind RezipientIn und ProduzentIn von Inhalten zugleich. Ist das eine neue Form der Mediendemokratie? Oder fördert es bloß Orientierungslosigkeit? Wird der fortschreitende Machtverlust traditioneller Autoritäten wie Kirche und Staat durch die Richtungsliberalität der Medien verstärkt oder ist die nicht lineare Konzeption der Medien ein Ausfluss des Autoritätsverlusts? Wahrscheinlich bedingen und verstärken beide Phänomene einander.

Die Diskussion ist nicht neu, sie fand – unter umgekehrten Vorzeichen – schon einmal statt. Die ägyptischen Hieroglyphen waren in ihrer Leserichtung nicht festgelegt, konnten also von rechts nach links *oder* von links nach rechts gelesen werden, je nachdem in welche Richtung die Symbole (Menschen, Tiere, Götter) am Anfang einer Zeile blickten. Die Diskussion über die Auswirkungen der Schreibrichtung entstand, als die hieroglyphische Bilderschrift von der griechischen Buchstabenschrift abgelöst wurde. Philosophen der Antike konstatierten, dass die Alphabetschrift ein diskursives Nacheinander, die Bilderschrift dagegen ein intuitives Nebeneinander der Gedanken impliziere.[25]

Heute erleben wir also wieder einen Turning Point: Digitale Medien ermöglichen neue Lese- und Schreibrichtungen, lösen sich vom diskursiven Nacheinander und agieren mit offenen Zeichensystemen. Unsere Kinder lesen die Welt nicht mehr als logisches Nacheinander, sondern als assoziatives Nebeneinander. Welche Chancen und/oder Gefahren in einem räumlichen, simultanen, intuitiven Erfassen der Informationen über die Welt liegen, ist eine der spannenden Fragen.

_____ Taxlerhirn und der kalifornische Seehase

Digitales Lesen ersetzt das lineare Lesen nicht, sondern ergänzt und erweitert es. Beim digitalen Lesen kommen neue Schaltungen und Verbindungen hinzu, die unser Gehirn zusätzlich verarbeiten muss. Während beim Schriftlesen vor allem die Sprachzentren der linken Gehirnhälfte beteiligt sind, erfordert multimodales Lesen auch verstärkt den parallelen Einsatz der rechten Gehirnhälfte, wo visuelle und auditive Informationen, also Bilder und Töne verarbeitet werden. Lesen muss sich auch an veränderte Leserichtungen anpassen. Wer je einen Manga gelesen hat, weiß, wie schwierig es ist, in den Fluss der Bilder und Texte hineinzufinden. Wie schafft unser Gehirn so etwas, ohne Schaden zu nehmen oder digital zu verblöden, wie das in manchen Buchtiteln reißerisch behauptet wird? Anlass zur Hoffnung gibt die Aplysia californica. Diese Meeresschneckenart, auch »kalifornischer Seehase« genannt, lieferte dem amerikanischen Neurowissenschaftler und Nobelpreisträger österreichischer Herkunft, Eric Richard Kandel, wesentliche Erkenntnisse über die Funktionsweise des Gehirns und vor allem auch des Gedächtnisses. Kandel erkannte bei Versuchen an diesem intellektuell recht simpel gestrickten Tier, dass die Neuronen des Gehirns beim Lernen ständig neue Synapsen bilden und dass diese neuronalen Netzwerke Grundlage des Gedächtnisses sind. Er ist damit einer der Wegbereiter der bahnbrechenden Erkenntnis, dass jeder Gedächtnisvorgang unser Gehirn verändert. Es ist keine Kiste, die irgendwann voll ist, sondern ein Gewebe, das ständig weiterwachsen und sich verändern kann. Neuronale Verbindungen oder auch ganze Hirnareale können sich durch die Neuroplastizität unseres Gehirns an neue, somit auch neue mediale Gegebenheiten anpassen.

Alle Werkzeuge und technischen Hilfsmittel, die Menschen im Laufe der Zeit erfanden und entwickelten, veränderten auch Struktur und Funktionsweise des menschlichen Gehirns. Ein berühmtes Beispiel ist das der Londoner Taxifahrer, deren Hippocampus (der geografische Speicher des Gehirns) durch das Erlernen Tausender Straßennamen stärker ausgeprägt ist als bei normalen Menschen. Unser Gehirn verwendet für neue Leistungen zwar die vorhandenen Strukturen, passt seine Netzwerke und Abläufe jedoch mit der Zeit und manchmal über Generationen hinweg an das jeweilige technische Hilfsmittel an. Diese sukzessive Anpassung stärkt jeweils bestimmte neuronale Netze, andere werden dadurch schwächer. Das Ziel dieser Entwicklung liegt offenbar in einem möglichst rationellen und automatisierten Funktionieren des Gehirns.

Die Erfindungen von Kompass, Landkarten und Sextanten haben unser Bewusstsein für Orientierung im Raum ebenso nachhaltig geprägt wie die Erfindung der Uhr unser Zeitgefühl.

Der Gebrauch der Landkarte hat unsere Raumvorstellung weiterentwickelt: Hatten Menschen vorher keine Vorstellung davon, was jenseits ihres Horizonts passiert, konnten sie nun mittels Landkarten die Ahnung gewinnen, dass hinter dem nächsten Berg die Welt noch nicht zu Ende war. Der natürliche Orientierungssinn jedoch – wie etwa die Orientierung an Sternen oder Landschaften – wurde im Zuge der Verwendung von Karten (heute von GPS) schwächer.

Ähnlich ist es mit dem Zeitgefühl: Unser Bewusstsein für die objektivierte Zeit (griech.»chronos«) wurde durch die Erfindung der Uhr ausgeprägt. Wir lernten, unsere Tage und Stunden präziser einzuteilen. Doch unser persönliches Zeitempfinden (griech.»kairos«) und damit die Bereitschaft, uns auf einen natürlichen Lebensrhythmus einzulassen, schrumpfte. Ob die neuen Qualitäten jeweils die alten ersetzen, wird eine interessante, aber vermutlich offene Frage bleiben.

Diese Anpassung unseres Gehirns gilt fürs Lesen in besonderer Weise. Die sumerischen und ägyptischen Schreiber waren die ersten, die durch Erfindung und Verwendung der Schrift ihre Gehirnstrukturen dieser neuen Technik angepasst haben. Das Areal zur Erkennung kleiner Formen im linken Scheitellappen wurde zum Erkennen der Buchstaben umfunktioniert. Der Wechsel von den Bilderschriften aus Tausenden Bildzeichen zur griechischen Buchstabenschrift mit nur noch 25 Zeichen veränderte wiederum das Arbeiten des Gehirns. Waren bei der Erkennung von Bildzeichen die visuellen Areale der rechten Gehirnhälfte stark beteiligt, konzentrierte sich bei den abstrakten Buchstaben der Leseweg nun auf die linke Gehirnhälfte. Noch heute kann man beobachten, dass LeserInnen die chinesische Schrift, also eine Bilderschrift, eher in der rechten Gehirnhemisphäre verarbeiten, während LeserInnen die Buchstabenschrift überwiegend linkshemisphärisch entziffern.

Die digitalen Medien werden unser Gehirn wiederum sukzessive verändern, Synapsen stärken, die ständig gebraucht werden, Synapsen schwächen, die seltener zum Einsatz gelangen. Zur Visualisierung von Bildern und Logos werden wir die rechte Gehirnhälfte vermehrt brauchen, für das überfliegende Lesen müssen spezielle Areale erweitert werden. Die Stop-and-go-Technik der Hyperlinks verlangt ständige Entscheidungen im Frontalhirn. Natürlich besteht die Gefahr, dass die neuronale Plastizität, die das digitale Lesen stärkt, umgekehrt die Fertigkeit des analogen Lesens schwächt. Ob wir das zulassen, liegt freilich an uns selbst. Die Menschen erfanden das Auto, das ihnen ermöglichte, lange Strecken mit großer Geschwindigkeit zurückzulegen. Den Gebrauch der eigenen Beine – ob zu Fuß oder mit dem Fahrrad – konnte das Auto jedoch nicht wirklich ersetzen. Es macht weiterhin Sinn, zuerst das Gehen und Laufen, das Radfahren und dann erst das Autofahren zu lernen. Ganz abgesehen davon, dass es für viele Menschen bereichernd und lustvoll ist, ohne Auto unterwegs zu sein.

Dasselbe gilt auch fürs Lesen. Es liegt an uns, beide Formen des Lesens zu lernen und zu lehren, sowohl »Lesen zu Fuß« (analoges, lineares Lesen) als auch rasches, digitales Lesen. Unser Gehirn ist dazu in der Lage, die Kapazitäten für Lesekompetenz sind nicht begrenzt, sondern frei und erweiterbar. Das menschliche Gehirn hat sich seit jeher an immer neue Gegebenheiten angepasst und sich im Wechselspiel zwischen technischen Errungenschaften und geistiger Weiterentwicklung behauptet.

Wir können nur erfinden, was wir denken können. Alle Erfindungen sind letztlich Produkte des menschlichen Verstandes, an deren Verwendung sich das Gehirn anzupassen imstande war.

Umgekehrt können wir in den Technologien denken, die wir erfunden haben. Dies gilt auch für das digitale Lesen. Und dass die Netzwerke für lineares Lesen nicht schwächer werden, lässt sich so leicht trainieren wie ein Muskel: durch Lesen …

Bilder lesen

Bilder übernehmen wichtige Informations- und Kommunikationsfunktionen, geschriebene Sprache wird zunehmend durch Bilder ergänzt oder ersetzt. Die Neurowissenschaften zeigen, dass Bilder zu sehen ein ähnlich komplexer, kognitiver Verstehensprozess ist, wie Schrift zu lesen.

Kann man Bilder lesen?

Im Wiener Museum für Moderne Kunst (Mumok) hängt eine großformatige Bilderserie von Roman Opalka. Aus größerer Distanz sieht man ungleichmäßig gefärbte, graublaue Flächen. Geht man ein paar Schritte näher heran, erkennt man winzige, handgeschriebene Zeichenkolonnen, die Zeile für Zeile das Bild füllen. Dieses Bild kann man anschauen oder lesen, je nach Entfernung.

Im René Magritte-Museum in Brüssel hängt Magrittes berühmtes Bild mit der Pfeife. Schaut man das Bild an, sieht man eine Pfeife. Die Schrift auf dem Bild dagegen behauptet: »Das ist keine Pfeife.« Betrachten und Lesen ergeben widersprüchliche Auskünfte.

In der National Gallery in London hängt ein Gemälde von Peter Paul Rubens. Man sieht drei eher üppige, nackte Damen, die von einem jungen, bekleideten Mann interessiert gemustert werden. Eine barocke Genreszene, die immer wieder nachgemalt wurde und die das eigentümlich erotische Spannungsverhältnis zwischen nackten Frauen und bekleideten Männern widerspiegelt: In Manets *Frühstück im Grünen* und Picassos *Les Demoiselles d'Avignon* wird das Motiv wieder aufgegriffen. In Rubens Gemälde ist aber auch eine Geschichte eingeschrieben, und zwar die Geschichte vom Urteil des Paris, das dem Trojanischen Krieg vorausgeht. Kennt man diese Geschichte, so lässt sich das Bild anders lesen: Die drei Damen verwandeln sich in griechische Göttinnen: Pallas Athene, Hera und Aphrodite, und der junge Mann wird zum Trojanerprinz.

Kann man Bilder lesen? Liest man Bilder wie einen Text? Was haben Bilder in einem Buch übers Lesen verloren?

Proteste von beiden Seiten: Lesen von Schrifttexten erfordere ein viel komplexeres und tiefer gehendes Einlassen als das Betrachten von Bildern, sagen die Schriftgelehrten. Man kann Bilder nicht lesen, sondern sie erfordern spezifische Betrachtungsweisen, die von der jeweiligen Bildlogik bestimmt werden, sagen die Bildmenschen.

Aber was tun wir, wenn wir versuchen Bilder zu deuten wie das Bild mit der Pfeife? Wenn wir zu dem Bild eine Geschichte erzählen wie beim Urteil des Paris? Wenn wir Details in einem Bild bewusst wahrnehmen wie die Zeichenkolonne? Wenn wir das Gesehene unweigerlich in Sprache übersetzen und den Dingen Namen und Worte geben? Was tun wir, wenn Bild und Text zusammentreffen und gemeinsam einen Sinn konstituieren?

»Es sind nicht die Texte, sondern Bilder, die die Wende zum 21. Jahrhundert markieren und sich in unsere Köpfe eingebrannt haben«, sagt Hubert Burda.[26] Bilder prägen unser Leben: Medienbilder, die uns im Sekundentakt Realitäten oder Scheinrealitäten aus aller Welt zeigen und unser gesellschaftliches Bewusstsein prägen. Bilder wie die von der Zerstörung der Twin Towers 2001; verstörende Bilder aus dem Inneren des menschlichen Körpers, Röntgenbilder oder MRT-Aufnahmen, die uns sagen, ob wir krank oder gesund sind; Logos und Piktogramme, die uns den Weg durch den Alltag weisen; Erinnerungsbilder, mit denen wir unser eigenes Leben dokumentieren und tapezieren – einst in Fotoalben, heute auf Facebook oder Instragram; und schließlich Abertausende digitale Bilder im Internet, informative und manipulative, geschönte und schockierende, fröhliche und traurige; obszöne und ästhetische; gewalttätige und befreiende …

In etlichen Medien – Sachbüchern, Zeitungen, Comics – ergänzen Bilder und Schrift einander oder treten in Spannung zueinander, etwa beim gefühlsbetonten Zeitungsfoto mit analysierendem Text. Was tun wir mit all den Bildern, die sich täglich in unser Gehirn schleichen, oder was tun diese Bilder mit uns? Gemälde und Fotos, reale und irreale Bilder, bewegte und unbewegte.

»Bilder können beides: Sie können uns zu jener Freiheit und Autonomie ermutigen, über die wir nur in unseren Imaginationen verfügen, und sie können uns, umgekehrt, auch die Imagination rauben, durch Manipulation und Illusionstechniken, gegen die wir wehrlos sind«, sagt Hans Belting.[27]

Wenn wir Medien kritisch rezipieren wollen, müssen wir auch Bilder verstehen, deuten, interpretieren, müssen wir neben der Schrift auch die Bilder … Ich nenne es: Lesen!

___ Der Bilderstreit

Der Byzantinische Bilderstreit fiel in die Zeit der leidenschaftlichen theologischen Debatte zwischen der orthodoxen Kirche und dem byzantinischen Kaiserhaus während des 8. und 9. Jahrhunderts, wobei es um die Verehrung von Heiligenbildern (Ikonen) ging. Die Ikonodulen (Bilderverehrer) argumentierten, der Anblick von Ikonen trage zum Heil bei, weil das Abbild immer auch Anteil am Wesen des Dargestellten habe. Ein Bild von Christus ist nach diesem Verständnis ein bisserl Christus selbst. Die Ikonoklasten (Ikonenzerstörer) argumentierten, Bilder könnten niemals die göttliche, unsichtbare Natur Christi darstellen und daher dürfe es keine Bilder von Christus geben. »Bilderfrömmigkeit!«, riefen die einen. »Götzenanbetung!«, riefen die anderen. Klingt wie der aktuelle Bilderstreit: »Bilderflut!«, jammern die einen, die Schriftgelehrten, die Sorge haben, dass *das* Bild *den* Text verdrängt und suggestiv Macht ausübt. »Ein Bild sagt mehr als tausend Worte«, beharren die modernen Ikonodulen und glauben an die ultimative Aussagekraft des Ikonografischen.

Der Glaube an die Überlegenheit von Sprache und Schrift, entstanden im Zeitalter des Buchdrucks und der Aufklärung, ist noch heute weit verbreitet. Die Schriftgelehrten verstecken hinter der Sorge über den Verlust der Sprache zumeist eine qualitative Bewertung, die Bilder zu sehen als oberflächlich und flach, Sprache zu lesen aber als profund und wertvoll beurteilt: Naserümpfen über die vermeintliche Minderwertigkeit der Bildmedien und die Sorge, der Konsum der Bilder (Comic! Fernsehen! Computerspiele!) lasse die Sprachfähigkeit unserer Jugendlichen verkümmern. Man nennt die Haltung, die die Schrift als geistiges Zentrum unserer Kultur ansieht, Logozentrismus. Sie geht davon aus, dass jedwede kognitive Verarbeitung von Informationen sprachgestützt abläuft, dass also Bilder zu sehen nur auf einem niedrigeren Level funktioniert. Mittlerweile wird das vonseiten etlicher NeurowissenschaftlerInnen bestritten, die von einer ganzheitlichen Verarbeitung von Informationen im Gehirn ausgehen, also von einem sprachlichen, visuellen und sensomotorischen Zusammenspiel.

Unter den Begriffen »Pictorial Turn« bzw. »Iconic Turn« versammelten sich BildbefürworterInnen in der zweiten Hälfte des 20. Jahrhunderts und verkündeten das Zeitalter des Bildes. Sie sammelten Belege für die Komplexität und Aussagekraft von Bildern – von diffizilen Kunstwerken bis zur digitalen Revolution computergenerierter Bilder und bildgebender Verfahren, die in Bereichen von Medizin über Physik bis hin zu Architektur unerhörte technische Fortschritte möglich machten. Sie beharrten auf der Einmaligkeit der Bildsprache und betonten die Komplexität und Authentizität von Bildern, die durch Sprache nie erreicht werden könne. Im sogenannten »Picture Superiority Effect« wurden die Vorteile des Bildes gegenüber schriftlicher Kommunikation beschrieben. Vor allem die schnellere Wahrnehmung von Bildern wurde erwähnt, die effektive Aufmerksamkeitslenkung, die räumliche Grammatik des Bildes, die einen unmittelbareren Zugriff auf Realität zulasse, sowie die emotionale Ansprache durch Bilder. In der Phrase »Seeing is believing« finden diese (Vor)Urteile ihren sprachlichen Ausdruck.

Erst zögerlich und seit Kurzem beginnt eine fächerübergreifende Auseinandersetzung mit »bimodalen Texten«, also Texten, in denen Bild und Schrift zusammenwirken.[28]

Ein Bild ist ein Bild ist ein Bild?

Ob gemalt oder fotografiert – wie manifestieren sich Bilder in unserem Gehirn, wie sehen und verstehen wir sie? Dazu müssen wir das materielle vom mentalen Bild unterscheiden. Im Englischen gibt es dafür zwei Wörter: Als »picture« bezeichnet man das materielle Bild, Gemälde oder Foto, das man betrachten kann. »Image« dagegen ist das innere Vorstellungsbild, das mentale Bild, das man sich von dem macht, was man sieht.

Mit seinem Bild *La Condition Humaine* thematisiert Magritte diesen Unterschied: Man sieht eine Staffelei, auf der ein Bild steht, das ein Fenster zeigt, durch das der Betrachter in eine »reale« Landschaft schauen kann. Das Spiel ist raffiniert, die Auflösung erscheint banal: schließlich erkennt jedes Kind den Unterschied zwischen real und nicht real. Oder?

Die Gehirnforschung[29] erkannte genau hier die Illusion: Wir sehen weder einen realen Gegenstand noch seine Abbildung, sondern wir sehen ein mehrfach dekonstruiertes mentales Gebilde. Das Abbild eines Gegenstandes wird auf unserer Netzhaut aufgefangen, dort von unzähligen Rezeptoren in unzählige Mosaiksteine zerlegt und anschließend von unserem Sehsinn im Gehirn wiederum zu einem Bild zusammengesetzt. Ähnlich dem Erkennen von Buchstaben übernehmen Neuronen auf unterschiedlichen hierarchischen Ebenen jeweils Teilbereiche der Wahrnehmung: Es gibt Neuronen für einfache Grundfiguren (Linien, Bögen, Punkte) und für Farben, es gibt Gestaltneuronen, die sich auf Grundformen spezialisieren, und auch unsere Freunde von der Figur-Invarianz (Sie erinnern sich an das Kaffeehäferl?) kommen wieder zum Einsatz. Eigene Areale sind auf das Erkennen von Gesichtern und Mimik bzw. Körperformen und Gestik spezialisiert. Was wir *sehen*, wenn wir im Museum vor einem Gemälde stehen, ist das aus Mosaiksteinen im Gehirn re-konstruierte Bild vom auf der Netzhaut aufgefangenen Bild eines abgebildeten Gegenstandes. Magritte hatte doch recht![30]

90

Dieses rekonstruierte Mosaik gibt aber nicht 1:1 das materielle Bild wieder, sondern wird, ähnlich wie beim gelesenen Wort, durch unser Vorwissen und unsere Erinnerung mitgeprägt. Aus dem materiellen Bild, das vor uns steht, gestalten wir ein individuelles mentales Bild in unserem Kopf – angereichert durch viele andere Bilder, die wir früher gesehen und gespeichert haben. Ähnlich wie bei der Flutwelle eines erkannten Wortes steuern auch beim erkannten Bild viele Gehirnareale Informationen, Interpretationen und Emotionen bei. Wie subjektiv und emotional gefärbt unser Bildersehen ist, erkennt man beispielsweise dann, wenn jemand sich vor Bildern von einer Spinne oder einer Schlange ekelt. Nicht das Spinnenbild ist ekelig, sondern Vorerfahrungen und Emotionen verknüpfen Spinne mit Ekelgefühlen, und das Bild wird automatisch von der Amygdala, unserem Gefühlszentrum im Gehirn, mit Angst- oder Ekelgefühlen angereichert.

Unser Sehsystem funktioniert also nicht wie eine Digitalkamera, die Pixel für Pixel getreu Realität aufnimmt, sondern wie eine Art Erinnerungs- und Fantasiemaschine. Der Kognitionspsychologe Chris Frith sagt: »Was ich wahrnehme, sind nicht die kruden und mehrdeutigen Reize, die von der Außenwelt auf meine Augen, meine Ohren oder meine Finger treffen. Ich nehme etwas viel Reichhaltigeres wahr (…). Unsere Wahrnehmung der Welt ist eine Fantasie, die mit der Realität in Einklang steht.«[31]

Bilder anschauen ist immer rückwärtsgewandt. Alle Bilder, die wir im Laufe unseres Lebens gespeichert haben, prägen die Erfahrung neuer Bilder.[32] Mit meinen fast 60 Jahren sehe ich Bilder tatsächlich »mit anderen Augen« als meine Söhne. Mein Vorstellungsbild von einem Telefon etwa wird immer durch den alten Kasten mit Wählscheibe und Hörergabel mitgeprägt sein, der bei uns im Vorzimmer hing. Mein älterer Sohn kennt gerade noch stationäre Tastengeräte, während für meinen jüngeren Sohn nur mehr Bilder von Mobiltelefonen existieren. Dieses Phänomen kennen wir auch aus der Literatur: die Intertextualität. In jeden neuen Text sind frühere Texte eingeschrieben, solche, die den/die AutorIn geprägt haben, und solche, die wir LeserInnen in unserem Gedächtnis tragen.

Sowohl beim Verstehen geschriebener Texte als auch beim Verstehen von Bildern werden Impulse aus dem Gedächtnis miteinbezogen, die wiederum auf bereits erfahrene Bilder oder Texte zurückgehen. Unsere Erinnerung setzt sich sowohl aus verbalen als auch bildlichen Gedächtnisspuren zusammen – gleichgültig, ob ich einen Gegenstand lese oder sehe. Dadurch wird auch die Trennung von Bild- und Texterfahrung, die den modernen Bilderstreit prägt, zu einem großen Teil obsolet. Denn der kognitive Prozess beim Erfassen von Texten und Bildern speist sich aus denselben Quellen.

Unsere Erinnerungsbilder ermöglichen beispielsweise, dass wir zweidimensionale Bilder dreidimensional sehen können. Wir sehen den berühmten Feldhasen von Dürer auf dem zweidimensionalen Bild 3-D, weil wir schon lebende Tiere gesehen haben und daher wissen, dass der Hase einen Körper hat. Wir sehen ein auf die Fläche gemaltes Landschaftsbild dreidimensional, weil wir wissen, dass wir selbst in räumlichen Landschaften unterwegs sind. Immer wieder wurde in der Malerei mit unseren Imaginationen gespielt, etwa in der Scheinarchitektur des Barock, wo scheinbar echte Nischen, Bögen und Säulen sich als gemalt erweisen, oder in der Trompe-l'œil-Malerei, die es darauf anlegt, unsere Sinne zu täuschen.

Und wie erkennen wir, was real ist und was nicht? Unser Gehirn scheint hier auf das Zusammenspiel aller Sinnesorgane zu achten. Wenn zumindest zwei Sinne bei einem Gegenstand zum selben Ergebnis kommen, dann *glaubt* unser Gehirn, dass der wahrgenommene Gegenstand real ist. Wenn wir auf einem Tisch ein Ding sehen, das wir nicht eindeutig erkennen, dann *greifen* wir instinktiv hin: Bestätigt der Tastsinn den Sehsinn, dann nehmen wir den Gegenstand als real wahr, also eine Nudel oder ein Gummiringerl. Wir haben den Gegenstand im wahrsten Sinn des Wortes *begriffen*. Auf derselben Basis funktionieren Sinnestäuschungen, denen uns heute die Medien unterwerfen.

Ein Flugsimulator zeigt uns im Cockpit Bilder eines Fluges. Die Echtheit dieser Bilder überprüft unser Gehirn mit den ihm zur Verfügung stehenden Sinnen. Spüren wir dazu ein Rütteln und hören Fluggeräusche, so signalisieren die Sinne Übereinstimmung, eine sogenannte intermodale Kongruenz, und wir *glauben*, in einem echten Flugzeug zu fliegen, obwohl wir *wissen*, dass es sich um einen Flugsimulator handelt. Solche Simulationstechniken werden medial weidlich genutzt, insbesondere in der Werbung, im Computerspiel, im Vergnügungspark und im 3-D- oder 4-D-Kino.[33]

Die Schlüsselaussage all dieser Erkenntnisse der Gehirnforschung lautet: Bilder sehen ist, wie das Lesen, eine konstruktivistische Tätigkeit, die von subjektiven Vorerfahrungen und persönlichen Erinnerungen geprägt ist. So wie wir beim Lesen eines Wortes passende Bilder aus unserem Gedächtnisfundus ergänzen, konstruieren wir auch zu Bildern unsere individuelle Vorstellung. Egal ob wir einen Gegenstand oder das Bild dieses Gegenstandes sehen oder das entsprechende Wort lesen: Immer sind dieselben Hirnareale daran beteiligt, das innere Bild dieses Gegenstandes zu konstruieren. *Die Welt als Wille und Vorstellung,* schrieb Arthur Schopenhauer 1819, und hatte recht: Wahrnehmung und Vorstellung liegen eng beieinander.

Bilder lesen und Sprache sehen

Zwischen der Entschlüsselung von Bildern und von Sprache liegt also weniger Unterschied, als meist angenommen wird. Letztlich ist Schrift lesen eine Weiterentwicklung konzentrierten Schauens. Schrift ist bildhaft:

> Viele nicht alphabetische Schriften haben bis heute ihre Bildhaftigkeit bewahrt, so wie das Japanische oder das Chinesische. Selbst unsere Alphabetschrift hat bildliche Wurzeln. Das A geht auf den phönizischen Buchstaben »alef« zurück, der ursprünglich einen Stierkopf darstellte. Wenn man es auf den Kopf stellt, lässt sich mit etwas Fantasie den Stierkopf erkennen: ∀

| Ehe Kinder lesen und schreiben lernen, durchlaufen sie eine ikonografische Phase, in der die ersten Kritzel- und Schreibversuche immer bildhafte Elemente beinhalten und in der sie einige vertraute Wörter wie ein Bild zeichnen.

| Sprache und Schrift bestehen aus sprachlichen Bildern, Metaphern und bildhaften Vergleichen. Wir reden von »Rabeneltern«, »Lebensabend«, »Wüstenschiffen« und »Warteschlangen«.

| Wenn wir beim Lesen eines Wortes im Kopf ein gedankliches Schema aufbauen, dann spielt die bildliche Vorstellung eine wichtige Rolle: Wenn wir das Wort »Apfel« lesen, *zeigt* uns unser visuelles Gedächtnis das (mentale) Bild eines Apfels. Auch die Fantasie der LeserInnen ist bildhaft: Man stellt sich einen im Roman beschriebenen Schauplatz oder ProtagonistInnen bildlich vor.

| Schrift*sprache* entwickelt immer auch ein Schrift*bild*, in dem bildhafte Elemente (Lettern, Schriftgröße, Skalierung) und Verweissysteme (wie → Pfeile, Farben, • Aufzählungszeichen) zusammenwirken.

Lesen ist also ein Wechselspiel aus sprachlicher Verarbeitung und visueller Vorstellung des Wortes. Nur bei rein abstrakten Begriffen wie »Neidgenossenschaft« oder »Diversifikationsquotient« fällt uns in der Regel die visuelle Vorstellung schwer, aber selbst dafür können wir Symbole oder Allegorien erfinden.

Umgekehrt lösen wir Bilder in Sprache auf, wenn wir ein Bild in Worten beschreiben und zum Bild die entsprechenden Begriffe denken. Ein Versuch, den ich mit SchülerInnen gern gemacht habe, ging folgendermaßen: Ich ließ sie die Kopie eines Gemäldes beschreiben, d. h. tatsächlich diejenigen Begriffe aufschreiben, die ihnen beim Betrachten spontan einfielen: Namen von Gegenständen und Personen, aber auch Emotionen und Sinneseindrücke. Durch dieses Verfahren ließen sich nicht nur die emotionalen Reaktionen auf ein Bild darstellen, sondern auch das innere Verbalisieren, das Benennen der Elemente des Bildes fand statt. Die Notizen ergaben automatisch ein Netzwerk von Schlüsselbegriffen.

Wenn wir einem Bild oder einer Grafik (Diagramm, Tabelle) Informationen entnehmen wollen, erfordert dies ein inneres Verbalisieren: Wir verwandeln Bildelemente in Sprache, um sie in unserem Gedächtnis abzuspeichern oder jemand anders zu erklären. Auch die Geschichte eines Bildes übersetzen wir in Sprache, wenn wir die Figuren in Rubens Gemälde namentlich benennen: Athene, Hera, Aphrodite, Paris.

Als wichtige Theorie der Informationsverarbeitung von Schrift und Bild gilt die viel diskutierte, von Allan Paivio 1986 aufgestellte »Theorie der dualen Codierung«.[34] Sie besagt, dass es im Gehirn zwei unterschiedliche kognitive Systeme für verbale und für nonverbale Informationen gibt. Das verbale System ist für das Lesen und Hören von Begriffen, also für sprachliche Informationen, zuständig. Beim visuell-räumlichen System erfolgt die Verarbeitung bildhafter, aber auch über Geruchs-, Geschmacks- und Tastsinn aufgenommene Informationen. In den meisten Fällen des Lesens und Schauens werden beide Systeme herangezogen: So aktiviert das Lesen des Wortes »Wald« zunächst das verbale System, doch löst es zugleich die bildliche Vorstellung von Bäumen aus. Umgekehrt evoziert das Bild eines Waldes ein mentales Bild, gleichzeitig aber auch das Wort »Wald«. Nach Paivios Theorie können also sowohl Bilder als auch Schrift in beiden Modalitäten verstanden werden. Diese doppelte Kodierung hilft LeseanfängerInnen: Wenn sie zum Wort »Wald« ein entsprechendes Bild sehen, erhöht das die Verstehens- und Merkleistung.

____ Wann lesen wir Bilder?

Es kommt sowohl auf die Komplexität des Bildes als auch auf die Intention des Betrachters an, ob ein Bild lediglich angeschaut oder aber gelesen wird. Es gibt Bildtypen, die sozusagen selbsterklärend und ohne sprachlichen Code verständlich sind (z. B. Urlaubs- oder Familienfotos), und solche, die aufgrund ihrer komplexen Struktur einer verbalen Erklärung bedürfen (z. B. Infografiken, dokumentarische Fotos). Es kommt auch darauf an, zu welchem Zweck wir Bilder betrachten. Wollen wir in einer Ausstellung Gemälde ästhetisch oder emotional auf uns wirken lassen, brauchen wir nicht unbedingt Sprache. Mitunter kann die sogar hinderlich sein. Wir können entscheiden, ob wir die jeweiligen Kunstwerke auf uns wirken lassen wollen oder ob wir sprachliche Informationen wie Bildtitel und Infotexte hinzuziehen möchten. Wollen wir ein Bild jedoch entschlüsseln, seinen Inhalt uns selbst oder anderen erzählen, dann müssen wir es innerlich verbalisieren. Unsere Urlaubsfotos können wir aus doppelter Freude am Bild (am gelungenen »materiellen« Foto und dem »mentalen« Bild der Erinnerung) rein visuell genießen. Wollen wir FreundInnen die Situation verdeutlichen, in der das Foto entstand, mit wem und wo wir im Sonnenuntergang bei einer Flasche Rotwein sitzen, müssen wir das in Sprache erklären.

Der Prozess der Informationsverarbeitung »Schrift lesen, Bild betrachten« kann also wechselseitig erfolgen. Wir können Schrift verbildlichen, indem wir zu den Worten ein Bild oder sogar eine narrative Bildfolge (wie einen Film) ablaufen lassen. Und wir können Bilder versprachlichen, indem wir das betrachtete Bild in Worte kleiden, innerlich verbalisieren. Es handelt sich hier um eine Art Oszillieren zwischen konkreter bildlicher Vorstellung und sprachlicher Abstraktion.[35] Wir können Bilder lesen und Texte betrachten – die hirnphysiologischen Vorgänge des Verstehens liegen näher beieinander als lange Zeit angenommen.

Bild und Schrift können heute nicht mehr ohne einander existieren. Der »typische Text« – in Zeitungen, Zeitschriften, im Internet, in Sachbüchern und vielen anderen Medien – ist, wie es Hartmut Stöckl nennt, »bimodal«, d. h. eine Kombination aus Bildern und Texten. Es ist müßig, Text und Bild gegeneinander auszuspielen, vielmehr brauchen wir Strategien, um bimodale Texte dechiffrieren zu können.

»Es macht kaum Sinn, Sprach- und Bildverstehen als radikal unterschiedliche Prozesse zu konzeptualisieren – im Verstehen multimodaler Texte kommen die unterschiedlichen Repräsentationsformate und -prozesse zusammen und greifen ineinander«,[36] so Stöckl.

Allerhöchste Zeit für eine Lesedidaktik, die auf die Textart der Gegenwart eingeht: nämlich auf den bimodalen Text.

Wie sehr Bild und Schrift einander beeinflussen und wie sehr der bimodale Text von beiden Elementen geprägt wird, wird immer noch unterschätzt. Die Fähigkeit, bimodale Texte zu verstehen, ist meines Erachtens für die Lesekompetenz genauso wichtig wie die »reine« (Schrift)Textbetrachtung, die in der Schule nach wie vor dominiert.

Am Anfang des Lesens stehen übrigens immer bimodale Texte: Bilderbücher.

Informationssysteme lesen

Lesen ist dreidimensional geworden. Wir sind in realen oder virtuellen Text-Räumen unterwegs, lesen in Wartezimmern, auf Verkehrsflächen, in Einkaufszentren und Supermärkten, in Computerspielen und auf Websites.

Lesen als Achterbahnfahrt

Noch nie zuvor in der Geschichte der Menschheit gab es so viel zu lesen. Wir lesen ununterbrochen – bewusst oder unbewusst. Wecker klingelt, Tag beginnt, wir tappen ins Bad, erstes Informationssystem des Tages. Reiben uns die Augen. Auf der Zahnpastatube verspricht ein Goldzahn namens »Kariex«, dass er uns vor Karies und Knoblauch schütze, das Mundwasser lächelt uns »frisch-o-mundig« zu, am Toilettenpapier »Sanft & Brumm« warten kleine rosa Bärchen auf ihren Auftrag, in der Duschkabine verbreitet »Dusch-Nass« Limettenduft oder Ingwerfrische, weil wir im WM-Markt die »doppelfrische Doppelflasche – doppelter Duft zum halben Preis« erstanden haben. Das Badetuch erinnert per Aufdruck »Baden Sie im Geld«, dass es ein Weltspartagsgeschenk war. Kaum die Augen vom Schlafsand befreit, schon werden wir mit Informationen geduscht. Den Frühstückstisch plus Heumilchpaket mit saftigen Almen und glücklichen Kühen überspringen wir. Auf dem Weg zur Arbeit – ob mit Bus, Bahn, Auto oder zu Fuß – sprinten wir über einen Leseparcours: Straßenschilder, Wegweiser, Hinweistafeln, Werbeaufschriften, Geschäftsportale, Plakate, Graffitis. »Stopp! Go! No entry! Halten verboten! Hier abbiegen! Komm und kauf!« Unser Arbeitsplatz: ein Informationslabyrinth von PC bis Post-its, von Akten bis Zahlscheinen. Abends schnell noch in den »Kaufflott«-Supermarkt auf einen Word- und Logorap: vom »Preisdrücker« zum »Doppelpacker«, von der Saftbar zum Softdrink. Endlich zu Hause, und dort warten Postwurfsendungen, Rechnungen, Mahnungen, Zeitungen, Fernsehbildschirm, Computerspiel.

Und wir lesen, lesen, lesen – ob wir wollen oder nicht. Wir lesen und leben in Informationssystemen, in denen Zeichensysteme, Sinnesmodi und Medien durcheinanderpurzeln, 365 Tage im Jahr und rund um die Uhr. Wir lesen multimedial, in unterschiedlichsten Medien und manchmal in mehreren gleichzeitig. Und wir lesen multimodal – in den unterschiedlichsten Modalitäten, die unsere Sinnesorgane ansprechen: visuell, auditiv, taktil und olfaktorisch. Wir lesen:

- die klassischen Informationssysteme auf gedrucktem Papier: Zeitungen, Magazine, Fachbücher, Produktverpackungen, Beipacktexte, Plakate;
- digitale Informationssysteme: PC-Desktops, Websites, Monitore, Displays, Leuchtwände, Armaturenbretter; Flat Screen; Smartphone; Spielkonsolen;
- den öffentlichen Raum, in dem wir uns an Informationsdesigns entlangbewegen: Restaurantketten, Flughafen, Einkaufszentrum, Supermarkt, U-Bahnnetz;
- das »mobile« oder »stationäre« Büro mit all seinen Gadgets vom PC bis zum Scanner, vom Mobiltelefon bis zum Kopierer;
- simulierte Welten, die uns atmosphärisch umschmeicheln: Vergnügungsparks von Disneyland bis Dinopark, Wellnessanlagen, die entfernt an die Karibik erinnern, der Grieche ums Eck mit Fischernetz und Fotos von weißblauen Häusern;
- virtuelle Netzwerke und Social Media: Wikipedia, Facebook, Twitter etc.;
- virtuelle Räume: Computerspiele, Videouniversen, Internet-MUDs;
- private und öffentliche Kommunikationsnetzwerke: Überwachungssysteme, Datenübertragungssysteme wie E-Card oder Telebanking, Tankcomputer, Fahrkartenautomaten;
- durchinszenierte Merchandisingwelten: der Halloween-Oster-Weihnachts-Ganzjahres-Sale-Rummel in Schrift, Bild, Klang und Geruch.

Lesen als Achterbahnfahrt durch evozierte Gefühle, Informationen, Desinformationen, Manipulationen – in Lettern, Klängen, Farben, Lichtern; in Stereo oder Dolby Surround; dreidimensional und phänomenal. Leseforschung und -didaktik haben dieser Art des Lesens bisher kaum Rechnung getragen. »Lesen« wird in der Fachliteratur nach wie vor zumeist auf Schriftlesen reduziert, in der Schule sowieso. Wie multimodales Lesen funktioniert und nach welchen Strategien man sich in Informationssystemen zurechtfindet, darüber gibt es noch kaum Literatur. Meist erschöpfen sich die didaktischen Hinweise in der vagen Aufforderung, Kinder zum kritischen Medienkonsum zu erziehen.

Aber wie? Wie lesen wir multimodale Texte?

Jo Vulner schreibt: »Man müsste auf einer Schärfung der Wahrnehmung bestehen, die mit einem sezierenden Messer sich dem Brei der multimedialen Gesamtwahrnehmungsofferte stellt. Aber haben Sie schon mal Brei mit dem Messer geschnitten?«[37] Originell, aber wenig erhellend. Roland Barthes meinte, Medien seien wie Texte zu lesen.[38] Lapidar, aber vielleicht ein Ansatz. Lassen wir uns auf dieses Experiment ein: Lesen und betrachten wir multimodale Informationssysteme einfach wie einen geschriebenen Text. Egal wie viele verschiedene Modi sie kombinieren und in welchen Medien sie repräsentiert sind. Egal ob es sich dabei um ein illustriertes Buch oder eine Briefmarke, einen Flughafen oder eine Website handelt.

──── Fossilien frühen Lesens: Image Schemata

Wir lesen dreidimensional, auf Verkehrsflächen, in Supermärkten, in Spitälern oder auch im virtuellen Raum eines Computers. Wir versuchen, uns in Text-Räumen an der Vielfalt der Zeichen zu orientieren, stets gehetzt und auf der Flucht vor Zeitfressern, ständig auf der Suche nach Beute für unseren virtuellen oder realen Einkaufswagen. Und wir agieren wie die Steinzeitmenschen, als diese begannen zu lesen: in den Landschaften, durch die sie wanderten. Sie versuchten sich an Zeichen in der Natur zu orientieren, stets gehetzt auf der Flucht vor Fressfeinden und ständig auf der Suche nach Beute. Hat sich etwas geändert?

Die Kunsthistorikerin Barbara Maria Stafford liefert mir das Leitmotiv für diesen Abschnitt, indem sie schreibt:»Wir sind räumliche Wesen, und unser ganzes Begriffssystem ist von räumlichen Vorstellungen geprägt.«[39] Vieles deutet darauf hin, dass das menschliche Gehirn als erste Leseleistung universale Muster aus der Natur speicherte und sich daran orientierte. Der Steinzeitmensch las zunächst die Landschaften, durch die er strich, und verinnerlichte Merkmale, an denen er sich orientieren konnte: Vertikale oder horizontale Linien, die vier Himmelsrichtungen, markante Felsformationen, Küstenverläufe, Flusslinien. Hirnforscher sprechen von»Landkarten im Gehirn«, von einer»3-D-Modellierung der Welt«, die wir in unserem Gehirn speichern. Und die Menschen versuchten, sich dieses ökologische Sehen zu merken, indem sie es mit der eigenen Körpererfahrung verglichen. Metaphern wie»Seitenarm«,»Meerbusen«,»Fuß des Berges« und»Höhenrücken« zeigen die Analogien, derer sich Menschen bedienten, um sich in der Landschaft vertraut zu machen. Die fünf Sinne lieferten dem Menschen wichtige Informationen,»Raumerfahrung und Körperschema« nennen es die PsychologInnen: oben und unten, fern und nah, steil oder flach, links oder rechts, innen und außen, vorne und hinten, auf und ab. Diese sensomotorischen Erfahrungen speicherte das menschliche Gehirn als einfache, vorsprachliche Strukturen ab und transportierte sie über Generationen hinweg bis in die Gegenwart. Heute spricht man von»Image Schemata«, Bausteine, die eine wichtige Grundlage für das Lesen, Denken und Wahrnehmen bilden. Man kann sich diese Image Schemata als einen Vorrat an Grundmustern vorstellen: Linien, Körper, Flächen, Figuren, dazu einige räumliche Erfahrungen wie außen und innen, Grundfarben und Hell-Dunkel-Kontraste, die wir eingespeichert haben und jederzeit abrufen können. Ähnlich einem Mosaik zerlegen wir Landschaftsbilder in diese einfachen Grundmuster und interpretieren sie danach. Ein bekanntes Reim- und Malspiel für Kinder lautet:»Punkt, Punkt, Strich, Strich, fertig ist das Mondgesicht.«

Auch die ersten Schriftzeichen setzten sich aus diesen basalen Elementen zusammen: Viereck mit Dreieck: ein Haus; geschwungene Linie: eine Schlange etc. Nach und nach wurden die Image Schemata mit Emotionen, persönlichen Erinnerungen und Erfahrungen angereichert. Es entstanden latente Koppelungen, die tief in uns verankert sind. Zumeist empfinden wir oben besser und sicherer als unten, rund freundlicher als eckig, rot als bedrohlich und grün als beruhigend.

Image Schemata organisieren unser Denken, sie verknüpfen Bilder mit Emotionen und früheren Erfahrungen und helfen uns, neue Eindrücke zu verarbeiten und zu kategorisieren. Man nutzt sie heute etwa im modernen Produkt- und Informationsdesign.»Intuitive Benutzerführung« versucht das Handling technischer Geräte so zu gestalten, dass sie unseren Image Schemata gerecht werden. Ein anschauliches Beispiel liefert das Oben-unten-Schema:[40] Die Urerfahrung, dass der Wasserstand steigt, wenn ein Behälter mit Wasser gefüllt wird, führte irgendwann im menschlichen Gehirn zur Koppelung »Oben ist mehr/Unten ist weniger«. Daher schieben oder drehen wir instinktiv Schalter nach oben, wenn wir mehr (Temperatur, Lautstärke, Flüssigkeit, Wärme …) und nach unten, wenn wir weniger wollen, und sind irritiert, wenn es einmal andersrum funktioniert. Etliche Alltagshandgriffe, vom einfachen Schalthebel bis zum Touchscreen, folgen diesen intuitiven Image Schemata, die sich in den letzten 200 000 Jahren ins kollektive Gedächtnis der Menschheit eingeprägt haben: Fossilien eines frühen Lesens.

Faszinierend und überraschend klein ist der Schritt, wie das menschliche Gehirn aus diesen Naturerfahrungen heraus die Entstehung der Schrift einleitete: Stanislas Dehaene ist überzeugt, dass aus basalen Image Schemata, die in der Natur immer wieder auftauchen, letztlich Schriftzeichen hervorgingen: Ein »T« zeigt sich in der Natur überall dort, wo eine Kante auf eine andere stößt oder ein Körper einen anderen verdeckt, ein »F« überall dort, wo mehrere Kanten eines eckigen Körpers aufeinandertreffen, ein »O« zeigt sich in Löchern und Durchlässen. Dehaene spricht von »Protobuchstaben« in der Natur, die als Vorlage für heutige Buchstaben dienten.[41] Er spinnt den Gedanken noch weiter:

»Meine Spekulation trifft hier auf historische Überlegungen aus China. Alten Legenden zufolge wurde die chinesische Schrift, von Tierspuren angeregt, etwa 2600 v. Chr. unter der Herrschaft des Kaisers Huang Di erfunden. Sein Minister Cang Jie habe die von verschiedenen Vögeln im Schlamm abgedruckten Spuren untersucht und dabei festgestellt, dass sie ein kleines Repertoire leicht erkennbarer Formen bildeten.«[42]

Tierspuren als Vorläufer der Schrift? Da wir inzwischen wissen, dass das Hirnareal, in dem unsere Vorfahren Spuren lasen, dasselbe ist, in dem wir heute Schriftzeichen verarbeiten, schließt sich ein faszinierender Kreis: Aus den dreidimensionalen Zeichen der Natur entstehen durch zweidimensionales Aufzeichnen (an Höhlenwänden, im Sand, auf Tonscherben oder Papyrus) die ersten Frühformen der Buchstaben.

Es gibt noch eine weitere verblüffende Parallele zwischen den frühen sensomotorischen Erfahrungen und dem Lesen: Raumerfahrung und Körperschema gelten auch heute noch als zentrale Vorläuferfertigkeiten für das Erlernen des Lesens. Kinder, die sich im Raum, beim Klettern, Laufen, Turnen, geschickt und sicher bewegen, werden sich auch auf einem Blatt Papier oder einem Bildschirm besser orientieren können.

Text-Räume: unterwegs in Informationssystemen

WissenschaftlerInnen aus unterschiedlichsten Disziplinen sehen also räumliche Erfahrungen als Voraussetzung für das Lesen von Sprache. Die Orientierung in der Natur liefert auch die Basis für die Orientierung in künstlichen Text-Räumen.

»Heut Nacht von vier Uhr an magisches Theater – nur für Verrückte – Eintritt kostet den Verstand!«,[43] steht am Eingang des »Magischen Theaters« in Hermann Hesses Roman *Steppenwolf*, in dem die Hauptfigur Harry Haller, von einem virtuellen Raum in den nächsten gehend, sich selbst wie in einem Albtraum erlebt. Nun, so teuer wird es nicht werden, wenn Sie weiterlesen. Und ich werde auch nicht in die raunende Beschwörung meiner Jugendlektüre verfallen … Hesses magisches Theater der Illusionen lieferte aber nicht nur Impulse für Kunstwerke aller Art, sondern wirkt fast wie ein Vorläufer der digitalen Welt, in der wir auch von Raum zu Raum stolpern: reale Räume, fiktive Räume, erzählte Räume, verfilmte Räume, mit Informationen und Illusionen möblierte Text-Räume. In der multimedialen verschmelzen reale und virtuelle Welt, der Übergang von der einen zur anderen ist nahtlos, mit Fingertouch, mit Mausklick. Was ist draußen, was ist drinnen?

Wenn wir ein Computerspiel zum ersten Mal starten, müssen wir uns orientieren: Wo bin ich? Wie ist der Raum beschaffen, wie kann ich mich darin bewegen? Wohin muss ich und warum? Wer sind mögliche Freunde, wo lauern Feinde? Es ist nicht zuletzt diese ungewisse und herausfordernde Einstiegssituation, die den Reiz von Computerspielen ausmacht. Doch lassen sich diese Fragen gut auch auf andere Text-Räume übertragen. Wenn wir eine Website öffnen, ein Amtszimmer betreten, ein Buch zu lesen beginnen, so orientieren wir uns zunächst einmal räumlich, wollen wissen, wo wir sind und wohin wir geführt werden.

Der Steinzeitmensch in uns: die biologische Orientierung

Bereits der Steinzeitmensch besaß ein Orientierungsprogramm, das automatisch und unbewusst in Bruchteilen von Sekunden ablief, sobald er einen unbekannten Raum betrat. Und bis heute sensibilisieren wir unsere fünf Sinne, um in einer neuen Umgebung nach Schlüsselimpulsen und dominanten Elementen zu suchen: Bewegt sich etwas? Ist etwas auffällig? Ist ein Signal besonders stark? Ist etwas Fremdes, Bedrohliches in dieser Umgebung? Nach diesen ersten Eindrücken richten wir unsere weitere Verhaltensweise aus: gespannte Ungewissheit, entspannte Erleichterung, höchste Alarmbereitschaft oder sofort die Flucht. Das galt für den Dschungel und die Steppe, das gilt auch für moderne Informationssysteme. Wenn wir heute in das Wartezimmer eines Arztes treten, in ein fremdes Büro schauen, eine unbekannte Website öffnen oder ein Plakat lesen, läuft unsere Fokussierung nach dem gleichen Schema ab. Unsere erste Aufmerksamkeit gilt den markanten Schlüsselimpulsen, die den Text-Raum prägen, und diese entscheiden über unsere Reaktion: bleiben oder fliehen, weiterlesen oder umblättern.

Erwachsene registrieren maximal sieben einzelne Schlüsselimpulse gleichzeitig, Kinder je nach Alter drei bis vier. Diese Schlüsselimpulse dienen dem Überlebenstrieb, sie sind biologisch-phylogenetisch bedingt. Wir registrieren zuerst auffällige Signale, die auf eine unmittelbare Bedrohung hinweisen: grelle Farben, laute Geräusche, bedrohliche Elemente, ungewöhnliche Bewegungen, die Gefahr signalisieren. Danach achten wir auf die Signale, die unserer Selbsterhaltung dienen: essen, trinken, ein trockener, warmer Unterschlupf. Der unwiderstehliche Duft einer Wurstsemmel, in die unser Sitznachbar beißt, was unsere Konzentration stört, das verführerische Food Design in der Hochglanzzeitschrift, ein offener Kamin als Zitat eines Lagerfeuers – all das sind Signale, die uns sofort erreichen. Und schließlich registrieren wir Signale, die zur Arterhaltung auffordern: ein paarungsbereites Männchen oder Weibchen in entsprechender Pose. Auch das »Kindchenschema«, das unseren Schutzreflex auslöst, ist ein phylogenetischer Erstimpuls. Die Werbung macht sich diese Mechanismen zunutze und feilt an diesen Schlüsselimpulsen, die wir in Bruchteilen von Sekunden auf Plakaten oder Inseraten registrieren: Bedürfnisse wie Durst und Hunger oder Gefühle wie Erotik etc. werden umgehend geweckt.

Nach diesem ersten Scan der Schlüsselimpulse überprüfen wir die im Raum anwesenden oder auftauchenden Lebewesen nach dem Freund-Feind-Schema. Wir registrieren, unabhängig davon, was gesprochen wird, Mimik, Gestik und Körpersprache, wobei die Grundmuster für menschliches Verhalten in allen Kulturen gleich sind: Freude, Trauer, Wut, Ekel, Überraschung und Angst. Diese sechs Grundemotionen und die dazugehörenden Körpersignale werden weltweit verstanden, weil sie im menschlichen Gehirn als eigene Areale angelegt sind. Ist das Gegenüber ein Fressfeind oder potenzielles Futter für mich? Ist es freundlich oder feindlich gesinnt? Fremd oder schutzsuchend? Zeigt es Begrüßungs-, Unterwerfungs- oder Drohgebärden? Egal ob es sich bei dem Gegenüber um eine Verkäuferin im Supermarkt, einen neuen Lehrer, das Monster im dritten Level eines Computerspiels oder den Drachen im Manga handelt – unser Wahrnehmungsprogramm läuft immer nach demselben Schema ab, ab dem Moment, in dem wir einen neuen Text-Raum betreten.

So nehmen Menschen seit Urzeiten ihre Umgebung wahr: als komplexe Informationssysteme. Den Dschungel oder die Steppe richtig zu lesen war seinerzeit überlebensnotwendig und moderne multimodale Texte sind auch manchmal Dschungel, manchmal Steppe. MedienmacherInnen und KünstlerInnen aus aller Welt versuchen unser phylogenetisches Programm auszutricksen und anzusprechen, indem sie die entsprechenden Signale an unser Gehirn senden: von der suggestiven Höhlenmalerei bis zur Fotoprovokation von Oliviero Toscani für die Benetton-Werbekampagne, vom Facebook-Like-Button bis zum spärlich bekleideten Model auf den Winterreifen. All das dient als Blickfang für die Emotionsnetzwerke unseres Gehirns. Umso wichtiger ist es, dass wir LeserInnen den Steinzeitmenschen in uns (er)kennen und die Impulse entsprechend einzuschätzen lernen, um unseren Instinkten nicht ausgeliefert zu sein.

Zeichen der Zeit: die kulturelle Orientierung

Haben wir unseren Text-Raum nach Schlüsselimpulsen gescannt und nicht Reißaus genommen, sind wir offen für andere Signale, für die sogenannte »kulturelle Orientierung«. Wir suchen nach uns vertrauten (latenten, archetypischen oder konventionellen) Informationen, die uns den Text-Raum näher erklären. Auch diese Vorgangsweise findet in der freien Natur genauso statt wie in einem Einkaufszentrum oder auf einer Website. Wo bin ich? Erkenne ich (mir) bekannte Formationen und Geländepunkte, an denen ich mich orientieren kann? Das kann ein markanter Baum im Gelände ebenso sein wie ein Icon auf einer Website, das Logo einer Firma an der Autobahn oder das vertraute Gesicht eines Kolumnisten auf einer Zeitungsseite.

Sich grün und blau ärgern oder rosarotsehen: latente Koppelungen

In vielen Modi und Zeichen stecken latente Koppelungen, das sind von Menschen irgendwann vorgenommene Konnotationen, die als kollektive Erfahrung von Generation zu Generation weitergereicht werden und bestimmte Assoziationen, positive oder negative Emotionen auslösen. Diese latenten Koppelungen schwingen in unserem Alltag öfter mit, als uns bewusst ist. Das weiter vorn erwähnte Oben-unten-Schema lässt sich unter Einbeziehung der hierarchischen Komponente auch auf die Opposition erfolgreich/nicht erfolgreich anwenden: oben ist erfolgreich, also mächtig, unten ist nicht erfolgreich und entsprechend machtlos. CEOs residieren grundsätzlich in den obersten Stockwerken.

Auch Farben tragen latente Bedeutungen: Wir »ärgern uns grün und blau«, »sehen rot« oder »durch die rosarote Brille«. Zarte Linien haben eine andere emotionale Wirkung als dicke Balken, Kurven wirken sanfter als Ecken und Kanten. Latente Bedeutungen können – absichtlich gesetzt oder »passiert« – erwünschte oder auch unerwünschte Nebenwirkungen erzielen. PolitikerInnen sollten auf Fotos beispielsweise immer von außen nach innen schauen, ansonsten entsteht der Eindruck, sie distanzierten sich von den BetrachterInnen. Ob ein Geschäftsportal teuer oder billig wirkt, kann durch Einsatz von Material, Farbe, Design und Licht latent vermittelt werden und dadurch bestimmte Zielgruppen ansprechen bzw. abhalten. Latente Koppelungen können auch ruinös sein: Als die Mineralwasser AG Vöslauer vor Jahren ihr Wasser mit dem rhythmischen Slogan »Vöslauer-lauer-lauer« bewarb, blieben die KundInnen aus, denn sie erwarteten von einem Mineralwasser, dass es prickelnd und frisch, nicht aber, wie unterschwellig signalisiert wurde, »lauer-lauer« sei. Manche dieser Koppelungen sind kulturübergreifend und universell (das Oben-unten-Schema), andere dagegen sind auf bestimmte Kulturräume beschränkt (mit dem Kopf nicken oder den Kopf schütteln). Es gibt auch verbale latente Koppelungen: Ortsnamen wie Waterloo, Hiroshima oder Auschwitz sind zu Begriffen geworden, die aufgrund eines bestimmten historischen Hintergrundes fest konnotiert sind mit konkreten Ereignissen und den damit ebenso fest verbundenen Emotionen.

_____ *Ajax, Ariel und Madonna: archetypische Signale*

Der griechische Held Ajax aus dem Trojanischen Krieg und der Engel Ariel haben es wohl beide nicht verdient, zu Produktnamen für einen Sanitärreiniger bzw. ein Waschmittel degradiert zu werden. Sie teilen ihr Schicksal jedoch mit anderen mythischen Gestalten aus Märchen, Sagen und Legenden, die uns über kollektive Erfahrungen und kulturelle Überlieferung emotional berühren sollen. Sie liefern archetypische Signale, die mythisch aufgeladen sind, und werden von Werbung oder Public Relation hemmungslos missbraucht. Nur selten ist noch eine Spur der ursprünglichen Bedeutung zu erkennen, etwa wenn Reisebüros oder Fluglinien mit Namen wie Hermes oder Ikarus werben. Wenn der Luftgott Zephyr jedoch für Küchenmaschinen oder die Jagdgöttin Diana für Franzbranntwein herhalten muss, bleibt nur der bittere Nachgeschmack des mythischen Namens.

Beispiele für den nachlässigen bzw. werbewirksamen Umgang mit archetypischen Signalen gibt es viele: Natursymbole (Horizont, Wolke, Baum, Stern, Sonne, Mond, Blitz, Donner …), Symbole aus den Götter-, Schöpfungs- und Heldenmythen unterschiedlichster Kulturen (von der Sintflut bis zu den unverwundbaren Helden Achilleus oder Siegfried), Allegorien aus christlichen Mythen und Legenden (St. Georg und der Drache); kultische Symbole (Schlange, Kreuz, Yin und Yang, Teufels- und Hexenzeichen, Friedenssymbol …).

Banale Gegenstände werden durch archetypische Signale mythisch aufgeladen, harmlose Informationen klingen dann geheimnisumwittert, wenn Merlin oder Kirke sie flüstern.

Archetypische Verweise haben auch in der Popkultur ihren festen Platz: von Michael Jackson in der Erlöserpose bis zu dem hübschen Vornamen »Madonna« Louise Ciccone. Engel haben Hochkonjunktur und flattern durch Filme, TV-Serien, Songs und Videoclips, auch der Teufel darf sein Wesen treiben und taucht in vielerlei Gestalt auf Rockkonzerten, in Videoclips und Filmen auf, besonders herzig als Krampus Darth Maul in *Star Wars – Episode I.*

Oft steckt in solchen Zitaten der ironisch gebrochene Hauch einer vergangenen Werteorientierung. Wo früher innerhalb familiärer oder kirchlicher Gemeinden metaphysische Symbolik Halt gab (etwa Dürers *Betende Hände,* Bilder von Schutzengeln, Weihnachts- und Osterkitsch, Krampusse und Perchten …), findet sie sich heute als Logo oder Zitat in der Popkultur wieder. Man trägt seine Sehnsucht nach Transzendenz auf ein Icon reduziert vor sich her, frei nach Hofmannsthal: »Die Tiefe muß man verstecken. Wo? An der Oberfläche.«[44] Ästhetisierung übernimmt die Funktion verlorener Orientierungsfelder und Inhalte.

Es gibt auch moderne Symbole, die über ihre ursprüngliche Bedeutung und ihren Konnex hinaus Kultcharakter angenommen haben und – leicht mythisch überhöht – zu zeitgeistigen, archetypischen Signalen werden: So findet man Darth Vaders Umhang, Mick

Jaggers Zunge, Lenins Büste oder das berühmte Porträt von Che Guevara auf T-Shirts und Kaffeeschalen etc., aber hier geht es um kein ideologisches oder politisches Statement, sondern um ein rein spielerisches, kontextfreies Zitat. Man trägt diese Signale, ohne AnhängerIn der lateinamerikanischen Revolution, Fan der Stones oder ein galaktischer Kämpfer sein zu müssen. Und oft werden diese Zitate wiederum augenzwinkernd weiterverwendet, wenn zum Beispiel Darth Vader als Legomännchen auf YouTube ein Orchester dirigiert, das seine berühmte leitmotivische Melodie »Dadada-dada-da« spielt. Diese intertextuellen Verweise gehören heute zum Standardrepertoire der Popkultur, zum beliebten Gag in den Social Media und bilden einen fixen Bestandteil der Jugendkultur. Sie haben in erster Linie eine rein spielerische Funktion, werden meist unhistorisch und außerhalb ihres ursprünglichen Kontextes eingesetzt, oft einfach nur, um die Zugehörigkeit zu einer Peergroup oder Community zu bestärken. Sie helfen Gemeinschaften, ihr »Claim« abzustecken. Prominentes Beispiel für ein kultverdächtiges Symbol auf dem Weg zur Archetype: der Kopfstoß des dreifachen Weltfußballers Zinédine Zidane in den Bauch seines Gegenspielers Marco Materazzi beim Fußball-WM-Finale Frankreich gegen Italien 2006. Er prangt auf T-Shirts, Facebook und rund 40 000 Websites und erhielt 2012 sogar ein Denkmal vor dem Centre Pompidou in Paris, eine Bronzestatue mit dem Titel »Kopfstoß«.

_____ *Klammeraffe, Elefantenohr, Schnecke: konventionelle Zeichen*
Der Name für das »Ding« ist von Land zu Land unterschiedlich, das Zeichen selbst ist weltweit bekannt, unterliegt also einer globalen Zeichenkonvention: das @, unverzichtbarer Bestandteil einer E-Mail-Adresse. Konventionelle Zeichen sind alle Informationen, die aufgrund kultureller Vereinbarungen seitens einer bestimmten Gruppe festgelegt wurden. Manche Zeichen sind weltweit bekannt: Verkehrszeichen, bestimmte Piktogramme und eben das @ als wahrscheinlich

jüngstes Zeichen. Die meisten konventionellen Zeichen sind auf einen größeren oder kleineren Kulturraum beschränkt, dazu gehören auch die Schriften. Wer je in Japan unterwegs war und der japanischen Sprache und Schrift nicht mächtig ist, weiß, wie sehr unser Alltag von vertrauten, konventionellen Zeichen geprägt ist und wie orientierungslos wir uns ohne diese fühlen. Der Film *Lost in Translation* handelt von der Unfähigkeit zweier Amerikaner in Tokio, sich in der ihnen fremden Zeichenkultur zurechtzufinden, wobei es nicht nur die Schriftzeichen sind, die sie ratlos hinterlassen, sondern auch Begrüßungsrituale, Esssitten oder Kleidungskonventionen verstören die beiden Hauptfiguren.

Konventionelle Zeichen haben durch den Wiedererkennungseffekt oft eine Leuchtturmfunktion: das weltweit selbe M, das an allen Highways der Welt leuchtet, das Senderlogo einer Fernsehstation oder das gleichbleibende Layout einer Tageszeitung helfen, um sich anstrengungsfrei orientieren zu können.

Krawatte schlägt Text: modale Elemente

Von einem älteren Bekannten ist folgende Anekdote überliefert: Im Sommer kleidete er sich stets nach Wetterlage. Schönes Wetter: weißer Anzug; unsicheres Wetter: helles Sakko, dunkle Hose; schlechtes Wetter: dunkler Anzug. Er war so etwas wie ein lokaler Wetterbericht für seine Umgebung: Nachbarn, Familie und FreundInnen konnten an ihm das bevorstehende Wetter ablesen. Sein Informationsmodus, den er mit unerschütterlicher Konsequenz bediente, war die Bekleidung.

Höchste Zeit, sich dem Begriff »multimodal« im Zusammenhang mit Lesen ein wenig genauer zu widmen. Abzugrenzen ist er von »multimedial«, was die Repräsentation von Inhalten in verschiedenen Medien, von Buch über Video bis Film bezeichnet. In diesem Zusammenhang bezeichnet »Modus« (Art, Weise) im engeren Sinn unterschiedliche Sinneswahrnehmungen: visuelle, auditive, taktile und olfaktorische Informationen.

Gunther Kress verwendet den Begriff »multimodal« weiter gefasst für verschiedene Darstellungsformen einer Information, beispielsweise Wort, Bild, Zeichen. Er sieht Modi als »semiotic resource for making meaning«,[45] also als semiotische Hilfsmittel, um Bedeutungen zu kommunizieren.

Das Verbot, einen bestimmten Weg zu betreten, kann durch vielerlei Modi repräsentiert werden: durch ein Verkehrsschild, durch ein Zutrittsverbotsschild, durch eine Schnur als Absperrung, durch einen Sessel, der den Zugang versperrt, oder durch einen bös dreinschauenden, uniformierten Security. Jeder Modus erzeugt andere Nuancen in seiner Wirkung. Der Uniformierte wird mehr Nachdruck haben als eine bloße Schnur, das Schild wird eindeutiger sein als der einsame Sessel. Modi erkennen, lesen und bewerten zu können ist eine wesentliche Voraussetzung, um Informationssysteme zu verstehen und auch selbst gestalten zu können.

In Informationssystemen wirken etliche Modi zusammen. Gunther Kress nennt Beispiele wie Bilder, Schrift, Layout, Musik, Gestik, Sprache, Film, Soundtrack, 3-D-Objekte; sogar Möbel, Kleidung oder Lebensmittel können als Sinnvermittler wirken. Spannend ist das Zusammenwirken der Modi. Welcher dominiert? Sind die Informationen der verschiedenen Modi gleichlautend, verstärken sie sich oder laufen sie sogar konträr zueinander? Wenn wir die TV-Nachrichten ansehen, so wirken viele Modi gleichzeitig auf uns: Ein/e SprecherIn liest via Autocue (Prompter) einen Text vor, über eine Newsline laufen die neuesten Schlagzeilen in Endlosschleife, im Hintergrund sieht man ein Bild oder eine Filmsequenz zur aktuellen Story. Zu diesen inhaltsbezogenen Informationen kommen die unbewussten: das Senderlogo, der Hintergrund des Fernsehstudios, die Kleidung, der Gesichtsausdruck und die Stimmlage des Sprechenden: Informationen, die wir gleichzeitig wahrnehmen und verarbeiten. Dabei steht das Lesen von Sprach- und Schriftzeichen mal in Konkurrenz zur Rezeption anderer Zeichensysteme, mal in enger

Wechselwirkung. Kann sein, dass die Farbe der Krawatte des Moderators oder die Frisur der Moderatorin den Inhalt der vorgetragenen Nachricht so konterkariert, dass wir uns nur an das hässliche Violett oder an widerborstige Haarsträhnen erinnern, nicht jedoch an die Nachricht selber.

Modi sind Träger von Informationen, die auf gesellschaftlichen Vereinbarungen beruhen. Das »kleine Schwarze« als Kleidungsstück ist nicht bloß Verhüllung von Blößen, sondern sagt auch etwas über die Absichten, vielleicht auch über das soziale Umfeld der Trägerin aus, ebenso wie Krawatten, bestimmte Schuhmarken, Uniformen, Kapuzenshirts.

Kress stellt klar: »What a community decides to regard and use as a mode is a mode.«[46] Unsere Gesellschaft bedient sich – über die traditionellen Zeichen wie Schrift, Symbole, Bilder hinaus – einer Vielzahl von Modi. Je nach sozialer oder auch regionaler Gruppierung können Modi unterschiedlich gelesen werden: Ein Hut mit Gamsbart wird bei einem Tiroler Frühschoppen andere Wirkungen auslösen, als wenn er von einem Japaner in Schloss Schönbrunn getragen wird.

⸺ Wir sind Text

Um multimodale Texte und Informationssysteme kritisch zu verwenden, braucht es einen umfassenderen Lesebegriff, der neben dem Entziffern von Buchstaben auch das Begreifen aller anderen Modi einschließt. Ein Informationssystem, wie etwa ein Einkaufszentrum, ist ein schier undurchdringliches Dickicht miteinander konkurrierender, sich überschneidender Modi, die um unsere Aufmerksamkeit, Gunst und Geldbörse buhlen. Vor allem wenn wir uns der weniger auffälligen, hintergründigeren Modi bewusst werden, erleben wir Überraschungen: gezielt eingesetztes Licht in Geschäften, das unseren Blick steuert, Duftnoten, die uns in Boutiquen zum Schnuppern und Kaufen verlocken, sprechen unser Gehirn oft stärker an als vordergründigere Schriftinformationen.

Alle evolutionär-biologischen, vorkulturellen und kulturellen Impulse, von denen im vorherigen Abschnitt die Rede war, lassen sich in Modi übersetzen. Letztlich sind wir selbst im öffentlichen Raum als multimodaler Text unterwegs: Unsere Kleidung, die gewählten Farben, Frisur, Make-up, Gestik und Mimik ergeben das Informationssystem »Ich«, das von den anderen gelesen und interpretiert wird – ob wir wollen oder nicht. Viele Modi und ihre Bedeutungszuschreibungen laufen unbewusst ab. Darum sind sie bei Medienmachern und Werbeagenturen so beliebt, die ihre Botschaften wirkungsvoll mit latenten, archetypischen oder intertextuellen Verweisen verknüpfen und damit attraktiver machen. Man lernt zwar in der Schule, wie man lineare Texte interpretiert, es wäre aber genauso wichtig, zu lernen, die Mechanismen und Modi der multimodalen Texte und Informationssysteme zu durchschauen, um sie anschließend beschreiben und analysieren zu können.

Ich habe meine SchülerInnen immer wieder systematisch hinausgeschickt, um Informationssysteme zu lesen, damit sie sich der Wirkung der Signale bewusst werden: im Supermarkt, im Bahnhof oder Einkaufszentrum. Wir »lasen« verschiedenste Alltagsgegenstände und untersuchten, welche Sinne an der Wahrnehmung beteiligt sind: Kaffeetasse, Schultafel, unsere Kleidung. Wir betrachteten Bilder und notierten uns: Welche Schlüsselelemente sind besonders aufgefallen? Wir schnitten Gesichter aus Zeitschriften aus und versuchten in ihnen zu lesen, den Gesichtern Namen zu geben oder gar eine Biografie. Wir übermalten Figuren wie Arnulf Rainer und gaben ihnen neue Stimmungen: traurig, fröhlich, ernst. Wir versuchten unsere eigenen Körpersprachen zu lesen. Es waren Lesestunden, Spaziergänge durch Text-Räume, und sie waren spannend.

Lesen fördern

—— Lesen vor dem Lesen

Ob ein Kind zum Leser wird, entscheidet sich lang vor Eintritt in die Schule. Alle neurophysiologischen und entwicklungspsychologischen Untersuchungen zeigen übereinstimmend, dass die Voraussetzungen für die Sprach- und Leseentwicklung in den ersten sechs Lebensjahren gelegt werden. Wann beginnt Leseförderung? Bei der Geburt! Und wann endet sie? Nie.

—— Lesen von Geburt an: Family Literacy

Der international gebräuchliche Begriff »Family Literacy« bezeichnet das sprachlich-literarische Milieu in einer Familie, das sich auf vielen Ebenen des täglichen Lebens abspielt: Ausfüllen von Formularen, Lesen von Produktbeschriftungen und Gebrauchsanweisungen, Beschriften von Post-its und Marmeladegläsern, Beantworten von SMS, E-Mails, Karten und Briefen, Stöbern in Kochbüchern und Katalogen – all diese Dinge fasst man ebenso unter Family Literacy zusammen wie das Lesen von Zeitungen, Zeitschriften und Büchern oder Surfen im Internet. Kinder erleben Literalität zunächst vor allem durch Eltern und ältere Geschwister als Role Models: Gibt es im Haushalt Lesestoff? Lesen Mama und Papa? Gibt es andere lesende Vorbilder in der unmittelbaren Umgebung? Darüber hinaus meint Family Literacy auch die bewusste Leseförderung wie das gemeinsame Anschauen von Bilderbüchern, das Erzählen und Vorlesen von Geschichten, das gemeinsame Singen oder Reimen.[47]

Kinder, die zu Hause keine literalen Erfahrungen machen, müssen vom ersten Schultag an Defizite mit großer Anstrengung kompensieren, sie lernen oft kaum oder sehr verzögert lesen. Die Leseförderung endet für Eltern jedoch nicht mit dem Schuleintritt der Kinder, denn gerade dann brauchen diese viel Zuwendung und Unterstützung, um gut lesen zu lernen. Allerdings sollten Eltern sich nicht als Ersatz- oder HilfslehrerInnen sehen, sondern als LesepartnerInnen bei der Freizeitlektüre.

Es ist unerfreulich und für unsere Gesellschaft beschämend: Beruf, Einkommen und Schichtzugehörigkeit von Eltern entscheiden darüber, ob ein Kind später gut liest und damit auch gut lernen kann. Die PIRLS-Studie sagt unmissverständlich:»Die sozioökonomischen Faktoren wirken direkt auf die Leseeinstellung und Lesefreude der Eltern sowie auf deren Lesehäufigkeit.«[48] Je höher die Schulbildung, desto besser ist die berufliche Position, desto positiver ist in der Regel die Einstellung der Eltern zum Lesen, desto häufiger lesen sie selbst und desto mehr Lesestoff ist zu Hause vorhanden. Über all die Jahre ist es unserer vermeintlichen Kulturgesellschaft, den Bildungseinrichtungen und vor allem der Bildungspolitik nicht gelungen, die Zementierung dieser Bildungskasten endlich aufzuweichen und abzutragen.

Kindern eine Sprache schenken

Das Lesenlernen beginnt lange vor dem Lesenlernen: nämlich mit dem Sprechen. Die Anzahl der Wörter, die Eltern im Gespräch mit ihren Kindern verwenden, steht in unmittelbarem Zusammenhang mit den sprachlichen und kognitiven Fähigkeiten und der späteren Lesefähigkeit der Kinder. Der Wortschatz eines Dreijährigen liefert bereits eine gute Voraussage für die Leistung im Lesen und Buchstabieren in den ersten drei Schuljahren. Das alles hat nichts mit lernen und üben zu tun, sondern entwickelt sich automatisch, indem Eltern über die täglichen Standardsätze hinaus mit ihren Kindern sprechen. Kinder lernen viel durch das Zuhören und die Teilnahme an Familiengesprächen, in denen etwa Ereignisse aus dem Alltag aufgearbeitet oder Dinge geplant werden: das nächste Wochenende, der Urlaub oder gemeinsame Anschaffungen. Wichtig ist für Kinder auch, sogenannte dekontextualisierte Sprache kennenzulernen und auszuprobieren. Damit ist die Schriftsprache gemeint, die über familiäre Sprachgewohnheiten und Alltagswortschatz hinausgeht, die in Büchern, Zeitungen, im Fernsehen und Radio vorkommt. Gemeint ist damit nicht, die Kinder vorm Fernseher zu parken, sondern bereichernd ist es für sie, wenn wir mit ihnen gemeinsam schauen oder zuhören und wenn die Themen anschließend besprochen werden. So können sie die Inhalte verarbeiten und festigen.

Außerdem brauchen Kinder möglichst viele Formen mündlich tradierter Kinderliteratur, die heute leider zu Unrecht als altmodisch gilt, nämlich Kinderreime, -gedichte und -lieder wie etwa *Die zehn Zappelmänner*, die an den Fingern des Kleinkindes abgezählt werden, den *Hoppe-hoppe-Reiter*, Osterhasen-, Nikolaus- und Weihnachtsgedichte, Nonsensreime etc. Wortspiele und anlassbezogene Lieder verhelfen Kindern schon früh, automatisch und lustvoll zu Sprachgefühl: Klang, Rhythmus, Reim, Laute sind wichtige Elemente des Schriftspracherwerbs.

Ein Wort zur sogenannten Muttersprache: Praktisch alle SprachforscherInnen sind sich einig, dass der »Muttersprache« bzw. korrekt gesagt der Erstsprache des Kindes besondere Bedeutung zukommt. Entwickeln Kinder in ihrer Erstsprache ausreichende grammatikalische und semantische Strukturen, fallen Spracherwerb und Lesenlernen sowohl in der Erstsprache als auch in allen anderen Sprachen leichter. Das gilt nicht nur für Kinder mit Migrationshintergrund, wie es oft populistisch dargestellt wird, sondern uneingeschränkt auch für Kinder mit deutscher Muttersprache. Die PIRLS-Studie zeigt unmissverständlich, dass Leseprobleme aufgrund sprachlicher Defizite bei Kindern mit deutscher Erstsprache ebenso auftreten wie bei Kindern mit anderen Erstsprachen. Deutlicher formuliert: Kinder mit Migrationshintergrund sind nicht schuld am schlechten PISA-Ergebnis Österreichs. Alle SprachforscherInnen sind sich einig darüber, dass die Kommunikation in der jeweiligen Muttersprache zu Hause und auch in der Schule genauso wichtig ist wie das Erlernen der deutschen Sprache. Kindern den Gebrauch der Muttersprache – etwa in Pausen – zu verbieten, raubt Kindern nicht nur einen wichtigen Teil ihrer Identität, sondern auch ihr Sprachgefühl. Wenn die oben beschriebenen Formen der familiären Kommunikation jedoch nicht stattfinden, dann ist es völlig egal, in welcher Sprache ein Kind sprachlos ist.

Kuscheln und in die weite Welt hinein: das Vorlesen

Nikolaus hat sich wieder einmal durchgesetzt. Seine Mutter liest ihm zum x-ten Mal sein abgegriffenes Lieblingsbuch vom roten Bobby-Car vor, während die neuen Hochglanzbilderbücher von Tante Ida unbeachtet im Bücherregal bleiben. Beide können den Text schon auswendig und im Chor sprechen, Mama immer schläfriger, Nikolaus immer munterer. Endlich kommen sie zu der Seite, zu der Nikolaus regelmäßig wieder zurückblättert, um sie nochmals zu hören, weil sie so lustig ist. Die Mama wird die Szene, in der der kleine Bub in den Gatsch fährt und nachher ausschaut wie ein Erdferkel, wieder dreimal vorlesen, und Nikolaus wird sich zerkugeln, als wär's das erste Mal.

Nikolaus und seine Mutter erleben wie jeden Abend vorm Einschlafen einen der wichtigsten Augenblicke des Tages – und der Kindererziehung überhaupt. In der Fachliteratur besteht wie selten sonst Einigkeit darüber, dass es für die Entwicklung des Kindes allgemein und für die Hinführung zum Sprach- und Leseerwerb besonders kaum Wichtigeres gibt als regelmäßiges Vorlesen. Das Kind lernt die Spielregeln sprachlicher Kommunikation: vorlesen, erzählen, zuhören. Es erfährt, dass es neben den Bildern im Buch noch etwas anderes gibt: Buchstaben und Wörter, aus denen die Geschichte gezaubert wird. Es geht mit dem kleinen *Ich-bin-ich* auf die Reise, erfährt, wie sich Figuren entwickeln, frisst sich mit der *Raupe Nimmersatt* durch die Abläufe einer Geschichte, erlebt die unterschiedlichen Verhaltensmuster des *Wolfes und der sieben Geißlein*, entwickelt soziale Kompetenz und Urteilsvermögen, lernt, sich zu identifizieren oder sich zu distanzieren, entwickelt Wertvorstellungen. Es lernt, Bilder zu lesen und entfaltet Kunstverständnis, seine Fantasie wird angeregt, und das alles in nur zehn Minuten allabendlich.

Dass Nikolaus dasselbe Buch immer wieder vorgelesen bekommen will, ist in Ordnung. Es ist sein vertrauter Zugang zur Literatur, in dem er sich wiederfindet. Und dass er eingreift, selbst umblättert und bestimmt, welche Stelle er dreimal hören will, zeigt, dass er auf dem Weg zum kompetenten, aktiven Leser ist. Und darüber hinaus hört Nikolaus die Sprache im Bilderbuch, die sich von der Alltagssprache unterscheidet und die seinen Wortschatz und sein Weltwissen erweitert. Via Bilderbuch können Kinder die weite Welt entdecken und dabei die Zusammenhänge zwischen Sprache und Wirklichkeit erlernen.

Von Beginn an bis weit über den Schulbeginn hinaus ist es für Kinder emotional und intellektuell bereichernd, wenn ihnen vorgelesen wird. Speziell in der anstrengenden Phase des Lesenlernens oder wenn Kinder Probleme beim Lesenlernen haben, hilft ihnen regelmäßiges Vorlesen dabei, generell einen positiven Zugang zu Texten zu finden. Besonders schön ist es, wenn aus dem einseitigen Vorlesen nach und nach ein *Einander*-Vorlesen wird.

___ Die ganze Welt erlesen

Viel zu schnell denken wir beim Lesen an Buchstaben und engen Lesen somit auf Schriftlesen ein. Warum eigentlich?

Lesen heißt zunächst einmal, mit offenen Augen oder besser: mit offenen Sinnen durch die Welt zu gehen, Zeichen zu sehen, zu deuten und ihnen Sinn zuzuschreiben. Wenn wir Kindern beim Waldspaziergang ein Schwammerl, ein Tier oder eine seltene Pflanze zeigen, sie im Einkaufszentrum Schilder raten, sich selbst orientieren und Logos von Firmen suchen lassen, dann fördern wir bewusstes Wahrnehmen. Auch ein solches Lesen fasziniert Kinder seit jeher: die Sternzeichen am Himmel erkennen und die dazugehörigen Sagen hören; die Wolken beobachten und das Wetter vorhersagen oder wundersame Wesen darin erkennen; die Körpersprache von Katzen oder Hunden verstehen, die Fährten und Spuren von Wildtieren lesen. Genau hinschauen und -spüren, Eindrücke und Zeichen sammeln – die ersten Schritte zum Lesen. Zu den wichtigen Erfahrungen gehört auch, dass alle Sinne immer mitlesen, dass man auch lesen kann, ohne zu sehen. Sind Sie schon einmal mit einem Kind den Wegweisern für

Blinde gefolgt, den gerillten U-Bahnleitlinien am Fußboden, akustischen Signalen bei Verkehrsampeln, erhabenen Liftknöpfen in Brailleschrift? Haben Ihre Kinder schon einmal bewusst wahrgenommen, was uns das Handy oder der Mikrowellenherd über Töne und Geräusche mitteilt, oder die Rüttellinien gespürt, die die AutofahrerInnen aufschrecken, wenn sie zu nahe an den Rand der Straße geraten sind?

Auch bei der Buchlektüre lesen alle anderen Sinne mit: Wir hören die Schritte des Verfolgers im Krimi, fühlen den Wind auf der Haut auf Käpt'n Ahabs Schiff, frieren in Ransmayrs *Schrecken des Eises und der Finsternis*. Ich erinnere mich an die Lektüre von Stevensons *Schatzinsel*. Der faszinierend böse Long John Silver hatte einen Holzfuß, den man durch die Buchseiten als bedrohliches »Toc-toc-toc« immer schon hörte, bevor Silver selber auftauchte. Je mehr Sinne involviert sind, desto leichter liest es sich, das gilt für alle LeserInnen.

Im multimedialen Konzert der Zeichen und Geräusche sind viele Menschen AnalphabetInnen der Wahrnehmung geworden. Kinder lernen lieber zu lesen, wenn sie erfahren, dass Lesen eingebettet ist in ein größeres Ganzes. Schenken wir ihnen diese Offenheit, Eindrücke, Wahrnehmungen, Informationen aller Art und mit allen Sinnen zu sammeln. So bereiten wir sie auch darauf vor, sich in der modernen Informationswelt und in digitalen Räumen zu orientieren.

____ Lesen mit allen Sinnen

Nehmen Sie sich für den folgenden Absatz ein wenig Zeit und staunen Sie, welche sensomotorischen Fertigkeiten LeseanfängerInnen entwickeln:

LeserInnen orientieren sich im Raum des Mediums (auf einem Blatt Papier, am Bildschirm oder einer Tafel); sie fokussieren ihre Aufmerksamkeit auf den Text; sie koordinieren ihre Augenbewegungen (links-rechts-oben-unten; besonders schwierig: Zeilensprünge); sie können Schriftzeichen aus ihrer Umgebung herauslösen und erkennen, differenzieren Farben, Formen, Schrifttypen; sie verarbeiten akustische Eindrücke (beim Zuhören, beim Lautlesen, beim Subvokalisieren); sie bringen optische Zeichen (Buchstaben) mit akustischen (Lauten) in Übereinstimmung und merken sich die Lautreihenfolge so lange, bis ein Wort entsteht; sie erkennen Serialität (die richtige Reihenfolge von Buchstaben, Lauten, Wörtern), sie können feine Unterschiede ausmachen (z. B. zwischen »b« und »d«), sie blenden Störfaktoren aus und vieles mehr, und alles gleichzeitig. Auch die eigene körperliche Orientierung im Raum und die damit einhergehenden koordinierten Bewegungsabläufe sind fürs Lesen erforderlich: Tast- und Muskelspannungsempfindungen (beim Halten eines Buches, beim Mitlesen mit dem Finger, beim Umblättern, beim Bedienen der Maus), Körperhaltung (Abstand zum Medium, Fingerhaltung beim Schreiben), Visomotorik (Wie läuft das Auge über die Zeilen?) und Grafomotorik (Auge-Hand-Fingerkoordination beim Umblättern, beim Ablesen von der Tafel, beim Scrollen, beim Schreiben).

Es handelt sich um eine hoch komplexe Leistung, die mit wenigen anderen Tätigkeiten vergleichbar ist. Wie hilft man Kindern dabei? Klingt schwierig, ist es aber nicht. Wenn sie einen bewegungs- und impulsreichen Alltag erleben, in dem sie sich ausreichend bewegen und alle ihre Sinne einsetzen können, beim Basteln mit vielerlei Materialien, beim Toben in der freien Natur, beim Spielen mit Gleichaltrigen, entwickeln Kinder all diese Fertigkeiten spielerisch von selbst. Wenn sie regelmäßig mit Erwachsenen in Bilderbüchern blättern und über das Erlebte reden oder auf einem Blatt Papier zeichnen, dann übertragen sie die im Raum erworbenen sensomotorischen Fähigkeiten auch auf die Ebene eines Buches oder Bildschirmes. Gut gemeinte Vorschläge, Kinder kurz vor Schuleintritt auf sogenannten Arbeitsblättern üben zu lassen, sind allerdings zu hinterfragen: Kinder müssen bei solchen Übungen Schleifen ziehen, Umrandungen zeichnen, Figuren aus- und anmalen, Zickzackbewegungen machen und Ähnliches. PsychologInnen stellten fest, was Kinder üben, wenn sie Schleifen malen und Ränder ziehen: Sie üben Schleifen malen und Ränder ziehen. Sonst nichts.

Ein Bezug zur Welt der Bilder und zum Lesen wird dadurch nicht hergestellt. Ein buntes Bilderbuch oder eine gute Kinderzeitschrift schlagen jedes Arbeitsblatt um Längen. Und auch ein leeres Blatt Papier, das die Fantasie der Kinder anregt und mit ein paar Farbstiften, einer Schere und Klebstoff die Geschicklichkeit ihrer Hände und die Auge-Hand-Koordination trainiert, ist besser als Pseudoübungen.

Es klingt paradox, ist es aber nicht: Je weniger Kinder still sitzen und sich auf eine Aufgabe am Papier konzentrieren müssen, desto leichter werden sie sich später tun, still zu sitzen und sich auf eine Aufgabe am Papier zu konzentrieren.

___ Das Vorbild der Eltern und die Schulmauer

»Geh in dein Zimmer und lies was!«, sagt Papa, ehe er es sich vor dem Fernseher bequem macht …

Kinder sind genaue Beobachter. Es reicht nicht, das Kind zum Lesen zu ermahnen, positiv wirkt nur, wenn die Eltern selber Interesse am Lesen zeigen und lesen.

Insbesondere Vätern käme eine Schlüsselrolle zu. Vielleicht weil man es nicht von ihnen erwartet, sind die Wirkungseffekte besonders hoch, wenn Kinder ihre Väter als Lesevorbilder und Lesepartner erleben, vor allem die Burschen. Müttern kommt in viel zu vielen Familien das »Vorlesemonopol« zu.

Eltern jedoch, die sich als ErsatzlehrerInnen sehen, nerven: Wenn sie versuchen, ihren Kindern frühzeitig Lesen und Schreiben beizubringen, ist das eher kontraproduktiv. Kinder sind sehr sensibel, wenn ihre Eltern sie aufgrund falschen Leistungsdenkens zum Lesen drängen wollen – und reagieren ablehnend. Das vorschulische Lesen- und Schreibenlernen gegen den Willen des Kindes zeigt keinerlei positive Wirkung auf die Lesekompetenz. Nur wenn ein Kind von sich aus neugierig ist und lernen möchte, macht es Sinn, es zu unterstützen. Die These, Kinder sollten am besten ohne Buchstabenkenntnis in die Volksschule kommen, ist längst widerlegt. Kinder, die schon ein paar

Buchstaben und ihren Namen lesen können, tun sich am Anfang leichter.

Graffitis an der Schulmauer, der Zeitungskiosk, Plakatwände, die Buchhandlung am Eck – während die Lesesozialisationsfaktoren innerhalb der Familie recht gut erforscht sind, wurde und wird die Bedeutung der näheren Umgebung der Jugendlichen bisher zumindest im deutschsprachigen Raum eher vernachlässigt, obwohl gerade angesichts oft zersplitterter Familiensituationen die Bedeutung der äußeren Umwelteinflüsse zugenommen hat. Der sozioökonomische Nahraum, in dem ein Kind aufwächst, nimmt auf das Lese- und Medienverhalten positiven oder negativen Einfluss[49]. Die Wohngegend, in der Kinder leben, wo der Kontakt zu Gleichaltrigen, zur Peergroup stattfindet, Spielplätze, Sporthalle, Schwimmbad, Einkaufszentrum. Auch Orte, die man seltener aufsucht, können prägenden Einfluss haben, ein Urlaubsort zum Beispiel, ein Kinobesuch oder ein Spitalsaufenthalt, und natürlich – die virtuellen Welten. All diese Räume und Begegnungen, vor allem mit FreundInnen, prägen das soziokulturelle Milieu der Kinder: Lesen die FreundInnen? Ist irgendwo in der Nähe eine Bibliothek oder eine Buchhandlung? Machen Graffitis auf Mauern neugierig zum Hinschauen? In manchen Milieus ist es einfach nicht üblich, in der Freizeit zu lesen, und Kinder mit einem bildungsferneren Hintergrund bringen oft ein negativ geprägtes Selbstbild mit. Studien mit HauptschülerInnen[50] zeigten, dass diese Lesen zwar grundsätzlich als wichtig erachten, es aber anderen Schichten (»den Gymnasiasten«) zuordnen. Obwohl sie selbst regelmäßig durchaus in Zeitungen oder im Internet lesen, empfinden sie es »nicht als ihr Ding«. Auch Peergroups spielen eine wichtige Rolle. In vielen (vor allem Burschen)Communitys ist es einfach total uncool, zu lesen.

Diese milieubedingten Prägungen wirken bis in die Schule hinein: Insbesondere für Kinder und Jugendliche aus bildungs- und literaturfernen Kontexten ist der Zugang zum Lesen über »das gute Buch« schwieriger zu erreichen als über digitale Medien oder Comics.

Lesen in der Schule

Warum tun wir unseren Kindern das überhaupt noch an: lesen zu lernen? Mobiltelefone kann man per Sprachbefehl steuern, Waschmaschinen und Autos wahrscheinlich auch bald. Bücher kann man sich per Hörbuch vorlesen lassen, statt Briefen schickt man Smileys. Wozu also lesen lernen? Ist Lesen im digitalen Zeitalter noch wichtig? Ist es all die Mühe wert?

PISA-Kinder versus Potter-Kinder? [51]

Es scheint heute zwei grundsätzlich unterschiedliche Zugänge der Weltaneignung zu geben, eine von Erwachsenen geplante und eine von den Kindern gelebte.

Die »Harry-Potter-Generation« fliegt mit einem digitalen Zauberstab durch die Welt und zaubert sich auf Konsolen und Smartphones, in Filmen und Büchern mühelos von der realen in virtuelle Welten und retour. Sie eignen sich die Welt spielerisch an, reiten auf einem fliegenden Besen von Level zu Level durch große Erzähluniversen und sammeln Schätze: virtuelle Goldtaler, Bonuspunkte, Sammelfiguren, Sticker. Kompetenzen erwerben sie nach dem Trial-and-Error-Prinzip, ihr Informationsverhalten ist assoziativ; was Spaß verspricht, interessiert sie; was sie nicht wissen, googeln sie oder fragen die Webcommunity.

Wirtschaft und Politik wollen »PISA-Kinder«: leistungs- und kompetenzorientierte junge Menschen mit einer systematischen Wissensaneignung, die jederzeit abruf- und überprüfbar ist. Die PISA-Bildungswelt.

Potter-Kinder agieren spielerisch, spontan und interessenorientiert, die OECD jedoch will berechenbare PISA-Kinder und spricht von »Wissensressourcen und Humankapital«. In einem willkürlich ausgewählten Zwischentitel aus einer OECD-Studie lautet es beispielsweise: »Kompetenzrahmen als Orientierungsraster für Kompetenzmessungen und lebenslanges Lernen«. PISA-Kinder werden in Kompetenzrahmen gespannt, in Orientierungsraster gequetscht und lebenslang gemessen und getestet. Sie sollen Kapital und Ressourcen erwerben. Der Neokapitalismus lässt grüßen. Schulbehörden fordern in vorauseilendem bzw. hinterherhinkendem Gehorsam von SchülerInnen und LehrerInnen, zu bestimmten Stichtagen normierte Kompetenzen oder Leistungen festzustellen und abzufragen. PIRLS, PISA, SLS und Bildungsstandards, dazu regionale Sondertests von Hernals bis Hamburg sowie Lernzielkontrollen üben ständig Druck auf SchülerInnen und LehrerInnen aus und konterkarieren differenzierendes Lernen, das sich an der Persönlichkeit des Kindes orientiert. Die Aufgabe für LehrerInnen ist nicht leicht: Die Gefahr, sich zwischen den digitalisierten fantastischen Welten der Potter-Kinder und den neokapitalistischen PISA-Forderungen aufzureiben, ist für LehrerInnen und SchülerInnen groß.

—— Der Mut zur Lücke als didaktisches Konzept?

Die Explosion des Wissens und die allgegenwärtige Informationsflut durch die digitalen Medien machen den herkömmlichen Begriff von Allgemeinbildung obsolet. Die alte Wissensvermittlungsschule, die in Gestalt des versammelten Lehrkörpers Autorität in so ziemlich allem war und ihre Hauptaufgabe darin sah, möglichst viel Wissen, aufgeteilt in Fächer, in die Köpfe der SchülerInnen zu stopfen, funktioniert nicht mehr. Zu viel Wissen, zu viele Meinungen, zu viele Widersprüche. Wer trifft die Auswahl, nach welchen Kriterien? Nach wie vor sind Lehrpläne und Schulbücher überfrachtet mit Detailwissen, Inhalten, Stoffen und neuerdings auch mit Kompetenzen und Standards. Als Fluchtweg aus der Informationslawine kursiert in Lehrerfortbildungsseminaren die wohlmeinende Aufforderung zum »Mut zur Lücke«. Das scheint symptomatisch für die gut 20-jährige, immer noch – wie sage ich es euphemistisch? – ergebnisoffene Schulreformdiskussion. »Lücke« als Bildungskonzept und Antwort auf die Herausforderungen unserer Informationsgesellschaft scheint ja nun doch etwas dürftig zu sein.

Und wie reagiert die Schule auf den digitalen Overkill?

Manche Schulen führen nachhaltige Leseprojekte durch, haben recht gut ausgestattete, multimediale Bibliotheken. Einige wenige Schulen experimentieren mit digitalen Medien wie Notebook oder Tablet. Und doch: Es sind Ausnahmen, hinter denen das Engagement und der Idealismus einzelner LehrerInnen und SchulleiterInnen stecken. Die Schulen scheinen mit der Informationsgesellschaft und den digitalen Medien immer noch überfordert zu sein.

In der Schule wird noch immer eingeteilt in

a) Fächer,

b) 50-Minuten-Einheiten,

c) Gesellschaftsschichten,

und unterrichtet wird unverändert nach den Konzepten längst verblichener Zeiten. Die Weltsicht der Schule ist linear-hierarchisch in »erstens, zweitens, drittens« strukturiert und streng analog-papieren. Musik hat hier nichts mit bildender Kunst zu tun, und schon gar nichts mit Geschichte oder Literatur. Zaghaft begann unlängst eine Diskussion, ob eine Themenfläche »Science« nicht weit spannender und realitätsnäher wäre als die willkürliche Trennung in Physik, Biologie und Chemie, die jeder wissenschaftlichen Erkenntnis zuwiderläuft. Die Diskussion verebbte in den Untiefen des Lehrerdienstrechtes, ebenso wie die Frage, warum Lesen immer noch ins Gettofach Deutsch abgeschoben werde, so als müssten Kinder in Mathe und Geografie keine Informationsstrategien, keine Fachsprache und kein komplexeres Textverständnis erwerben. Es ist fad und redundant und würde den Platz sprengen, in diesem Buch eine neue Schule einzufordern. Es gibt schon so viel Literatur dazu und unter BildungswissenschaftlerInnen längst breiten Konsens, wie diese neue Schule aussehen könnte. Losgelöst von den Zwängen eines Fächerkanons und einer starren Stundentafel, von 50-Minuten-Einheiten und Klassenverbänden; mit neuen Rollenbildern für Lehrende und Lernende; mit themenzentriertem, fächerübergreifendem, projektartigem Unterricht, ganztägig und ohne soziale Barrieren in einer gemeinsamen Schule der Sechs- bis 15-Jährigen, aber mit viel individueller Förderung. Und natürlich mit entsprechender medialer Ausstattung in einer multimedialen Schulbibliothek für alle.

⎯ Warum überhaupt lesen?

Die lapidarste Antwort auf diese Frage liefert die PISA-Studie: »Lesen ist die Basiskompetenz für eine befriedigende Lebensführung in persönlicher, beruflicher und gesellschaftlicher Hinsicht sowie für eine aktive Teilnahme am gesellschaftlichen Leben.«[52]

Ich wollte das doch hinterfragen und stieß beim Recherchieren auf die OECD-Studie mit dem Titel *Key Competences for a Successful Life and a Well-Functioning Society*.[53] Das ist die mit »Wissensressourcen und Humankapital«. Ich las dennoch weiter und stieß auf drei Schlüsselkompetenzen, die für die persönliche und soziale Entwicklung der Menschen in unser globalen Gesellschaft wesentlich seien: »Use tools interactively«; »Interact in heterogeneous groups«; »Act autonomously«. Nicht wirklich überraschend: Alle drei Schlüsselkompetenzen haben mit Lesen unmittelbar zu tun, mehr noch – ohne Lesefähigkeit sind sie kaum erreichbar und erlebbar. Zu diesen drei Kompetenzen würde ich, als Vater von Kindern der Potter-Generation, gern noch eine vierte ergänzen, die in etwas holprigem Englisch lauten könnte: »Time well spent«.

⎮ *Use tools interactively*. Wer den sozialen und beruflichen Anforderungen der globalen Wirtschaft und Informationsgesellschaft gewachsen sein will, braucht gemäß dieser Studie »the ability to use language, symbols and text interactively«, um Wissen und Informationen zu erwerben und zu verarbeiten. Diese Definition verweist direkt auf einen erweiterten Lesebegriff: Das Beherrschen der Sprache und ihrer schriftlichen Verweissyste-

128

me – Symbole, Schrift und Texte – sowie ein vertrauter Umgang mit den entsprechenden Medien als Schlüsselkompetenzen für beruflichen Erfolg und Teilhabe an der Gesellschaft.

| *Interact in heterogeneous groups,* die zweite Schlüsselkompetenz für ein erfülltes Leben, beschreibt die Fähigkeit und Notwendigkeit, mit anderen Menschen zusammen zu leben, zu arbeiten und Konflikte zu lösen. »The ability to relate well to others« heißt heute in vielen Situationen, mit Menschen grenzüberschreitend in digitalen Medien schriftlich zu kommunizieren, fordert also die kommunikativen Aspekte des Lesens ein.

| *Act autonomously,* eigenständiges Handeln, die dritte Kategorie, umfasst Kompetenzen, die den Einzelnen in die Lage versetzen, sein Leben auf verantwortungsvolle und sinnvolle Weise zu gestalten. »To act within a great picture« heißt, das eigene Leben in einem größeren Rahmen zu sehen, Lebenspläne und persönliche Projekte zu entwickeln und zu verwirklichen. Auch diese Kompetenzen verweisen aufs Lesen: einerseits auf literarisches, privates Lesen, das zur Identitätsfindung beiträgt, andererseits auf Texte, die eine Teilhabe am gesellschaftlichen Leben ermöglichen: Verträge, Sachtexte, aber auch Zeitungen und Magazine.

| *Time well spent,* meine Ergänzung: Zum erfüllten Leben gehört auch der sinnvolle und erfüllende Umgang mit Freizeit und Freiräumen. Lesen steuert zwei wichtige Aspekte bei: Zum einen ist Lesen – egal ob in Büchern oder im Internet – per se sinnvolle Freizeitgestaltung, zum anderen ist es in den digitalen Medien die Voraussetzung, seine Freizeit zu organisieren: vom Buchen eines Urlaubs bis zum Kauf von Kinotickets und Eintrittskarten.

Zentrale Kriterien eines erfüllten *Lebens* sind zugleich Qualitäten des *Lesens.* Lassen sich diese Ziele nicht auch in der Schule ganz gut vermitteln? Nicht alle Kinder werden nach Schulabschluss regelmäßig Bücher verschlingen. Man kann Kinder – auch die eigenen – nicht zum freiwilligen Lesen zwingen, sondern es ihnen nur ermöglichen und nahelegen und hoffen, dass sie es dann von sich aus wollen. Aber es ist unsere verdammte pädagogische Pflicht, *alle* Kinder so weit zu bringen, dass sie Texte, die ihr Leben prägen könnten, problemlos zu entziffern vermögen; dass sie sich selbstständig informieren und Wissen erwerben können; dass sie mit anderen Menschen auf Augenhöhe kommunizieren können; dass sie lesend den »Durchblick« haben und ihre Freizeit sinnvoll gestalten können. Nicht mehr. Aber auch nicht weniger.

Lesemotivation: Lesen als Freiraum und Freizeit

Kinder lesen, wenn sie es wenigstens ab und zu als Freiraum und Freizeit erleben, wenn sie es als Teil ihrer persönlichen Lebenswelt und Lebenskultur verstehen; und wenn sie lernen, ihren Interessen entsprechend Texte selbst auszuwählen.

Drei Fragen zum Text

Eines meiner Lieblingsschilder hängt über dem Hintereingang einer Werkshalle und verkündet »EINGANG VERBOTEN! ACHTUNG STUFE!« Es beschreibt nicht nur die österreichische Seele, sondern wirft auch ein gutes Licht auf Lesemotivation. Obwohl ich dort wirklich nichts verloren hatte, wollte ich unbedingt die zehn Schritte nähergehen und das Schild entziffern. Ich war einfach zu neugierig!

Lesemotivation kann man gar nicht ernst genug nehmen: Sie ist nicht nebensächliche Behübschung, die einem farblosen Text ein paar bunte Mascherl umhängt, sondern *der* Türöffner, der darüber entscheidet, ob Informationen von unserem Netzwerk Gehirn überhaupt wahrgenommen und verarbeitet werden. Motivation öffnet uns für neue Informationen, ist eine Wechselwirkung aus Neugier, positiver Voreinstellung und konkretem Ziel. Warum lesen wir? Die Antwort liegt in drei Fragen, die LeserInnen *vor* jeder Lektüre bewusst oder unbewusst stellen.

Kann ich den Text lesen? Das Selbstkonzept

Wie schwer ist es? Wie dick ist es? Wie viele Seiten hat es? Die Hänsel- und Gretchenfragen aller Kinder, wenn wir ihnen ein Buch in die Hand drücken, sei es als zwangsverordnete Schullektüre, sei es als wohlmeinendes Geschenk. Für viele Kinder ist ein physisch schweres, dickes Buch auch automatisch schwer im Sinn von schwierig. Für viele Kinder aus lesefernem Umfeld ist es a priori Furcht einflößend, ähnlich wie für mich, der ich ein eher unsportlicher Schüler war, das Reck im Turnunterricht.

_____ *Soll ich den Text lesen? Die extrinsische Motivation*

Menschen sind darauf konditioniert, für erbrachte Leistungen positiv, für nicht erbrachte Leistungen negativ sanktioniert zu werden. Das gilt auch fürs Lesen. Was bringt mir die Lektüre? Wozu benötige ich das? Oder auf gut Wienerisch: Za wos brauch i des? Motivation, zu lesen, beziehen wir aus dem konkreten Nutzen bzw. der Anwendbarkeit des Gelesenen: zu erfahren, wann der Kinofilm beginnt, wie man ein technisches Gerät in Betrieb nimmt, wie eine Prüfung zu schaffen ist. Vor jeder Lektüre haben SchülerInnen das Recht auf eine befriedigende Antwort auf die Frage: Warum soll ich mir den Text antun?

_____ *Will ich den Text lesen? Die intrinsische Motivation*

Kann ich mich in der Geschichte wiederfinden? Steckt im Text etwas oder jemand, das oder der mir etwas wert ist? Das wären dann solche Texte, in die man versinkt wie in einen Polster, weil man sich damit identifizieren kann (zaubern können wie Harry Potter) oder weil sie lebensnotwendige Informationen bieten (Kampfattacken, die meine 150 Pokémon beherrschen). Diese wundervolle intrinsische Motivation stellt sich jedoch leider nicht immer ein. Die romantische Vorstellung mancher bibliophiler LehrerInnen, von Büchern gehe eine suggestive Anziehungskraft aus, wenn man Kindern nur die richtigen vorlege, ist trügerisch. Und dass Kinder sich ins Buch vertiefen, sobald sie das richtige entdeckt haben, ist keinesfalls die Regel. Dazu braucht es viel Behutsamkeit, Geduld und vor allem die Bereitschaft, auf die individuellen Interessen des Kindes einzugehen.

Gibt es auf keine der drei Fragen eine schlüssige Antwort, so wird der Text zur Qual, die Lektüre zur lästigen Pflicht. Das Buch wird ungelesen ins Regal gestellt werden.

Aber warum lesen wir manches dennoch?

Warum ziehen uns manche Texte magisch an? Vielleicht weil ein Stück von uns selbst darin stehen könnte …

—— Lesefreude 0 %, Lesemotivation 100 %

Es ist ein Missverständnis, Lesemotivation mit Lesefreude gleichzusetzen. Denn Buchstabieren ist – zumindest in den ersten Jahren des Leseerwerbs – harte Arbeit. Und die sollten wir Kindern auch zugestehen. So zu tun, als wäre Lesen immer nur die reinste Freude, während sich die Kinder Zeile für Zeile abstrampeln, ist unehrlich. Von einem leseschwachen Kind, das sich durch einen Text quält, auch noch zu verlangen, dass es dabei Freude empfindet, ist nahe am Zynismus. Das gilt genauso für Erwachsene: Wenn man zum dritten Mal fluchend die Gebrauchsanweisung liest, um das koreanische Multifunktionsküchengerät mit Turboantrieb endlich starten zu können; wenn man mit verkniffenen Augen das Kleinge-druckte auf der Rechnung des Reisebüros studiert, weil das verspro-chene Traumzimmer in Strandnähe eine Höhle mit Baustellenlärm war; wenn man in höchster Not zehn Minuten vor einer wichtigen Besprechung noch eine Information googelt – in solchen Situationen liegt die Lesefreude bei 0 %, die Lesemotivation jedoch bei 100 bis 120 %!

In dieser Erkenntnis liegt eine große Chance. Wir sind zum Lesen motiviert, wenn es uns hilft, Probleme zu lösen und uns zurecht-zufinden: auf dem Flughafen, in einem fremden Land, in einem neuen Job, beim Kochen. Dasselbe gilt für Kinder: Clemens (12) bezieht seine Lesemotivation aus den Cheatseiten im Internet, um den Mutan-ten im vierten Level schneller zu besiegen. Andreas (13) surft im Inter-net, weil er dringend wissen muss, wie sein Fußballklub gespielt hat. Natalie (15) liest, weil sie eine Nachprüfung hat und die dämliche Klasse nicht wiederholen will. Alle drei haben kaum Spaß am Lesen, jedoch eine hohe Lesemotivation.

Auch wenn Leseanimation einen atmosphärisch angenehmen, angstfreien Rahmen liefern kann, so gehören zum Lesen doch auch solch unpopuläre Dinge wie Konzentration, Genauigkeit, Sitzfleisch. Diese Anstrengungen können wir Kindern nicht ersparen. Oft stellt sich so etwas wie »Lesefreude« erst nach harter Arbeit ein: wenn man im Internet das erlösende Stichwort gefunden oder wenn man die Prüfung geschafft hat. Natürlich sollte Leseerziehung so oft wie möglich von Lesefreude durchdrungen sein, doch das ist nur die eine Seite der Lesemedaille. Die andere heißt: Lesemotivation = ein guter Grund, den Text zu lesen + harte Arbeit + Konzentration = Erfolgserlebnis.

Kinder haben ein feines Gespür dafür, ob wir ehrlich zu ihnen sind. Und sie schätzen es, wenn wir zugeben, dass ein Text eine harte Nuss sein kann. Umso größer ist dann die Befriedigung, es geschafft zu haben.

——— Lies, was du willst!

Meine Deutschlehrerin in der Unterstufe nahm uns SchülerInnen ab und zu beiseite und drückte uns ein Buch aus ihrer eigenen Bibliothek in die Hand. »Das könnte dich interessieren.« Ich erinnere mich, als wäre es gestern gewesen, an das erste Buch, das sie mir empfohlen hatte. Es hieß *Der begeisterte Selbstmord,* enthielt die Erinnerungen eines Priesters an ein chinesisches Umerziehungslager in der Mao-Ära und war mir Elfjährigem eigentlich viel zu heavy. Aber dass meine Lehrerin mir so ein anspruchsvolles Buch zutraute, wertete mich auf. Mir ist die Lektüre bis heute prägend in Erinnerung.

Es führt kein Weg daran vorbei: Wenn wir Kindern die Bereitschaft zum (Buch)Lesen vermitteln wollen, dann müssen wir sie dazu animieren, selbst auszuwählen und zu lesen, was sie persönlich anspricht. Alle Untersuchungen beweisen, wie unterschiedlich die Leseinteressen der Kinder sind. Es gibt signifikante gender- und milieuspezifische Interessensunterschiede. Es gibt den interessierten Sachbuchleser neben der überzeugten Belletristikleserin; es gibt BuchleserInnen neben BildschirmleserInnen, Kinder, die Dinosaurier samt Büchern lieben, und solche, die Pferde und deren Bücher brauchen, Kinder, die Piratengeschichten mögen, andere, die davon seekrank werden; Kinder (meist Mädchen), die in realitätsnahen Erzählungen versinken und andere (meist Burschen), die das nicht ausstehen können, es gibt Menschen, die durch 1 000 Seiten Fantasy schweben, und andere, die schon nach fünf Seiten zurück in die Realität wollen. Es gibt Jugendliche, die sich zu früh über zu schwierigen Lesestoff hermachen (»Das ist noch nichts für dich!«), und solche, die ewig lange in einer kindlichen Fantasiewelt verharren. Nur eins gibt es nicht: Kinder, die sich für *kein* Thema interessieren, für die es *keinen* Lesestoff gibt. Und sie sind schon auf dem halben Weg zum/r kompetenten LeserIn, wenn ihnen geholfen wird, ihre Interessen und den passenden Lesestoff dazu zu entdecken!

Natürlich wird im Unterricht auch bisweilen von der ganzen Klasse dasselbe Buch gelesen. Wenn erklärt wird warum (weil Szenen daraus dramatisiert oder weil unterschiedliche Aspekte in kleinen Gruppen bearbeitet werden), so werden die SchülerInnen Verständnis dafür haben. Aber das sollte eher die Ausnahme sein, kein lähmender Automatismus der monatlichen oder wöchentlichen »Klassenlektüre«, mit der über Interessen und Lebenszeit der SchülerInnen gefahren wird. Nur auf den ersten Blick ist es übrigens für die Lehrperson einfacher, wenn die ganze Klasse denselben Text liest. Die vermeintliche Zeitersparnis in der Vorbereitung ist teuer erkauft: durch stinklangweilige Unterrichtsstunden, in denen Kinder einander das erzählen, was eh alle gelesen haben; lähmende Hausübungen, in denen 25 Mal die nahezu gleiche (beim Abschreiben: dieselbe) Inhaltsangabe abgeliefert wird; letztlich durch demotivierte SchülerInnen, die noch Jahre nach Ende ihrer Schulzeit »Buch« automatisch mit langweiliger Pflichtlektüre assoziieren.

Stattdessen lieber den anderen erzählen können, was man selbst gelesen hat, in Kleingruppen an Büchern arbeiten; LehrerInnen ehrlich mitteilen dürfen, wie einem »sein« Buch gefallen hat. So oft wie möglich sollten SchülerInnen bei der Auswahl der Lektüre mitentscheiden:

- indem wir sie aus einem Bücherkoffer, aus der Bibliothek, einem Regal, aus einer Zeitschrift frei wählen lassen,
- indem wir sie mitbestimmen lassen: welches Buch von der ganzen Klasse gelesen werden soll, welche Szene als Lesetheater aufgeführt werden soll,
- indem wir sie möglichst oft mit Büchern allein und ungestört lassen, sie in der Bibliothek oder einer Buchhandlung stöbern und schmökern lassen.

Lesen als Freiraum und Freizeit

Ich gebe zu, dass ich Peter Weirs Film *Der Club der toten Dichter* im Hinterkopf hatte, als ich eine meiner Klassen an einem sonnigen Frühlingstag in den Schulgarten trieb; jede/r SchülerIn musste ein leeres DIN-A4-Blatt mitnehmen, in das er/sie ein kleines quadratisches Loch geschnitten hatte. Die Aufgabe: Alle suchen sich ein stilles Plätzchen, schauen fünf Minuten lang durch den Papierrahmen und »lesen« ihre jeweiligen Landschaftsausschnitte. Meine SchülerInnen ertrugen es mit gelassener Würde, wussten sie doch, dass sie einen Spinner als Lehrer hatten. Zurück im Klassenraum sollten sie aufschreiben, was sie in diesen fünf Minuten im Garten »gelesen« hatten. Die so entstandenen Texte sollten sie dann zu Hause kürzen, verdichten. Am Tag darauf folgte eine meiner schönsten Literaturstunden mit berührenden verdichteten/gedichteten Texten aus der Außen- und Innensicht meiner SchülerInnen.

Wenn Kinder die Erfahrung von »Lesen als Freiraum und Freizeit« machen sollen, so müssen wir ihnen diese Freiräume im Unterricht auch ermöglichen, besonders den Kindern, die dieses Gefühl von

136

zu Hause möglicherweise gar nicht kennen. Freie Zeit zum Lesen und freie Räume, so oft wie möglich weg von der schulischen Sitzordnung, lümmeln, träumen, allein lesen, einander vorlesen, gemeinsam lesen, in der Gruppe lesen. Literarische Atmosphäre schaffen: ein wöchentliches literarisches Frühstück, ein monatlicher Literatursalon, ein nachmittägliches Lesecafé. Raus aus dem Klassenzimmer, raus aus der Schule: eine Lesewanderung durchs Dorf, ein Lesespaziergang durch den Bezirk, Sagenreise, Marterl (Bildstöcke) lesen, alte Inschriften und Hauszeichen auf Häusern entziffern, eine Lesestunde auf einem Friedhof, bei einer Gedenkstätte im Ort, am Bahnhof, im Supermarkt. Als Lesehausübung aufgeben, den Weg von zu Hause bis in die Schule lesen, Expeditionen in eine Bibliothek, eine Buchhandlung, zu einer Buchausstellung!

Usability und Ästhetik

Wenn wir uns zur Erkenntnis durchringen, dass Lesen und Schreiben auf Handys, Tablets und Notebooks nicht a priori böse und gefährlich ist, so bieten die digitalen Medien Riesenchancen, Kinder zum Lesen zu verführen.

- Notebook- und Tablet-Klassen beweisen, dass die digitalen Geräte den Unterricht bereichern, nicht als Ersatz von Büchern, aber als ideale Ergänzung. Es gibt gute Lernprogramme und Apps, die differenzierten Unterricht und selbstständigen Wissenserwerb erleichtern.

- Anstelle anachronistischen Handyverbotes an Schulen könnten diese längst wertvolle Tools im Unterricht sein: von der raschen Webrecherche über den Einsatz lernunterstützender Apps bis hin zur Twitterpoesie (»Schreib ein Gedicht in 140 Zeichen!«). Mit den auf vielen Smartphones installierten Diktiergeräten lassen sich spielend leicht Interviews oder Hörspiele aufnehmen, auch gezielt und individuell Texte vorlesen bzw. laut lesen üben.

| In nahezu allen Fächern bietet das Internet Anschaulichkeit, die wir mit herkömmlichen Unterrichtsmaterialien kaum leisten können. Ob es um europäische Hauptstädte, die Arten der Singvögel oder verzwickte geometrische Konstruktionen geht: YouTube, Bing Maps und Wikipedia sind großartige Lehrmittelsammlungen, die über White Board, Beamer oder Tablet den Unterricht bereichern.

| Wenn wir LehrerInnen gegenüber digitalen Neuheiten nicht entrüstetes Ablehnen oder borniertes Ignorieren, sondern neugieriges Interesse an den Tag legen, so werten wir die (digitalen) Kompetenzen unserer SchülerInnen auf.

| Im Lese- und Schreibunterricht kommen wir unseren SchülerInnen näher, wenn wir E-Mail und Social Media als Kommunikationsmittel zulassen. Buchbesprechungen auf einer der zahlreichen Rezensionsseiten, Hausübungen per E-Mail gehören für manche LehrerInnen längst zum Standardrepertoire. Und ein formschön am Computer gestalteter Aufsatz befriedigt Schreibende und Lesende mehr als handgeschriebenes Gefuzel und Gekrakel.

Apropos Ästhetik: Diese spielt bei der Medienrezeption für die digitale Generation eine große Rolle. Gestylte Websites und Computerspiele in atemberaubender Grafik, aber auch Hochglanzmagazine und aufwendig gestaltete Sachbücher haben das Rezeptionsniveau Jugendlicher gehoben. Sie erwarten mit gelassener Selbstverständlichkeit, dass Medien – digitale oder analoge – auf höchstem ästhetischem Level agieren, sind ExpertInnen für Pixelzahlen und Farbauflösung. Mediendesign ist längst nicht mehr nur ein formgebendes, sondern auch ein sinnstiftendes Element. Die Benutzeroberfläche von Smartphones oder Tablets entscheidet über Erfolg und Verkauf von Marken, nicht zuletzt, weil mit dem Design auch das Handling zusammenhängt. Wenige Zoll im Displayformat, ein paar Gramm beim Gewicht, die Anordnung von Kacheln entscheidet darüber, ob ein digitales Kastl gut in der Hand liegt, benutzerfreundlich und emotional positiv besetzt ist, und bestimmt über Wohl und Wehe von Weltkonzernen wie Sony, Apple oder Microsoft.

»Benutzerfreundlichkeit berücksichtigt auch die emotionalen Aspekte des Nutzungserlebnisses«, finde ich in Wikipedia und schlage damit den Bogen zurück zur Lesemotivation.

Stichwort Fotokopien. Blitzlicht in die Schulrealität. SchülerInnen werden überschüttet mit Tonnen an Kopien von überallher und hässlichen Schwarz-Weiß-Arbeitsblättern, zu Tausenden aus dem Internet downgeloadet. Ich war und bin erstaunt, wie viel nutzloses, ungeordnetes und ungelesenes Papier meine Söhne mit nach Hause schleppten und pünktlich zu Ferienbeginn entsorgten. Xerox und Co. freut's, SchülerInnen nervt's. Abgesehen vom Urheber- und Umweltschutz, die beim exzessiven Kopieren oft auf der Strecke bleiben, töten blasse Kopien jegliche Lesefreude, von manch eng bedruckten Schulbüchern mit der Informationsdichte und dem ästhetischen Reiz des Wiener Telefonbuchs mag ich gar nicht sprechen. Hat schon mal jemand Unterrichtsmaterialien auf Usability untersucht?

So manch ein lesenswerter Text scheitert, weil er nicht lesbar oder leserlich ist. Wer Jugendlichen Medien anbietet und deren Lektüre fordert, muss auch ihren ästhetischen Ansprüchen genügen. Layout, Schriftart, Farbdesign, Bild-Text-Komposition, selbst das Papier entscheiden nicht nur über die Akzeptanz von Texten, sondern auch über ihre Lesbarkeit, ihre Usability – als Herausgeber von Jugendmagazinen weiß ich, wovon ich schreibe! Lesen, Literatur und ästhetische Erziehung hängen zusammen, und es wäre schön, wenn das auch im Unterricht zum Tragen käme! Ein Dialog unterschiedlicher ästhetischer Sehgewohnheiten – hier die Erwachsenenwelt, da der Jugendkosmos – könnte für alle bereichernd sein.

___ Aus Buchstaben werden Wörter: basales Lesen

Für das Lesen gilt Ähnliches wie für das Radfahren. Erst wenn wir die mechanischen Abläufe – treten, schalten, bremsen, lenken – automatisiert beherrschen, können wir auf die Straße achten, die Landschaft und den Fahrtwind genießen. Das automatisierte, basale Lesen ist die Voraussetzung dafür, dass wir uns auf den Inhalt konzentrieren und Freude am Gelesenen empfinden können.

Basales Lesen ist kein rein technisch-mechanischer Vorgang, sondern ein aktives Sinnsuchen. LeseanfängerInnen lernen verschiedene Zugriffsweisen auf einen Text: das sichere Erkennen von Buchstaben- und Lautbeziehungen (Zusammenlauten), das Nutzen von Wortteilen (Silben, Morpheme, Signalgruppen), das Lesen bereits bekannter Wörter, schließlich das Verstehen einfacher Sätze sowie das Heranziehen von Sinnstützen (Bilder, Titel). Geübte LeserInnen nutzen all diese Strategien gleichzeitig und automatisiert.[54]

___ Elevannt oder Älefant? Buchstaben erkennen

Am Anfang steht – nein nicht das »A«, sondern – das »M«. Weltweit erkennen schon kleine Kinder den leuchtend gelben Buchstaben, der allgegenwärtig ist und rasche Sättigung verspricht. Früher einmal galt es als verpönt, Kindern vor der Schule Buchstaben beizubringen. Sie sollten ahnungslos und unbelastet von Vorwissen als »Blackbox« in die Schule kommen. Dort würde die Lehrerin mit der Fibel die lieben Kleinen in die Geheimnisse der Schrift einführen, ihnen das A und O und all die anderen Buchstaben beibringen, wenn möglich allen Kindern gleichzeitig.

Spielt es heute nicht mehr. Kinder werden in eine Welt der Zeichen geboren, sie schnappen von klein auf Buchstaben, Logos und Worte auf: im Internet, auf der Straße, im Einkaufszentrum. Buchstaben sind keine geheimnisvollen Zeichen in magischen Büchern, die ihnen lang verborgen bleiben, sondern Alltagsbegleiter. Kinder dealen mit Passwörtern, orientieren sich an Logos und erkennen die Schriftzüge von »Yu-Gi-Oh!« und »Pokémon«, längst bevor sie selbst lesen können. Wenn wir diese Vielfalt von Schriften und Zeichen in den Unterricht einbeziehen, können Kinder beim Lesenlernen an diese eigenen Erfahrungen anknüpfen. Dann ist die fremde, neue Lesewelt eine wenigstens teilweise vertraute.

Viele LeseexpertInnen plädieren dafür, in den ersten Wochen die Kinder zunächst mit Großbuchstaben vertraut zu machen, ehe man zur Druckschrift wechselt. Sobald wir diese verwenden, können wir ruhig auch mehrere Schrifttypen zulassen. Es ist unnötig, LeseanfängerInnen auf Texte in der sogenannten »Schulschrift« zu reduzieren. Erstens ist sie hässlich und zweitens setzt sie Kindern Scheuklappen auf: Ein »A« ist laut Schulschrift nur richtig mit großem Bauch (a) und falsch mit Dach und kleinem Bauch (a), wobei dieses aber in praktisch allen wichtigen Druckschriften verwendet wird. Aus den Neurowissenschaften kennen wir ja schon den Kaffeehäferleffekt, der Kinder Lettern in unterschiedlichsten Schriftarten als denselben Buchstaben erkennen lässt. Viele moderne Bilderbücher spielen bewusst mit Schriften und Layouts und ermöglichen einen frühen, kreativen Umgang mit Buchstaben. Und in der Welt draußen sind Kinder auch mit unterschiedlichsten Schrifttypen konfrontiert.

Entscheidend für den Anfang sind vor allem gute, klare Lesbarkeit (gut erkennbare Buchstabenkonturen, großer Zeilendurchschuss, guter Kontrast zum Untergrund) und eine angemessen dosierte Textmenge (kurze Zeilen, nach Sinneinheiten gegliedert). Die Schriftgröße spielt hingegen keine große Rolle.

Einwände gibt es gegen das Lesenlernen in der sogenannten Schreibschrift, weil diese mit Druckschriften nur wenig Ähnlichkeit hat und den Kindern zusätzliche Bürden aufhalst: Sie müssen Groß-

und Kleinbuchstaben jeweils in der Druckschrift und der Schreibschrift gleichzeitig erlernen, jeden Buchstaben also vierfach.

Generell möchte ich zu einer zu engen Verquickung von Lesen- und Schreibenlernen Bedenken anmelden. Natürlich ist es sinnvoll, die erlesenen Buchstaben und Worte auch selbst gleich auszuprobieren und damit zu festigen, und natürlich kann das Schreiben eigener Texte von der ersten Minute an das Lesenlernen kreativ und haptisch unterstützen. Wenn wir aber Lesen ständig an ausufernde (Ab)Schreibübungen koppeln, bürden wir ihm all jene Mühen auf, die das Schreiben nun einmal mit sich bringt, vom Krampf, sich in Zeilen zu zwängen, bis zum Kampf mit der Orthografie. Für Kinder mit legasthenen Problemen ist vor allem Abschreiben eine Qual, weil sie serienweise Fehler produzieren. Wenn man sie jahrelang mit dem Abmalen von der Tafel oder aus Büchern quält, hält man sie von positiven Schrifterfahrungen fern. Lesen ohne Schreibzwang könnte diesen Kindern Erfolgserlebnisse verschaffen, die ihnen beim Schreiben versagt bleiben.

Verschärft wird der Frust noch dadurch, dass im deutschen Sprachraum der Orthografie viel zu viel Bedeutung beigemessen und kreatives Schreiben viel zu früh durch den Zwang zur rechten Schreibung unterdrückt wird. Laut Renate Valtin gibt es mehr als 106 Arten, das Wort »Elefant« lautgetreu korrekt zu schreiben – von *Älefant, Ellefant, Elefannt, Ehlefant* bis *Ellefannd* –, und es ist eigentlich schade, dass man all diese netten Rüsseltiere in der Anfangsphase des Schriftsprachenerwerbs nicht leben lässt.[55] Natürlich ist Rechtschreibung auch heute noch ein erstrebenswertes Ziel, wenn Kinder aber durch die Angst vor Fehlern gehemmt werden oder wenn Schülertexte im »Roten Fehler-Meer« versinken, dann wirken sich diese negativen Erfahrungen auch aufs Lesenlernen hemmend aus.

Buchstabe für Buchstabe, Laut für Laut

Lesen ist die Kunst, geschriebene und gesprochene Sprache zusammenzuführen. Wir lernen, die geschriebenen Buchstaben (Grapheme) den entsprechenden Lauten (Phonemen) zuzuordnen. Wir hören, dass »P« und »F« gemeinsam einen pfeifenden und »S, C, H« einen zischenden Laut ergeben. Wir lernen aber auch, dass man ein und denselben Buchstaben auf verschiedene Arten aussprechen kann. Beim »ESEL« spricht man das erste »E« mit breiten Mundwinkeln und das zweite »E« gar nicht aus. In »IE« und »EI« verschwindet das »E« überhaupt und »EU« kann man auf zweierlei Weise aussprechen. Im Deutschen werden 40 Phoneme durch 89 Grapheme wiedergegeben, und das erklärt schon einen guten Teil der Anstrengungen beim Lesenlernen. Zum Trost: Das Englische und Französische sind noch viel schwieriger, weil Schreibung und Lautierung noch viel öfter auseinanderklaffen.

LeseanfängerInnen lesen – wie ich vorher beschrieben habe – zunächst immer lautierend, erst nach und nach entwickeln sie ihren Sichtwortschatz, der ihnen hilft, bekannte Wörter auf einen Blick zu erkennen. Die neuesten Erkenntnisse zum »Zwei-Wege-Modell« von Coltheart[56] zeigen, dass selbst bei geübten LeserInnen der phonologische Weg im Hintergrund immer mitläuft. Wenn wir ein Wort als Ganzes lesen, erkennen wir nicht das visuelle Bild, sondern verarbeiten die Graphem- und Phonemfolge simultan und dadurch gleichsam auf einen Blick. Dieser scheinbar spitzfindige Unterschied hat auf den Leseanfangsunterricht gravierende Auswirkungen. Der jahrelange erbitterte Streit zwischen lautierender (Wir bringen den Kindern das Lesen Buchstabe für Buchstabe, Laut für Laut bei.) und ganzheitlicher Leselernmethode (Wir lassen Kinder von Anfang an ganze Wörter lesen.) ist heute entschieden. Die Ganzwortmethode klingt zwar verlockend, ist aber, vor allem für schwächere SchülerInnen, ungeeignet. Mit ihr stellt sich zwar vielleicht rascher Anfangserfolg ein, weil Kinder vermeintlich schnell Wörter erlesen, tatsächlich lernen sie aber nur Wortbilder wie Logos auswendig. Spätestens nach einigen Hundert Wörtern stößt diese Methode an ihre Grenzen. Lesen können heißt aber, Tausende, auch unbekannte Wörter zu entschlüsseln. Und das gelingt nur, wenn wir Buchstaben und Laute selbstständig zusammensetzen können – wie die Bausteine beim Scrabble.[57]

Sinnvoll und hilfreich ist es hingegen, schon früh das Verständnis für Silben und Wortteile zu wecken. Wer bestimmte Vorsilben (an-, er-, vor-), Endungen (-heit, -keit, -ung) oder immer wiederkehrende Signalgruppen (-iel, -itz, spr-, str-, pfl-) erkennt und wer Wortstämme (Morpheme) auf einen Blick erlesen kann, steigert sein Leseverständnis und damit auch das Lesetempo beträchtlich.

Es bleibt LeserInnen nicht erspart, die Graphem-Phonem-Beziehung zu erlernen und zu automatisieren. Dieser Weg bedeutet harte Arbeit und vor allem üben, üben, üben. Einen anstrengungsfreien Weg zum Lesen gibt es nicht, auch wenn das manche vermeintliche Wunderleselernprogramme suggerieren. Hat man das lautierende Lesen aber durch viel Übung automatisiert, dann steht einem offen, jedes, aber auch wirklich jedes noch so fremde Wort zu erlesen. Den vermeintlichen Rückstand, den Kinder mit lautierender Methode am Anfang gegenüber »Ganzwort-Kindern« aufweisen, haben sie in der Regel am Ende des ersten Lernjahres aufgeholt.

Ankerwörter und Wörterwolken

Was sagen Wörter über die Welt, in der wir leben, aus? »Rettungsgasse«, »Fremdschämen« und »Lebensmensch« waren in den vergangenen Jahren die sogenannten Wörter des Jahres in Österreich, »Unschuldsvermutung«, »Analogkäse« oder »inländerfreundlich« wurden zu Unwörtern gewählt.

Geschätzte 500 000 Wörter hat die deutsche Sprache, rund 75 000 Wörter umfasst die Standardsprache, also die häufig benutzten Wörter; in Wirklichkeit sind beide Zahlen wahrscheinlich viel größer. Wörter sind der Schlüssel unserer Kommunikation und jene Sinneinheiten, aus denen Texte gebildet werden. Der Begriff »Wort-Schatz« drückt im Deutschen schön metaphorisch aus, wie sehr eine möglichst große Zahl von Wörtern unser Leben bereichert.

LeseanfängerInnen hilft ein möglichst großer passiver Wortschatz. Wörter, die sie vom Hörensagen kennen, können sie leichter er-lesen. »Krawatte« oder Caterpillar lassen sich leichter buchstabieren, wenn man weiß, was hinter den Buchstabenungetümen steckt. Nach und nach entwickeln Kinder den sogenannten Sicht-Wortschatz, also jene Wörter, die sie auf einen Blick erfassen *und* verstehen können. Je mehr Wörter dieser umfasst, desto flüssiger lesen sie. Wortverstehen und Aufbau des Wortschatzes müssen daher im Zentrum aller Bemühungen ums Lesen stehen.

Am besten funktioniert das mit »Ankerwörtern«. Jahrzehntelang stand in Lesefibeln »MIMI MIT MAMA AM TOR« und keiner wusste so recht, warum die beiden dort standen. Eigentlich sollten Kevin, Anna und Nenad am Tor stehen, je nachdem, wer den Text in die Hand nimmt: Kevin, Anna oder Nenad. Denn das wichtigste Wort im Leben eines Menschen ist der eigene Name. Und Kinder möchten lesen, was ihnen wichtig ist: von Dingen, die sie interessieren, oder Menschen, die ihnen nahestehen. Auch wir Erwachsenen lesen unseren Namen gern, solange er nicht auf einem Mahnschreiben steht. Auch wir lesen aufmerksamer, wenn Fakten in der Zeitung vorkommen, die wir gut kennen: wenn es in unserem Wohnort gebrannt hat oder ein Nachbar in den Schlagzeilen vorkommt. Die Leseforscherin Sylvia Ashton-Warner erkannte schon 1963, dass jeder Mensch Ankerwörter hat, die für besondere emotionale Erfahrungen in seinem Leben stehen. Genau diese eignen sich besonders gut zum Lesenlernen.

Leseschwache Kinder, die sich mit Anfängerfibeln plagten, erhielten in einem Feldversuch Matchberichte und Mannschaftsaufstellungen ihrer Lieblingsteams vorgelegt. Sie waren mit Feuereifer dabei und hatten keine Probleme, die schwierigsten Namen ihrer Stars zu entziffern, während sie über einfache Blümchen- und Käferchen-Gedichte stolperten. Die Neurowissenschaften zeigen, dass Kinder ausgehend von ihrem Vorwissen lesen lernen sollten, dass ihre Neigungen und Interessen vom ersten Buchstaben an einfließen sollten, dass Kinder lesend und schreibend sich selbst und ihre Umwelt reflektieren sollten. Jedes Kind, auch das schwächste, bringt Ankerwörter mit: den eigenen Namen und die Namen seiner Liebsten, Begrüßungsformeln und Bezeichnungen für Lieblingsspeisen, Alltagsgegenstände, Spielsachen. Genau dort sollten sie zu lesen beginnen, bei ihren persönlichen Ankerwörtern.

Unser Gehirn speichert Wörter übrigens nicht isoliert ab, sondern in Themenfeldern. Unser semantisches Gedächtnis ist also kein alphabetisches Wörterbuch, sondern setzt sich aus vielen Themenbereichen zusammen, die untereinander vernetzt sind – ähnlich den Tag Clouds oder Word Clouds im Internet: Wörterwolken im Gehirn. Wir helfen unseren Lesekindern, wenn wir Wörter nicht isoliert drillen (wie in den unseligen, unzusammenhängenden Wortlisten, die da und dort immer noch kursieren), sondern immer in einem thematischen Zusammenhang vermitteln. Wenn wir mit Kindern zunächst eine Geschichte über einen Bauernhof, über die Feuerwehr oder über einen Tiergarten lesen, dann fällt es ihnen leichter, die neuen Wörter anschließend im Kontext zu üben und zu speichern:»Traktor«,»Heugabel« und»Mähdrescher« kommen in die Wortwolke Bauernhof. »Tiger«,»Löwe« und»Elefant« wandern in den Themenbereich Tiergarten. Je mehr Wörter in einem Themennetzwerk schon vorhanden sind, desto leichter ist es, neue Begriffe andocken zu lassen. Wie gut das funktioniert, zeigt das Pokémon-Gedächtnis unserer Kinder: Sind schon 100 Pokémon gespeichert, ist es leicht, neue Mitglieder in die Pokémon-Arena aufzunehmen. Das gilt auch für Dinosaurier, Fußballernamen oder Automarken.

Am allerbesten funktioniert die Speicherung neuer Wörter freilich, wenn wir zu neuen Begriffen den benannten Gegenstand auch sehen, angreifen und riechen können oder zumindest Bilder davon sehen. Bildgeschichten, Bilderbücher, Wimmelbilder, Bild-Wort-Puzzles helfen dabei. Wenn wir mit Kindern einen Bauernhof, eine Feuerwehrzentrale oder den Tiergarten besuchen, nachher dazu passende Texte lesen und dann die entsprechenden Fachwörter sammeln und wiederholen, das wäre ein gehirngerechter Erstleseunterricht, und ein fröhlicher obendrein.

Lesen lernt man durch Hören

»Wer nicht hören kann, muss fühlen«, sagt ein Sprichwort der Uraltpädagogik. Heute heißt es oft: »Wer nicht hören kann, kann auch nicht lesen.« Dass es eine Verbindung zwischen Sprechen, Hören und Lesen gibt, ist seit Langem bekannt. In den letzten 20 Jahren hat sich die sogenannte phonologische Bewusstheit als wichtige Voraussetzung für das Lesenlernen durchgesetzt. Sie beschreibt Einsichten in die Bauweise der *gesprochenen* Sprache, die Fähigkeit, einzelne Segmente der Sprache herauszuhören und sie in ihre Bestandteile zerlegen bzw. zusammensetzen zu können. Kinder müssen verstehen lernen, dass Sätze aus Wörtern, Wörter aus Silben und Silben aus Lauten aufgebaut sind. Sie müssen Laute und Silben aus einem Wort heraushören, die Sprachmelodie wahrnehmen und diese selbst aktiv im Sprechprozess nutzen. Kinder sollten im Vorschulalter, spätestens im ersten Schuljahr Laute am Anfang und am Ende eines Wortes hören und benennen (isolieren), reimende Wörter erkennen, Wörter in Silben zerlegen (etwa durch Silbenklatschen) können. Diese Kompetenzen sind keine akustischen (Teil)Leistungen, sondern kognitive Einsichten: wenn Kinder »NAGEL« und »NADEL« nicht unterscheiden können, dann hören sie nicht schlecht, sondern es fehlt ihnen die Einsicht, dass die Laute »G« und »D« Bedeutungen tragen.

Renate Valtin hat unlängst allerdings vor einer allzu einseitigen Betonung der phonologischen Bewusstheit gewarnt[58]: Zum einen handle es sich um ganz unterschiedliche Teilfähigkeiten, die Kinder zu unterschiedlichen Zeitpunkten erwerben, zum anderen führe die einseitige Fokussierung auf die phonologische Bewusstheit zur Vernachlässigung anderer wichtiger Bereiche des Schriftsprachenerwerbs. Das heißt, dass im Kindergarten und in der Grundstufe phonologische Einsichten zwar umfassend geübt werden sollten, aber niemals isoliert als »Trockentraining«, sondern in einem sinnvollen Kontext. Kommerzielle Programme, bei denen einseitig monatelang phonologisch trainiert, Silben gehüpft und Laute isoliert werden, sind weder im Kindergarten noch in der Volksschule notwendig und eher kontraproduktiv. Besser ist es, die verschiedenen phonologischen Einsichten gemeinsam mit anderen Kompetenzen in eine spannende Geschichte, ein Gedicht oder in Sprachspiele einzubetten. Kinderreime und -lieder verhelfen schon früh und automatisch zu einem Gefühl für Sprache, für Klang, für Rhythmus, für Reim, für Laute. Das Erzählen von Geschichten sowie Rollen- und Fantasiespiele helfen beim Wortverständnis. Nonsensgedichte, Zungenbrecher und lautmalerische Gedichte verleihen spielerisch dem Lautklang Bedeutung. Überspringen kann man diese Phase des Spracherwerbs allerdings nicht. Fehlt die phonologische Bewusstheit bei Schuleintritt, muss sie in der Schule nachgeholt werden, weil sonst wichtige Voraussetzungen zum basalen Lesen fehlen.

____ Kalifosaurus oder: Lesen ist immer sinnvoll

Unser Gehirn kann gar nicht anders, als beim Lesen immer auch zu rätseln, was das Gelesene bedeuten könnte. Noch während wir Buchstaben zusammenlauten, sucht unser Gehirn schon nach der passenden Bedeutung des Wortes, schielt nach weiteren Schlüsselwörtern im Satz und stellt Vermutungen über den ganzen Text an. Diese Sinnvermutungen liefern wiederum Rückkoppelungen zur Worterkennung. Das ist eine elementare Erkenntnis aus der Gehirnforschung: Man kann nicht *sinnlos* lesen! Und das bedeutet für Lehrpersonen: Bitte, schenkt den Kindern Sinn!

- Kinder brauchen Einsicht in die Funktion von Schrift und Sprache und ihren Bausteinen. Lesenlernen ist kein sinnloses Drillen, sondern ein Gewinnen an Einsichten, die durch Übung automatisiert werden.
- Kinder dürfen immer wissen, warum und zu welchem Thema sie einen Text lesen (müssen)! Sie brauchen Zeit, um sich auf das Thema der Geschichte einstellen zu können, am besten mit allen Sinnen.
- Auch Leseübungen sollten immer in einem thematischen Kontext stehen, am besten im Anschluss an eine Geschichte! Wortpyramiden, Suchsel oder Kreuzworträtsel helfen dann nachhaltig, wenn die geübten oder gesuchten Wörter in einem für die Kinder nachvollziehbaren Zusammenhang stehen. Zur Geschichte von den Bremer Stadtmusikanten passt ein Rätsel, in dem »Esel«, »Hund«, »Katze« und »Hahn« und möglichst auch noch die »Räuber« versteckt sind.
- Auch bei sogenannten Nonsenswörtern, die buchstabengenaues Lesen trainieren, kann man spielerisch vorgehen: Im Buchklub erfanden wir im Anschluss an eine Dinosauriergeschichte eine Reihe von Nonsenswörtern, die alle entfernt wie Dinosauriernamen klangen: Flumiotrix, Kalifosaurus, Megalospottus. Die Kinder mussten diese Wörter genau lesen und überlegen, welcher Name zu welchem Dino passen könnte.
- Künstliche Hindernisse in einen Text einzubauen ist sinnlos: Übungen mit verdrehten Buchstaben, in Spiegelschrift, mit verkehrt herum geschriebenen oder auf dem Kopf stehenden Wörtern bereiten schwachen LeserInnen unnötige Qualen und gute LeserInnen brauchen sie nicht.
- Jede Sinnstütze dagegen ist erlaubt und willkommen: passende Bilder zu Wörtern (etwa als Bildmemory), eine flackernde Kerze auf dem Lehrertisch, wenn wir etwas über Feuer lesen, eine Sammlung von Laub, wenn wir den Herbst durchnehmen …

Was immer sich mit den Wörtern der Geschichte emotionell oder haptisch verknüpfen lässt, hilft – vor allem schwächeren LeserInnen.

Lesen ohne Bezug zu einem Thema, ohne interessante Information ist ein abstraktes, mühsames Unterfangen, das dem Leseakt zuwiderläuft. Wenn LeseanfängerInnen ohne Sinnerwartung an einen Text herangehen müssen, fehlt ihnen beim Entschlüsseln die größte Hilfe: die Sinnvermutung. Selbst geübten LeserInnen fällt das schwer. Ohne Kontext bleibt auch der Text sinnlos und die Kinder speichern: Lesen ist sinnlos.

Die PISA-Seuche: Lesen ist keine Krankheit!

Es wird heutzutage leidenschaftlich gern und viel getestet. Nach PISA ist immer auch vor PISA. Dazwischen gehen sich ein paar Standardüberprüfungen und Lernzielkontrollen und zum Drüberstreuen ein Lesescreening aus. Drei Minuten, und jedes Kind ist durchleuchtet (leider nicht erleuchtet). Nicht zu vergessen: regelmäßige Überprüfungsblätter zur Selbst- und Fremdkontrolle; Fern- und Nahdiagnose mit Symptombeschreibung möglicher Leseschwächen. Manche Diktion erweckt den Eindruck, Lesen sei eine Krankheit. Die PISA-Seuche. Wir laufen in der Lesedidaktik Gefahr, das Lesen in den klinischen Bereich abrutschen zu lassen und auf reine Lesetechniken zu reduzieren. Die Wortwahl mancher Diskussionen – Screening, Symptome, Diagnose, Therapie – lässt mich erschauern. Noch bedrohlicher ist der Trend, im ständigen Testen der Kinder ein Allheilmittel zu sehen.

Mich erinnert das an eine liebenswürdige, etwas schlichte Bekannte, die wegen Rückenschmerzen zum Hausarzt ging und von ihm eine Röntgenüberweisung verlangte:»Herr Doktor, verschreibens ma wieder des Rentgenisieren, des hot ma so guattan!«

Dabei ist Vorsicht gegenüber Lesetests angebracht. Reduziert man Lesen auf messbare Kompetenzen, dann beschränkt man es auf einen mechanisch-technischen Aspekt und wird dem ganzheitlichen, selbstständigen Informationserwerb oft nicht gerecht. Es gibt auch kein standardisiertes Testverfahren, das Lesekompetenz seriös abfragen kann, weil Tests im Schulalltag (anders als unter Laborbedingungen) von vielen Zufallsfaktoren abhängen und überdies nur schmale Teilbereiche des Lesens abfragen können. Ein laut tuckernder Traktor vor dem Klassenzimmerfenster oder eine stark duftende Leberkäsesemmel im Bankfach können die Ergebnisse eines Tests nachhaltig beeinflussen, ebenso ein paar regional nicht gebräuchliche Wörter, die den Lesefluss hemmen.

Keine Frage: Es ist wichtig, möglichst früh Probleme von SchülerInnen zu erkennen, um rasch und vor allem individuell darauf reagieren zu können. Dazu müssen Lehrpersonen gut geschult sein, um den Entwicklungsstand der Kinder im Unterricht laufend beobachten und einschätzen zu können. Außerdem gibt es auch gute und valide Verfahren zum (frühzeitigen) Erkennen von Leseproblemen, mit denen Lehrpersonen die eigenen Beobachtungen regelmäßig objektivieren können. Es muss jedoch klar sein, dass Lesetests nur ein punktuelles Einzelergebnis sind und dass ein individuelles Bild des Kindes viele andere Faktoren berücksichtigen muss. Mit Tests können wir auch nie alle Kinder über einen Kamm scheren und vergleichen und alle Überprüfungen sind letztlich tagesformabhängige Momentaufnahmen.

Die Folgen anhaltender »Testitis« sind dagegen desaströs. Wir fallen dadurch in die alte Defizit-Pädagogik zurück, bei der die Mängel wichtiger sind als die Stärken der Kinder. Besondere Gefahr liegt im »Teaching to the test«, bei dem LehrerInnen nicht die Entwicklung des individuellen Kindes im Auge haben, sondern Kinder pauschal auf normierte Testsituationen und Frage-Antwort-Formate hindrillen. Auf der Strecke bleibt genau jenes Ziel, das der Leseunterricht haben sollte: mündige, selbstbestimmte LeserInnen mit individuellen Interessen. »Wägen macht die Sau nicht fetter«, sagt ein rustikales, alpines Sprichwort.

Lesen heißt: sein eigenes Tempo entdecken

Mein zweiter Sohn bequemte sich erst mit 16 ½ Monaten, die ersten Schritte zu tun, konnte aber schon mit sechs Monaten erste Worte sprechen. Die gleichaltrige Melanie aus der Nachbarschaft marschierte hingegen mit neun Monaten entschlossen, aber stumm durch die Welt. So sind Kinder eben, total verschieden in ihrer Entwicklung. Gilt auch fürs Sprechen und Lesen. Kinder lernen es unterschiedlich schnell. Man kann es fördern, doch kaum beschleunigen, durch mangelnde Unterstützung oder durch übertriebenen Ehrgeiz allerdings nachhaltig verzögern! Auch *wie* Kinder an Texte herangehen, ist so unterschiedlich wie die ersten Krabbelversuche: Manche robben tapfer buchstabierend vor sich hin, manche hüpfen hurtig über einen Text. Immer mehr LesewissenschaftlerInnen stellen lapidar fest, dass normierte Leselehrgänge der Hauptgrund für Leseschwächen sind. Nimmt die Schule auf ein langsameres Leselerntempo und die individuellen Gehversuche eines Kindes keine Rücksicht, sind von der ersten Unterrichtsstunde an Misserfolge, Angst und Lernstörungen vorprogrammiert. Wird ein Kind in seiner Entwicklung ständig gebremst, reagiert es mit Langeweile und Verweigerung. Ein afrikanisches Sprichwort lautet:»Das Gras wächst nicht schneller, wenn man daran zieht.«

Als Kriterium für Lesekompetenz gefallen mir Begriffe wie »Leseflüssigkeit«und»Lesegeläufigkeit« daher viel besser als»Lesegeschwindigkeit«. Denn Letztere steigt automatisch mit der Geläufigkeit und muss nicht eigens trainiert und getestet werden. Die diversen Speed-Reading-Programme sind vielleicht etwas für gestresste ManagerInnen, haben aber im Unterricht nichts verloren. Natürlich sind schnelle LeserInnen in der Regel gute LeserInnen. Aber das gilt nicht umgekehrt: Auch langsame können ausgezeichnete LeserInnen sein. Ein Schnitzel schmeckt nicht automatisch besser, wenn wir es schneller essen.

Lesen ist ja schließlich etwas wie die *Entdeckung der Langsamkeit* (danke, Sten Nadolny!), eine Haltung der Entschleunigung. Digitale Medien zwingen uns mit raschen Filmschnitten und hektischem Bildwechsel oft ein wahnwitziges Tempo auf. Lesen heißt, sein eigenes Wahrnehmungstempo zu entwickeln: bei einem Bild verweilen, eine Zeile zweimal lesen, in Ruhe genießen können.

Aus Wörtern werden Texte: flüssiges Lesen

Bis zum flüssigen, sinnerfassenden Lesen von Texten unterschiedlicher Länge und Komplexität liegen einige Millionen gelesene Wörter. Wie bringt man Kinder dazu, die nötige Motivation und die erforderliche Übungszeit zum Lesen aufzubringen?

Lesen lernt man durch lesen

Manuel reicht's. Jahrelang hat er in knochenharter Arbeit Buchstaben für Buchstaben erlernt, Sätze zusammengekleistert, ohne dass dabei Sinn herausgekommen wäre; hat sich beim Vorlesen vor der Klasse stotternd blamiert, und jetzt das: Die Lehrerin knallt ihm und allen anderen in der Klasse ein Kinderbuch auf das Pult mit dem Auftrag, es zu Hause zu lesen. Das Buch: Kinderkram für Weicheier, schon das Cover ist urpeinlich. Dabei wartet zu Hause auf der Konsole der finale Kampf der »Invictible« gegen die »Invisible«! Lesen – nein danke. Eine nicht seltene Burschenlesekarriere bahnt sich an: Anstrengung groß, aber vergeblich, keinen Sinn darin gesehen, Konsole ist spannender. Was nun?

Das schulische Lesen ist für leseungewohnte Kinder in den ersten Jahren von großer Mühe mit wenigen Erfolgserlebnissen geprägt. Der kognitive Speicher im Hirn wird durch die Arbeit des Zusammenlautens und der Worterkennung so ausgelastet, dass er kaum Ressourcen für das Verstehen eines ganzen Textes aufbringen kann. Das Lesetempo ist langsam und stockend. Maryanne Wolf bringt flüssiges mit verstehendem Lesen in Verbindung: Es geht nicht um Geschwindigkeit um jeden Preis, sondern um die Fähigkeit des Kindes, sein gesamtes Wissen über ein Wort so schnell zu nutzen, dass ihm noch Zeit zum Denken und Verstehen bleibt.[59] Den Unterschied zwischen LeseanfängerInnen und geübten LeserInnen kann man in bildgebenden Verfahren gut erkennen. Bei dem/der LeseanfängerIn zeigen MRT-Aufnahmen vom Gehirn Aktivitäten hauptsächlich auf dem unteren Schläfenlappen der linken Gehirnhälfte, wo die basalen Prozesse der Worterkennung stattfinden. Erst wenn diese nahezu automatisch ablaufen, werden Ressourcen frei, andere Gehirnareale zu nutzen. Bei guten LeserInnen leuchten über die gesamte Gehirnrinde verteilt Areale auf. Cornelia Rosebrock stellt fest: »Der Erstleselehrgang und noch die folgenden zwei Jahre stellen eine Krise der literarischen Sozialisation dar, denn die Selbstlesefähigkeiten bleiben noch lange hinter den (…) Verstehens- und Genussfähigkeiten zurück: Die Textchen, die Kinder nun mühsam selbst entziffern können, sind literarisch kaum belohnend für sie.«[60]

Um den Schritt zum sinnerfassenden Lesen längerer Texte zu schaffen, braucht es einerseits viel Übung, um die nötige Geläufigkeit zu erwerben, andererseits aber auch die Bereitschaft, um diese Übungszeit tatsächlich zu investieren. Werden Kinder in ihrem privaten Leseumfeld ausreichend motiviert, dann sind sie möglicherweise bereit, Anstrengung ins Lesen zu stecken. Sie haben die Chance – jedoch nicht die Garantie! –, den Schritt zum selbstständigen Lesen zu vollziehen. Sind die Familien lesefern, so sinkt diese Chance drastisch. Der Leseknick, der irrtümlich oft erst mit der Pubertät angenommen wird, vollzieht sich viel früher: beim Übergang vom basalen zum flüssigen Lesen, also bereits in der Grundschule. Für leseferne Kinder tut sich hier eine fatale Schere auf. Sie sammeln außerhalb der Schule wenig bis gar keine positiven Leseerfahrungen, erleben Lesen nur als harte Arbeit ohne Belohnung, vielleicht sogar mit Frustrationserlebnissen. Die Selbstdiagnose »Lesen ist nicht mein Ding!« liegt nahe, vor allem wenn in der Familie oder in der Peergroup eine ähnliche Stimmung herrscht.

Manfred Spitzer erzählt das Beispiel von den Geigenspielern: Ein gut spielender Amateur hat bis seinem 17. Lebensjahr knapp 1500 Stunden geübt, ein Kandidat für die Aufnahme auf die Musikhochschule rund 4000 und ein echter Virtuose 8000 und mehr Stunden.[61]

Übung macht tatsächlich den Meister. Auch das Lesemantra lautet: Wer viel liest, liest gut; wer gut liest, liest gern; wer gern liest, liest viel. Für die einen bedeutet das: Motivationsspirale, für die anderen: Teufelskreis.

Wie bringt man Kinder dazu, Lesen zu üben? Der Frust vieler SchülerInnen geht mit Ratlosigkeit vieler LehrerInnen einher. Es scheint auch in der Fachliteratur ein didaktisches Leseloch zwischen basalem und fortgeschrittenem Leselehrgang zu geben, zur Lesegeläufigkeit gibt es erst seit Kurzem zeitgemäße didaktische Literatur. Ausufernde Lesehausübungen sind oft ein Reflex, verschärfen jedoch nur das Problem. Lesefeste und Lesenächte können zwar momentan motivierend sein, lesetechnisch sind sie aber oft nur ein Tropfen auf den heißen Stein und selten nachhaltig. Zur didaktischen Ratlosigkeit kommt hinzu, dass LehrerInnen im deutschen Sprachraum dem Lesen im Unterricht viel zu wenig Zeit einräumen. Erstaunt stellt der nationale Bildungsbericht 2012 fest:

»Interessanterweise hat im deutschsprachigen Raum das (basale) Lesen bei den Pädagoginnen und Pädagogen offenbar einen geringeren Stellenwert als das Rechtschreiben. (…) Insgesamt wird in Österreich relativ wenig Unterrichtszeit für das Lesen verwendet. (…) Hier liegt Österreich an letzter Stelle von 13 Vergleichsländern (…).«[62]
Während SchülerInnen in Ländern mit guten Leseergebnissen im Unterricht wöchentlich sechs bis sieben Stunden oder sogar mehr lesen, sind es in Österreich gerade einmal zwei bis drei Stunden. Hochgerechnet auf ein Schuljahr sind das 120 bis 160 Stunden weniger Lesezeit. Der Schluss liegt nahe: Lassen wir die Kinder mehr lesen.

Es klingt banal, aber es ist wissenschaftlich untermauert: Lesen lernt man durch lesen. So wie wir Skifahren nur auf Schnee und nicht in einem Turnsaal, Radfahren nur auf der Straße und nicht auf einem Zimmerfahrrad lernen können, lernen wir lesen nur an Texten. Es ist vergeudete Zeit, Kinder mit lesefernen Übungen zu quälen: Blickspannenübungen, Konzentrationstraining und ähnliche, manchmal esoterisch angehauchte Übungen bringen fürs Lesen nichts. Die Blickspanne ist bei schwachen LeserInnen fast genauso groß wie bei starken, die Konzentrationsfähigkeit – erkennbar bei Computerspielen – meist gut genug. Die Probleme liegen jedoch im Scheitern an der schnellen und sicheren Worterkennung und dem Nutzen von syntaktischen und semantischen Informationen. Dies lässt sich mit Kopfkreisen und Achterschlingen-in-die-Luft-Malen nicht beheben, sondern nur durch Lesen. Und es wäre so einfach: Schon zehn Minuten lesen am Tag bedeuten rund 500 000 bis 600 000 Wörter pro Jahr – mehr darf es, muss es aber nicht sein!

Silent Reading und Entspannungslesen

Im anglophonen Sprachraum haben sich diverse Varianten des Sustained Silent Reading, des regelmäßigen, leisen Lesens etabliert. Bei diesen Verfahren erhalten die SchülerInnen im regulären Unterricht regelmäßig (idealerweise drei- bis viermal wöchentlich) eine freie Lesezeit von mindestens 15 bis 20 Minuten, in der sie in selbst gewählten Büchern lesen. Es gelten feste Spielregeln. Die SchülerInnen lesen leise. Wenn ihnen ein Text nicht gefällt, können sie die Lektüre abbrechen und ein anderes Buch wählen (wobei es sich bewährt, einem Buch wenigstens ein paar Seiten lang eine Chance zu geben, um hineinzukommen). Die gelesenen Texte werden im Unterricht *nicht* behandelt. Es empfiehlt sich aber, eine Art individuelles Lesetagebuch oder eine gemeinsame Rahmenaktion (»Lesekilometer« oder Gesamtzahl der gelesenen Seiten o. Ä.) einzuführen. Wichtig ist, dass die SchülerInnen Texte nach ihrem Geschmack wählen können, auch Comics, Zeitungen, Sachbücher sollten erlaubt sein. Die Lehrperson wirkt in erster Linie als Vorbild, indem sie selbst liest, und sie kann die Zeit auch gut nutzen, um mit den SchülerInnen einzeln und zwanglos über deren Lektüre ins Gespräch zu kommen.

LehrerInnen brauchen – auf Lehrplan und Stundenvorbereitung schielend – kein schlechtes Gewissen zu haben. Der Wert dieser regelmäßigen, freien Lesephasen ist empirisch vielfach belegt. Sie decken verlässlich viele Lehr- und Lernziele ab. Kinder steigern ihre Lesesicherheit und -geläufigkeit; erweitern Wortschatz und Weltwissen; lernen, sich zu konzentrieren; entwickeln einen langen Leseatem; erfahren viel über ihre eigenen Neigungen.

Einschränkend muss man festhalten, dass für Kinder mit Leseproblemen die Form des freien, leisen Lesens meistens nicht ausreicht, um sich entscheidend zu verbessern. Für sie empfiehlt sich als Ergänzung eine der Formen des »Paired Reading« mit LesepartnerInnen bzw. paarweises Lesen, das ich im nächsten Abschnitt beschreibe.

Regelmäßige freie Lesephasen taugen für alle Schularten und Jahrgänge. Ein Berufsschullehrer, der vorwiegend mit nicht gerade literaturaffinen Burschen zu tun hatte, erfand das »Entspannungslesen«. Zum Abschalten und manchmal zur Belohnung ließ er seine Lehrlinge im Unterricht einfach lesen. Da saßen sie dann und blätterten etwas ungelenk in Zeitschriften, Büchern, Magazinen. Auch wenn sie vermutlich keine Thomas-Bernhard-Fans wurden, so fanden sie es doch angenehm, zwischendurch einmal zu lesen, und sie verbesserten entspannt ihr Leseniveau. Ein anderer Kollege las mit leserenitenten Hauptschülern aus der dritten Leistungsgruppe einige Wochen lang täglich 15 Minuten die Sportseiten aus der Krone – mit Riesenerfolg. Austria gegen Sturm war ihnen nun mal näher als Eichendorff gegen Mörike.

—— LesepartnerInnen: zu zweit geht's leichter

Kevin (14) tut sich beim Vorlesen schwer. Er liest stop-and-go, langsam, stockend und mit großer Mühe. Er verliest sich ständig und muss bei manchen Wörtern drei, vier Anläufe nehmen. Sein Tonfall ist monoton und Zuhörenden ist klar: Er hat keine Ahnung, was er da liest.

Wenn Menschen auf der Stufe des basalen Lesens steckengeblieben sind und dieses nicht automatisiert beherrschen, dann ist verstehendes Lesen nahezu unmöglich, gleichgültig wie alt sie sind. Wollen sie flüssig lesen lernen, müssen sie das basale Lesen üben, bis sie es einigermaßen problemlos können. Stilles Lesen wie oben beschrieben hilft da nur wenig. Es fehlt die Kontrolle, ob die Wörter richtig erlesen und auch verstanden wurden. Die Gefahr, unkonzentriert über den Text hinwegzugleiten, ist groß, und die Lesemotivation wird sich auch nicht einstellen. Die beste Methode, SchülerInnen übers basale Level hinauszuhelfen, sind Lautleseverfahren mit LesetutorInnen, die helfen, Fehler zu erkennen und auszubessern.

Eine Studie der Universität Salzburg zeigte vor einigen Jahren die Effektivität des Partnerlesens. Leseschwache Kinder im Alter von sechs bis 14 wurden über zwei Monate fünfmal wöchentlich von erwachsenen TutorInnen betreut – durch wechselweises Vorlesen. Das Ergebnis war frappant: Mehr als 50 % der Kinder zeigten schon nach dieser kurzen Zeit einen signifikanten Anstieg ihrer Lesekompetenz.

Der Buchklub testete in der Folge dieses Modell an 50 österreichischen Schulen – mit demselben erfreulichen Ergebnis. Wichtig ist, dass bestimmte Spielregeln eingehalten werden: Erwachsene/r TutorIn und jüngere SchülerIn lesen abwechselnd vor, wobei beide den Text immer mitlesen. Zuerst liest der/die TutorIn, das Kind sieht den Text, hört zu und festigt dadurch sein Schrift-Laut-Verständnis. Dann liest das Kind, und der/die TutorIn korrigiert vorkommende Fehler, ohne zu kritisieren, das Kind wiederholt, bis das Wort, der Satz korrekt und flüssig vorgelesen werden. Die Lektüre sollte dem Interesse und Können des Kindes angemessen sein, im besten Fall gemeinsam ausgesucht werden. Nicht auf die Menge des Gelesenen kommt es an, sondern auf Genauigkeit und exakte Sinnerfassung. Jede Einheit dauert maximal 15 Minuten und sollte möglichst regelmäßig, idealerweise vier- bis fünfmal pro Woche stattfinden. Zu jeder Leseeinheit gehört auch ein Gespräch über den Inhalt. Dieses Modell funktioniert auch mit etlichen Abwandlungen, zum Beispiel mit »Lesebuddys« (ältere SchülerInnen lesen mit jüngeren) und natürlich auch mit Eltern.[63]

Weltweit zeigen Versuche: Partnerlesen ist die effektivste Form der Leseförderung für leseschwache Kinder.[64] Es ermöglicht ein differenziertes und einfühlsames Eingehen auf die Bedürfnisse der jüngeren seitens der älteren LesepartnerInnen, die zudem als Lesevorbild dienen. Die LesepartnerInnen trainieren kontrolliert das basale Lesen: Zusammenlauten und Worterkennung. Ich erinnere mich an einen Burschen von etwa zwölf Jahren, der am Ende eines Lesepartnerprojektes, über seine Erfahrung mit seinem Tutor befragt, antwortete: »Zum ersten Mal in meinem Leben hat mir jemand zugehört.«

Partnerlesen kostet fast nichts und kann überall stattfinden. Es braucht lediglich ein Buch, zwei Sessel und engagierte TutorInnen. Die lassen sich finden: Seit dem Buchklub-Pilotprojekt hat die Zahl ehrenamtlicher »Leseomas« und »-opas« in Österreichs Schulen rasant zugenommen. Doch nur wenn die Spielregeln eingehalten werden, ist das Training effektiv, ansonsten bleibt es für die Beteiligten nur ein angenehmer Zeitvertreib.

Lesetheater: Brandauer, lies vor!

Die Eltern einer Volksschule wurden zu einem Elternabend eingeladen, an dem ihre Kinder Theater spielen würden, und sie erschienen in Scharen. Was sie nicht wussten: Sie konnten sich nicht »erste Reihe fußfrei« zurücklehnen und ihre Sprösslinge bewundern, sondern mussten bei den kleinen Szenen selber Rollen übernehmen. Da standen nun verlegene Väter und verdutzte Mütter auf der fiktiven Bühne und spielten einen Baum, einen Löwen oder den schiefen Turm von Pisa und hatten schließlich mehr Spaß als je zuvor bei einem Elternabend.

Die effektivste Lesetrainingsmethode ist wiederholendes Lesen, »Repeated Reading«. SchülerInnen lesen TutorInnen oder TrainerInnen einen kurzen Text so oft immer wieder laut vor, bis sie ihn fehlerfrei, flüssig und mit entsprechender Betonung vortragen können. Da diese Methode zwar wirksam ist, jedoch für alle Beteilig-

160

ten schnell langweilig werden kann, braucht sie einen passenden Rahmen: das Lesetheater. Selbst große Schauspieler wie Klaus Maria Brandauer oder Cornelius Obonya gehen so vor: Sie lesen bei den sogenannten Leseproben ihren Text immer und immer wieder laut vor, bis Intonation und Rhythmus passen und der Regisseur zufrieden ist. Auch Fernseh- oder RadiosprecherInnen üben vor der Sendung ihren Text.

Auch diese Lernvariante testete der Buchklub an über 100 Lesetheatertagen mit großem Erfolg. Schulklassen teilten vorab Geschichten in Rollen auf und übten diese so lange ein, bis die Texte saßen. Am Lesetheatertag spielten bzw. lasen sie ihren Text jüngeren MitschülerInnen und Eltern vor.

Natürlich wird Lesetheater in einen kreativen Rahmen gebettet: Kulissen werden gebaut, Kostüme und Masken angefertigt, Einladungen verschickt. Bei den Aufführungen wechseln Theaterszenen mit Improvisationen ab, sodass auch die Zuschauer – siehe oben – ins Geschehen einbezogen werden. Aus stupidem Lesenüben wird ein fröhliches Ereignis, in dessen Mittelpunkt das richtig intonierte, sinnerfassende Vorlesen steht.

Die digitalen Medien machen es übrigens leicht, Lesetheater aufzuzeichnen: als Hörspiel oder als YouTube-Video.

Liebeserklärung an das Vorlesen

»Es war einmal ein armer Müllerbursche, dem gehörte nichts als ein schlauer Kater. Eines Tages sagte der Kater zu seinem Herrn: ›Ich will dafür sorgen, dass wir bald reich werden. Dazu brauche ich allerdings ein Paar Stiefel.‹« So beginnt das Märchen *Der gestiefelte Kater*.

Wer vorliest, der schenkt Zuhörenden seine Empathie für das, was vorgelesen wird. Diejenigen, die zuhören, erwidern das Geschenk durch ihre Aufmerksamkeit. Vom familieninternen Vorlesen war schon ausführlich die Rede. Vorlesen ist aber auch eine der wichtigsten

Aufgaben von Lehrpersonen: Sie schenken ihren SchülerInnen einen Einstieg in die Welt der Literatur. Ich behaupte, je öfter und je mehr LehrerInnen vorlesen, desto mehr LeserInnen wird es in dieser Klasse geben. Das gilt nicht nur für die Volksschule, sondern für jedes Schuljahr bis zur Matura.

| Untersuchungen zeigen, dass in 30 bis 40 % der Familien Kindern nicht vorgelesen wird; den Kindern fehlt also das geborgene Eintauchen in die Welt der Bücher und der Sprache – und damit eine Schlüsselerfahrung zur Lesefreude. Diese Kinder müssen in Kindergarten und Schule erst lernen, zuzuhören und teilzuhaben an der Lesekultur.

| Vorlesen ermöglicht Kindern, vor allem leseschwächeren, schon während des Leselernprozesses die Teilnahme an literarischen Erfahrungen. Sie lernen quasi »barrierefrei«, in eine Geschichte einzutauchen.[65]

| Die vorlesende Lehrperson, und das gilt für alle Alters- und Schulstufen, ist ein starkes Vorbild, das mit seiner Persönlichkeit hinter dem Text und für das Lesen steht.[66]

| Lesende und Zuhörende erleben Vorlesen als sozialen Akt der wechselseitigen Wertschätzung.

Wer als Erwachsene/r je vor einer mucksmäuschenstillen Gruppe kleinerer oder auch größerer Kinder vorgelesen hat, wird dieses Erlebnis nicht mehr missen wollen.

Kinder als Vorlesende haben zwei elementare Rechte: erstens das Recht, den Text vorher einzuüben (so wie es SchauspielerInnen oder NachrichtensprecherInnen und alle anderen Leseprofis selbstverständlich tun), und zweitens das Recht, dass die Zuhörenden den Text *nicht* kennen und auch nicht vor sich liegen haben, um sich voll und ganz auf das Vorlesen konzentrieren zu können.

Die nervtötende Methode des Lesens reihum – einer liest unvorbereitet laut vor und stört die anderen beim Leiselesen desselben Textes – ist definitiv nicht gemeint! Ich warne nochmals davor: Unvorbereitetes, lautes Vorlesen lässt Leseprobleme schwacher LeserInnen noch anwachsen. »Aber meine Kinder tun das so gern, die haben immer alle Hände oben«, sagt bei meinen Seminaren eine Kollegin in der dritten Reihe dann immer. Sie sollte einmal auf diejenigen achten, die nicht aufzeigen: Die werden still und stumm ins Lese-Out gedrängt, wie immer, wenn Unterricht sich nur an den Aufzeigenden orientiert.

—— Anschlusskommunikation.
Über Lesen sprechen und schreiben

Die Leiden des jungen Werther damals: Das Reclamheft im stillen Kämmerlein gelesen, einsam mitgelitten und irgendwann dem Deutschprofessor als Hausübung eine herzzerreißende Textinterpretation abgeliefert.

Die Leiden des jungen Werther heute: Die Kids suchen die Geschichte auf YouTube, ziehen sich den Text als Hörbuch rein und chatten online miteinander darüber. Jugendliche aus unterschiedlichsten Schulen und Weltgegenden, die zufällig zur selben Zeit dasselbe Buch lesen (müssen), tauschen sich in Postings über ihre Literaturerfahrungen aus. Ob seriös oder schnoddrig, aber immer authentisch. Was Goethe wohl über den folgenden Social-Media-Dialog denken würde?[67]

> *CrazyDancingCookie* vor 6 Monaten
> Obwohl es so ein kompliziertes Buch ist, finde ich es einfach wunderschön :)

> *LPDustry* vor 1 Monat
> die beste szene ist immer noch die, wo der kerl sich ne kugel innen kopf gibt. endlich dieses buch durch …

> *TeufelRockerin* vor 3 Wochen
> hey ich muss nächste week ein referat halten über dieses buch! könnt ihr mir sagen welche stelle am wichtigsten ist? wäre voll lieb! :)

| *andiniemar* vor 3 Wochen

    Werther beschreibt diese Charlotte so toll, dass auch ich mich noch in sie verknallt habe … Verdammt was soll ich jetzt machen? Mich etwa auch erschießen? (:

| *93Serbin* vor 2 Wochen

    Fast 5 Stunden. Der Einzige der leidet bin ICH und nicht Werther

| *eikentinien* vor 1 Woche

    Es ist genial, eines der besten Bücher der Weltgeschichte. »Ich habe eine Bekanntschaft gemacht, die mein Herz näher angeht« …

In der Lesedidaktik gilt »Anschlusskommunikation«, d. h. das Sprechen oder Schreiben über die Lektüre, als zentraler Aspekt sowohl der Lesekompetenz als auch der -motivation. Der Kompetenzaspekt: die Fähigkeit, einen Text so zu durchdringen, dass man über ihn kommunizieren kann. Der Motivationsaspekt: Texte, die man gelesen haben muss, um mitreden zu können.

Im Unterricht wird Anschlusskommunikation oft reduziert auf das von der Lehrperson geführte Gespräch, in dem bloß eine Handvoll Literaturfreaks das Wesen des Textes erörtern, während der Rest Löcher in die Wand starrt. Vielleicht schaffen wir im Unterricht doch ein Setting, bei dem alle mitreden, nicht nur die üblichen drei, vier Verdächtigen? Stellvertreterdiskussionen, Kleingruppenarbeit, fiktive Gerichtsverfahren (mit definierten Rollen), Argumentationsblitzlichter (Jede/r sagt einen Satz.) … Es gibt jede Menge Settings, um animierte Gespräche über Texte zu initiieren.

Social Media eröffnen der Anschlusskommunikation eine völlig neue Dimension: Es wird nicht nur über Gelesenes gesprochen, sondern Lesen und Schreiben sind selbst Teil der Kommunikation, wenn zwei oder drei oder 100 darüber reden und liken und posten, was sie gerade gelesen haben, worüber sie sich gewundert, geärgert, gefreut haben. Die konzeptionell mündliche, in der Ausführung schriftliche Form des Onlinedialogs wie im Beispiel der Werther-Postings ermöglicht spontane Wortmeldungen und Dialoge auch übers Klassenzimmer und die Wortbeiträge der Literaturcracks hinaus.

Zu den besonderen Erfahrungen für SchülerInnen gehören Begegnungen mit KünstlerInnen. Es gibt viele interessante Leute aus der Literaturbranche, mit denen ein Gespräch oder Workshop bereichernd sein kann, beispielsweise ÜbersetzerInnen, IllustratorInnen, LektorInnen, VerlegerInnen und natürlich AutorInnen. Ich kenne viele KünstlerInnen, denen der Dialog mit jungen LeserInnen ein Bedürfnis und fixer Bestandteil ihrer Arbeit ist. Wenn der stille Dialog zwischen AutorInnen und LeserInnen zum echten Gespräch wird, so ist dies eine der feinsten Formen der Anschlusskommunikation.

Lese-Strategien: Texte machen Sinn

Kinder lesen, wenn sie die nötigen Lesewerkzeuge besitzen, um
das jeweilige Medium zu bedienen und Texten die gewünschten
Informationen zu entnehmen.

Der FC Barock

Einer meiner größeren didaktischen Erfolge war die Geschichte
vom FC Barock. Die geht so: Ich musste zur Prüfung über österreichische Geschichte beim legendären Professor Hans Zöllner antreten,
damals schon eine lebende Legende, der als Stoff schlicht den *Zöllner*
verlangte, sein 727 Seiten dickes Standardwerk zur Geschichte Österreichs, das man de facto auswendig lernen musste. Zöllner prüfte
jeden Prüfling einfach zwei Unterkapitel aus dem *Zöllner*. Da gab es
Kapitel, die mich sehr, und solche, die mich gar nicht interessierten:
Barock zum Beispiel. Da listet der *Zöllner* seitenlang barocke Bauwerke in Österreich auf nebst dazugehörigen, meist italienischen Baumeistern mit ähnlich klingenden Namen. Ein Horrorkapitel – bis mir
während eines Fußballspiels im Fernsehen die erlösende Idee kam. Ich
schrieb die Baumeister einfach als italienische Fußballmannschaft auf:
FC Barock. Das war vor rund 35 Jahren und bis heute kann ich die
Baumeister auswendig herunterrasseln: Tormann: Mario Zugalli,
Innenverteidiger: Scarsini und Sciassia, Sturmspitzen: Tencala und
Martinelli etc. Mit einem Schlag war ich zum Barock-Experten geworden. Diese Geschichte erzählte ich jahrelang meinen SchülerInnen
(und heute bei Lehrerfortbildungsseminaren), wenn es darum ging,
Lesestrategien plausibel zu machen: Wie kann man einen mühsamen
Text so aufbereiten, dass man ihn verstehen und/oder gut lernen kann?
Ich erntete jahrelang zumindest bei fußballaffinen Burschen und
Mädchen Erstaunen und Dankbarkeit.

Grundsätzlich erfordert jede Art der Lektüre spezielle Techniken und Leseweisen, um sich einen Text anzueignen.

- *Lesestrategien vor der konkreten Lektüre* – dienen der Recherche und Beschaffung der Texte, die wir lesen wollen, helfen, uns geistig auf den Text einzustellen, Vorerwartungen und Hypothesen zu entwickeln und unser Vorwissen zu aktivieren.
- *Lesestrategien während des Lesens* – helfen beim Strukturieren des Textes, bei der Unterscheidung in Wesentliches und Unwichtiges, beim Zusammenfassen von Textstellen, beim Erkennen von Schlüsselwörtern und dem Einholen von Zusatzinformationen (auch aus anderen Quellen).
- *Lesestrategien nach dem Lesen* – helfen, das Gelesene aufzubereiten und zu speichern, entweder um die Ergebnisse weiterzuverarbeiten oder um sie zu lernen.
- *Metakognitive Strategien* – sind eine Art unbewusstes Monitoring, Fragen, die wir uns kontinuierlich stellen, um die Sinnhaftigkeit unserer Lektüre zu überprüfen und den Ertrag zu »überwachen«: Habe ich den Text verstanden? Brauche ich ihn wirklich bzw. welche Teile daraus brauche ich? Passt er zu meinem Thema oder zu meiner Vorerwartung?

Lesestrategien wurden und werden in der Schule zu Unrecht unterschätzt und vernachlässigt. Generationen von SchülerInnen wurden mit unverdaulichen Stoffmengen – schriftlich in Schulbüchern oder mündlich im Frontalunterricht – allein gelassen, und so manche akademische Karriere scheiterte, weil junge Menschen zwar bis zum Umfallen büffelten, aber das Wesentliche nicht festzuhalten vermochten. Wie man richtig exzerpiert oder eine brauchbare Mitschrift anfertigt, vermittelten und vermitteln bis heute nur wenige und weitsichtige Lehrpersonen.

⸺ Fürs Lesen sind Sie zuständig, liebe Kollegin!

Der Sprung könnte nicht größer sein: vom Lesen netter Geschichten in der Volksschule zum kritischen Umgang mit unterschiedlichsten Textsorten und Medien auf der Sekundarstufe. Kinder werden bei diesem Übergang plötzlich auf völlig anderen Ebenen des Lesens ge- und oft überfordert: Sie müssen, ohne wirklich darauf vorbereitet zu sein, in verschiedenen Fächern die unterschiedlichsten Textsorten und Darstellungsweisen bewältigen, müssen Angaben in Mathematik ebenso verstehen wie Formeln im Physikbuch. Sie müssen mitschreiben, exzerpieren, Aufgaben lösen. Hier liegt eine der Wurzeln des sekundären Analphabetismus: Kinder, die in der Grundschule zwar basales Lesen gelernt, aber privat nicht wirklich praktiziert haben, sammeln jetzt massiv Lesefrust und Misserfolgserlebnisse. Sie haben das Lesen eben nur auf einer Schmalspurbahn erlernt, sind von der Vielfalt der Fachsprachen und Layouts überfordert und verweigern in der Folge alles Geschriebene, womit ein Teufelskreis beginnt.

Schuldzuweisungen von oben (Gymnasium) nach unten (Volksschule) wie »Was haben die in der Volksschule eigentlich gelernt?« oder Aufgabenzuweisungen im Kollegium: »Fürs Lesen sind Sie zuständig, liebe Deutschkollegin«, greifen da viel zu kurz. Die Herausforderung stellt sich allen Lehrenden in allen Schultypen und in allen Fächern.

| Schon die Primarstufe muss Kindern einfache Lesestrategien vermitteln. Sobald sie einigermaßen flüssig lesen, können wir ihnen auch behutsam erste Arbeitstechniken nahebringen.

| In der Sekundarstufe werden in *jedem* Fach die Rezeption fachspezifischer Sprachen und adäquate Lesestrategien zentrale Bestandteile des Anfangsunterrichts sein müssen. Schulbücher sind nicht selbsterklärend! Arbeitsweisen wie Exzerpieren oder Erstellen von Lernbehelfen muss gelernt und geübt werden – und zwar in jedem Fach!

168

LehrerInnen sollten von Zeit zu Zeit ihre eigenen Tafelbilder und Aufgabenstellungen kritisch auf Verständlichkeitskriterien hin testen. Wir wissen heute, dass viele Kinder an Mathematik scheitern, nicht weil sie nicht rechnen, sondern weil sie die Angaben nicht verstehend lesen können. Mir liegen Aufgabenstellungen von Schularbeiten vor, die bei unbeteiligten Erwachsenen schallendes Gelächter oder verständnisloses Kopfschütteln auslösen.

Dass themenzentriertes und selbstständiges Recherchieren und Arbeiten der SchülerInnen eine gut ausgestattete und zugängliche multimediale Schulbibliothek erfordert, ist so selbstverständlich, dass ich es nur zur Sicherheit kurz erwähne.

Der Papagei-Papagei. Reading to learn

»Reading to learn«, also lesen, um zu lernen, ist wohl die häufigste Form des Lesens in der Schule. Selbst Belletristik dient in der Schule ja meistens nicht der Erbauung, sondern dem Erwerb von Kompetenzen wie Interpretation oder Textanalyse. Während beim »Learning to read«, beim Lesenlernen, der Unterricht weitgehend auf die Interessen und Bedürfnisse der SchülerInnen eingehen kann, werden beim Reading to learn oft auch Inhalte zu vermitteln sein, die zwar dem Lehrplan, aber nicht dem unmittelbaren Interesse der SchülerInnen entsprechen. Gerade deswegen braucht es Tipps und Tricks, um zähe Wortmengen leichter verdaulich zu machen.

Keep it simple!

»Entlang des Weges vom Gartentor her zum Haus stehen fünf Bäume in einer Reihe. Drei davon sind Tannen; außerdem wachsen dort eine Buche und eine Birke. Vom Gartentor aus stehen zwei Tannen hintereinander. Die Birke ist der letzte Baum in Richtung Haus. Die Laubbäume stehen nicht nebeneinander. Wo steht die Buche?«

Wer solche räumlichen Aufgaben gar nicht mag (wie ich zum Beispiel), dem sei geraten, eine schlichte Skizze anzufertigen. Wenn wir die Bäume entsprechend der Beschreibung aufzeichnen, erkennen wir auf einen Blick, wo die Buche steht. Oft sind simple Strategien wie diese die effektivsten. Um ein Gefühl für eine mathematische Textaufgabe zu bekommen (»Ein Grundstück ist 100 m lang und 2 m breit, wie viele Tennisplätze lassen sich darauf errichten?«), kann es erhellend sein, die Strecke Schritt für Schritt zu gehen. Eine verzwickte Personenkonstellation in einer Geschichte kann man mit Lego- oder Spielfiguren wie in einer Familienaufstellung nachstellen.

Kinder trauen sich oft nicht, derartige Strategien anzuwenden, weil sie glauben, einen Text als Ganzes wie eine Würgeschlange verschlingen und gleichzeitig wie ein Kaninchen still davor sitzen zu müssen. Lesestrategien vermitteln heißt also zunächst und vor allem, Kinder zu ermutigen, Tricks anzuwenden, um einen Text leichter lesbar zu machen. Sie sollen Lesestrategien nicht als zusätzlichen Ballast empfinden, sondern als praktikable Problemlösungswege, als hilfreiche Werkzeuge. Dazu sind wir LehrerInnen auf den Plan gerufen, am besten als Vorbilder, die solche Tricks selbst anwenden, sie verraten und auch zulassen, dass die Kinder nach dem Trial-and-Error-Prinzip herumprobieren dürfen: durchs Klassenzimmer hüpfen, während des Lesens zeichnen, schnell mal im Internet nachschauen etc.

Text braucht Kontext!

In einem Deutschschulbuch für die sechste Schulstufe stand ein etwas mühsamer Sachtext über Graupapageien. Die SchülerInnen wurden aufgefordert, diesen Text in eigenen Worten gekürzt ins Heft zu schreiben. Das arme Tier hatte weder mit dem Fach Deutsch noch mit der Erfahrungswelt der SchülerInnen irgendetwas zu tun, es gab auch keinerlei Querverweise zum Biologieunterricht, da waren gerade die Schwammerl, pardon, die Pilze dran. Die Übung hatte also einfach keinen erkennbaren Sinn oder Nutzen oder Kontext und so wurde ein uninteressanter Sachtext in holpriges SchülerInnendeutsch übersetzt. What for?

Wie beim basalen Lesen gilt auch beim Vermitteln von Lesestrategien: SchülerInnen haben ein Recht, zu wissen, *warum* sie sich mit einem Text abmühen sollen. Lesestrategien muss man intensiv üben, aber immer im Rahmen eines sinnvollen Themas oder Projektes, aber bitte nie anhand isolierter und damit nutzloser Texte, die in keinerlei inhaltlichem Kontext zum übrigen Unterrichtsstoff stehen wie der einsame Graupapagei. Wäre es um ein Tierschutzprojekt über bedrohte Arten gegangen, hätte ein Schüler vielleicht einen lebenden Papagei mitbringen dürfen, das hätte der Übung einen Hauch von Sinn oder wenigstens etwas Charme verliehen. Sogar literarische Papageis hätten sich finden lassen, etwa die Geschichte *Der Papagei-Papagei* von Kurt Tucholsky über einen Papagei, der Papageien nachahmen kann. So jedoch hatten SchülerInnen und LehrerIn einen Vogel und wussten nicht warum … Liebe Lehrerinnen und Lehrer, lasst die SchülerInnen Texte exerzieren und kurz fassen und umformen oder was auch immer, aber nur dann, wenn sie diesen Text auch brauchen können! Wer aus jedwedem Zusammenhang gerissene Texte zu lesen aufgibt, darf sich nicht wundern, wenn SchülerInnen Lesen als sinn- und nutzlos betrachten.

⎯⎯ Am Anfang: motivieren und initiieren!

Die Neurowissenschaften verlangen, *vor* der Lektüre das Vorwissen zu aktivieren und sich auf das Thema positiv einzustimmen. Die Methode »Buch auf, wir lesen auf Seite 134«, mit der wir Kinder ansatzlos in einen Text schubsen, sollte endlich ins Foltermuseum untauglicher Lehrmethoden wandern. Vor wirklich *jeder* konkreten Textarbeit sollten wir die Zeit geben, die drei Komponenten ganzheitlichen Lernens zu aktivieren: kognitiver Zugang, positive Emotion, und Körpergefühl.

Der Auftrag des Geschichtelehrers meines Sohnes, zu Hause den eigenen Stammbaum möglichst weit zurück zu recherchieren, löste in unserer Familie eine Kontaktlawine aus. Wir riefen hilfesuchend Omas und Großtanten an, diese telefonierten untereinander, Besuche wurden arrangiert, wo wir in alten Alben blätterten. Wir erfuhren viel Überraschendes über unsere (beiden) Familien und zeichneten schließlich riesige Stammbäume. Eine spannende Familienrecherche, die dem Lehrer dazu diente, Kindern an der eigenen Familie bewusst zu machen, was Geschichte bedeutet.

Ein gelungener Auftakt in ein neues Unterrichtsjahr: Die Neugier auf ein Thema wecken, den SchülerInnen Zeit geben, ihr subjektives Vorwissen einzubringen, von zu Hause mitzubringen, sie möglicherweise selber das Thema oder zumindest Aspekte davon auswählen lassen, gemeinsam passende Rahmenbedingungen entwickeln – das sind die Voraussetzungen für gelungene Arbeit an einem Thema und den dazugehörigen Texten.

_____ Differenzierende Aufgabenstellungen

»Differenzierung« hat gute Chancen, zum didaktischen Unwort des Jahrzehnts gewählt zu werden, weil dieser Begriff meist als undifferenzierte Forderung an LehrerInnen in den Klassenraum gestellt wird. Zugegeben, es ist oft nicht leicht, die Bedürfnisse von 25 aufgeweckten und/oder schläfrigen Kids unter einen Hut zu bringen. Manchmal kann Differenzierung aber auch – neben dem Eingehen auf die Individualität der Kinder – gute Dienste für die Motivation in der Klasse leisten.

Nichts ist lähmender, als wenn alle SchülerInnen dieselben Texte lesen und auf die gleiche Weise bearbeiten; nichts ist motivierender, als wenn sie individuelle Arbeiten erbringen, die ernst genommen werden.

Wenn Manuel weiß, dass sein Beitrag über Wildschweine für das Gelingen einer Wandzeitung »Biotop Wald« unersetzlich ist, dann wird er mit mehr Engagement und Freude am Text arbeiten, als wenn alle seine 20 KlassenkollegInnen dieselbe Wildsau nach derselben Methode literarisch tranchieren. Es gibt kaum einen vernünftigen Grund dafür, dass alle in der Klasse denselben Text lesen, dieselben Fragen bearbeiten oder nahezu dieselbe Inhaltsangabe abliefern. Es gibt viele bewährte differenzierende Unterrichtssettings, die motivationsfördernd sind:

- *Mosaik*: Jede/r SchülerIn trägt zum Gesamtthema einen von mehreren Teilaspekten bei, die zusammengesetzt werden.
- *Präsentation*: Jede/r präsentiert den anderen eine Teilfacette zum gemeinsamen Thema.
- *Stationen*: Jede/r durchläuft mehrere Stationen zu einem Thema und kann nach eigenem Interesse und eigenen Fähigkeiten Schwerpunkte setzen und Stationen auswählen.
- *Portfolio*: Jede/r sucht sich aus einer Liste von Aufgaben zu einem bestimmten Thema einige heraus und bearbeitet sie.

Um SchülerInnen den Nutzen ihrer Arbeit bewusst zu machen, müssen sie auch den Erfolg spüren und die Ergebnisse im Unterricht anwenden dürfen. An das Ende eines jeden Projektes gehört eine Präsentation – Vernissage, Dokumentation, Wandzeitung, Video oder Feier der Ergebnisse – im kleinen Kreis oder auch vor Gästen. Die SchülerInnen sollen spüren dürfen, wie wichtig ihr persönlicher Beitrag war, indem sie ihn anderen präsentieren. Und selbstverständlich dürfen und sollen sie bei Schularbeiten, Tests oder Prüfungen ihre Mitschriften und Arbeitsunterlagen verwenden. Wenn jemand einen Text gut ausgewertet und aufbereitet hat, dann soll er/sie dafür belohnt werden, indem er/sie sich bei der Prüfung eben leichter tut: »legale« Schummelzettel!

Das Überfliegen eines Textes, das Benutzen eines Registers oder Inhaltsverzeichnisses sind Techniken, die für kompetente LeserInnen selbstverständlich sind, für SchülerInnen aber zunächst völlig neu. Für manche ist es eine befreiende Erfahrung, einen Text oder ein Buch nicht automatisch von vorn nach hinten durchpflügen zu müssen, sondern zunächst einmal querzulesen, um sich zurechtzufinden. Gelernt werden soll, sich nach einem gelesenen Absatz selbst zu fragen, ob man ihn verstanden und etwas Brauchbares gefunden hat. Und es ist nicht automatisch klar, wie man einen mündlichen Vortrag mitschreibt.

Alle diese vermeintlich banalen Lesestrategien müssen von uns Lehrpersonen vorgezeigt und Schritt für Schritt geübt werden. Es reicht nicht, ein Exzerpt als Hausübung zu delegieren, und es beweist didaktische Ignoranz, Kinder »bis zur nächsten Stunde die Seiten sieben bis 14 im Buch« lernen zu lassen, wenn ihnen nicht vorher erklärt wird, *wie* sie lernen sollen. Es fällt uns kein Stein aus der Krone, wenn wir Kindern zeigen, *wie* sie beim Frontalunterricht richtig mitschreiben können. Es gehört zu unserer Lehrverpflichtung, zumindest am Beginn jedes Lehrganges zu zeigen, *wie* man ein Heft, ein Portfolio, eine Mappe anlegt und führt – und zwar in allen Fächern, nicht nur in Deutsch! Das braucht Zeit, Geduld und persönlichen Einsatz aller Beteiligten. Aber es ist unendlich wichtiger und bereichernder als das Durchpeitschen von Stoff, der den SchülerInnen bei einem Ohr hinein- und beim anderen hinausgeht. Moderner Unterricht vermittelt nicht vorrangig Inhalte, sondern Arbeitsweisen, nicht Stoffe, sondern Kompetenzen. Und die Fähigkeit, Lesestrategien im jeweiligen Fach zum jeweiligen Thema und am passenden Medium einzusetzen, ist eine der zentralen Kompetenzen der Zukunft.

Der brüllende Löwe. Digitale Lesestrategien

In einem Buchklub-Kindermagazin gab es eine Doppelseite über Löwen: Auf einem Hochglanzfoto lag links ein ebenso prächtiger wie fauler Löwe, rechts stand ein Sachtext mit Wissenswertem über das Tier. Unser Grafiker verwandelte diese beiden Seiten in ein digitales App für Tablets: Und plötzlich erhob sich der Löwe, schüttelte bedächtig seine goldene Mähne, begann zu laufen und zu brüllen. Im Hintergrund dampfte die Savanne im Morgenlicht.

Die Vermittlung von Lehrinhalten erfährt durch die digitalen Medien einen faszinierenden Qualitätssprung (um den abgedroschenen Begriff »Quantensprung« zu vermeiden). Alles dreht sich, alles bewegt sich. Wir können Inhalte mit Foto, Film und Audiofiles plastisch vermitteln, Informationen in Echtzeit aus aller Welt abrufen. Die Möglichkeiten der Visualisierung haben sich vervielfacht, die Anforderungen an die Schule und den Leseunterricht damit einhergehend jedoch auch: Wie speichern wir Inhalte aus einem Film oder Tondokument? Wie lesen und bewerten wir multimediale und multimodale Texte? Wie schaffen wir den Transfer zwischen Schriftsprache und Bilderwelt und retour? Wie vermeiden wir Ergebnisse wie jene beim Malitest?

Im Multimediazeitalter sind Lesestrategien vielfältiger und notwendiger denn je. Einerseits geht es um die Benutzerführung im jeweiligen Medium: das Navigieren im Internet, in digitalen Datenbanken, die vielfältigen Verfahren des Recherchierens vom Googeln bis zur systematischen Web-Recherche. Andererseits brauchen wir nach wie vor das konkrete Arbeiten am Text und an den Inhalten: vom kritischen Bewerten bis zum konkreten Auswählen der Informationen, vom simplen Markieren und Herausschreiben des Wesentlichen bis zum Copy-and-Paste-Verfahren.

In der Benutzerführung digitaler Medien sind SchülerInnen Lehrenden oft überlegen; wenn es um die Bearbeitung von Quellen und Texten geht, haben wohl die LehrerInnen die Nase vorn. Vorschläge für eine digitale Lesedidaktik kann ich leider (noch) nicht bieten, aber jede Menge Fragen, die sich im digitalen Unterricht stellen. Und ich habe den leisen Verdacht, dass die Antworten wohl von Lehrenden und Lernenden *gemeinsam* gesucht werden sollten, wobei die Rollen im digitalen Raum verschwimmen. Vielleicht wird es ja bald zum Unterrichtsalltag gehören, dass Lehrende und Lernende vor dem Einstieg in ein Thema ein Commitment herstellen, welche Medien und Modi eingesetzt und welche Lese- und Rezeptionsstrategien angewendet werden.

Herausforderung 1: Selektion der Inhalte

Was früher als vermeintlich »gesichertes Wissen« in Hefte diktiert oder in Schulbüchern gelesen wurde, wird heute vielfach diskutiert und hinterfragt. Waren die Türkenbelagerungen samt Türkensagen, die Generationen von SchülerInnen lasen und lernten, tatsächlich Belagerungen, oder muss man nicht korrekterweise von Expansionsbestrebungen der Osmanen und Habsburger sprechen? Ist ein Tiergarten ein wundervolles Biotop für seltene Tiere oder Tierquälerei? Ist Globalisierung eine Chance für Entwicklungsländer oder Ausbeutung? Und soll man vor erweiterten Nennformgruppen nun den Beistrich setzen oder nicht? Fragen über Fragen. Und dazu im Internet: jede Menge widersprüchlicher Antworten. Die Zeiten, als Lehrende uns die Welt linear erklärten, sind vorbei. Die *eine* richtige Deutung für das Gedicht, für die politische Weltkrise, für die richtige Groß- und Zusammenschreibung gibt es nicht mehr (Gab es sie je?). Heute müssen Lernende und Lehrende mit einer schier unüberschaubaren Fülle von Welterklärungsmodellen und Widersprüchen gemeinsam fertigwerden. Nicht der Zugang zur Information, sondern die richtige Selektion auf vielen Ebenen ist schwierig.

Selektion der Datenmengen: Wie viel Information brauche ich? Welchen der 375 000 aufgefundenen Links ziehe ich für mein Thema heran?

- *Selektion nach Wichtigkeit:* Sachliches steht neben Agitativem, Nachrichten neben Kommentaren, Belangloses neben Brisantem. Wie trenne ich die digitale Spreu vom Weizen?
- *Selektion nach Informationsanbietern:* Von wem stammt die Information? Welche kommerziellen, ideologischen oder sonstigen Interessen stecken dahinter?
- *Selektion der Desinformation:* Woran erkenne ich Hoaxes, Urban Legends, lancierte Gerüchte, digital manipulierte Fotos, Spam und sonstigen Informationsmüll?

Herausforderung 2: Umgang mit dem Urheberrecht

Es gibt kaum ein gängiges Thema, das im Internet nicht schon hundertfach abgehandelt wurde und als Hausübung, Referat oder Seminararbeit kostenpflichtig oder auch gratis bereitliegt. Wie gehen Lehrende und Lernende damit um? Das eigenständige Recherchieren aus Quellen wird obsolet, wenn schon Hunderte Linearversionen existieren.

- Wie recherchiert man richtig und seriös? Wer ist der Urheber der Quelle? Ist sie objektiv oder hat sie kommerzielle, ideologische oder sonstige Interessen? Gibt die Quelle selbst Quellen an?
- Finden wir noch andere Quellen zum selben Thema – nach dem journalistischen Prinzip: Check, Re-Check, Double-Check?
- Wie weit existiert noch geistiges Eigentum im digitalen Raum und wie gehen wir damit um?
- Wie viel darf man sich per Copy and Paste aneignen? Wo endet das Zitat, wo beginnt das Plagiat? Wo verläuft der schmale Grat zwischen vernünftigem Ausnutzen der schier unerschöpflichen Web-Ressourcen und gedankenlosem Abkupfern?

Da selbst akademisch dekorierte PolitikerInnen und andere Prominenz mit diesen Fragen Probleme haben, stehen wohl noch spannende Diskussionen im Klassenzimmer bevor.

Herausforderung 3: Umgang mit nicht linearen Texten

Die Erarbeitung linearer Texte in Büchern fällt relativ leicht: Hervorheben des Wesentlichen, Fragen an den Text stellen, Textgliederung. Die zusätzliche, große Herausforderung ist die Arbeit mit nicht linearen Textsystemen. Alle, die assoziativ von Link zu Link turnen, wissen, wie schnell man sich in den faszinierenden Weiten des Netzes verlieren kann. Herkömmliche Verfahren hierarchischer Herangehensweise scheitern oft. Netzwerkarbeit erfordert Netzwerkdenken.

- Nach welchen Prinzipien lesen wir die Website?
- Wie legen wir unsere Spur durch die Links, wie dokumentieren wir den Weg unserer Recherche?
- Wie gestalten wir die recherchierten Informationen: als Cluster, als Exzerpt, als Mindmapping, als Timeline?

Herausforderung 4: Speichern bildlicher und akustischer Informationen

Ein weitere Anforderung an Lesestrategien ist es, bild- und tongestützte Informationen umzuwandeln, sie zu verbalisieren und zu strukturieren, sodass sie wiederhol- und lernbar sind:

- Wie speichern wir den Inhalt von Fotos, Tondokumenten, Filmesequenzen oder Grafiken?
- Wo ist es umgekehrt sinnvoll, sprachliche Informationen grafisch aufzubereiten, als Tabelle, als Schaubild, als Mindmapping?
- Wie archivieren wir Informationen, analog auf dem Papier oder digital am Computer?

Lesen als Konstruktion

Kinder lesen, wenn sie es als aktive, konstruktive Tätigkeit erfahren – im Gegensatz zu passiver Berieselung; wenn sie erleben, dass Lesen ein spielerischer, lustvoller und respektloser Umgang mit Texten sein kann.

LeserInnen schreiben immer mit

»Der Fremde erstieg im Dunkeln die Stufen: Klick – Klack. Klick – Klack.« (Jorge Luis Borges)

Borges wollte mit dieser Kurzgeschichte in elf Worten sein Lesepublikum herausfordern, den Text selbst mit Sinn zu füllen. Und wir können uns tatsächlich etwas vorstellen, einen Mann, die Treppe, den Raum dazu, und mit ein bisschen Zeit und Fantasie eine Geschichte rundherum, einen Krimi (Ein Mörder mit Holzbein steigt die Treppe zu seinem ahnungslosen Opfer hinauf.) oder eine Horrorgeschichte (Im oberen Stockwerk sitzt die ängstliche Molly und hört die Schritte ihres längst verstorbenen Gatten.).

Lesen ist niemals passives Konsumieren, sondern immer auch aktives Mitgestalten. Wir LeserInnen entschlüsseln nicht nur Zeichen im Text, sondern wir schreiben diesen Zeichen Bedeutung zu – egal in welchem Medium dieser Text (re)präsentiert wird. 20 Personen lesen ein- und denselben Text auf 20 verschiedene Weisen und füllen ihn mit ebenso vielen Sinnzuschreibungen. LeserInnen haben einen beträchtlichen Einfluss auf Texte: auf literarische und journalistische ebenso wie auf Werbeslogans und Websites. Wir sind niemals hilflose, passive Konsumenten, sondern können uns gegen AutorInnen zur Wehr setzen, indem wir ihre Texte hemmungslos (um)deuten, missverstehen, ignorieren, konterkarieren. In den Social Media wird diese aktive Doppelrolle besonders gut sichtbar, wo LeserInnen immer zugleich auch Schreibende sind, die spontan auf die Texte anderer reagieren.

Die Ungeheuer unserer Fantasie

Der römische Dichter Ovid reizte in seinen *Metamorphosen* aus, wie weit unsere Fantasie gehen kann, und erzählte von aberwitzigen Transformationen und Verwandlungen. Die Nymphe Echo wird von der Göttin Hera zur Strafe ihrer Sprache beraubt, kann fortan nur noch den Klang anderer Stimmen nachahmen und verliert aus Gram Leib und Wesen. Der Jüngling Narziss, der Echo hartherzig verschmäht, weil sie auf seine Werbung nicht antworten kann, wird mit dem Fluch der Eigenliebe bestraft. Er verliebt sich in sein eigenes Spiegelbild im Teich und bringt sich aus unerfüllbarer Sehnsucht nach sich selbst um. Aus seinem Blut wachsen Narzissen. Im Widerhall von Stimmen und als Blume erfahren sowohl Echo als auch Narziss Transformationen, aber sie werden auch zu Metaphern in unserer Sprache. Wir sind Echo, wenn wir jemanden nachahmen, und Narziss, wenn wir uns selbstverliebt geben. Der Nachhall von Stimmen sowie Spiegelbilder, durchsetzt von Emotionen: Ovids *Metamorphosen* könnten auch als Beschreibung unserer Gehirnvorgänge dienen.

Der Schlaf der Vernunft gebiert Ungeheuer nannte Francisco de Goya seine Radierung, in der düstere Gestalten über einem Schlafenden schweben. Der Titel verweist auf das Herkunftszeitalter der Aufklärung, wo man Fantasie ins Reich dunkler, seelischer Abgründe und Träume verwies. Heute wissen wir, dass Vernunft und Emotion nicht voneinander zu trennen sind, sondern im Netzwerk des Gehirns zusammenwirken. Unser Denken ist nie nur rational, sondern immer auch angereichert durch unsere Vorstellungen und Emotionen. Unsere Wahrnehmung bildet Realität nie pur ab, sondern wird immer ergänzt durch unsere individuellen Imaginationen. Unser ganzes Gehirn gebiert ständig Ungeheuer. Zu allen Zeiten reizten sowohl Schriftsteller als auch bildende Künstler aus, wie weit die menschliche Vorstellungskraft reicht: *Frankensteins Monster, Dr. Jekyll und Mister Hyde* und *Graf Dracula* sind ebenso fantastische Kopfgeburten wie

Hieronymus Boschs oder Salvadore Dalis Kreaturen. Ovids *Metamorphosen* prägten die Kunstgeschichte nachhaltig, sie sind nach der Bibel wahrscheinlich das Buch, das am häufigsten bildlich umgesetzt wurde; allein im Kunsthistorischen Museum in Wien nehmen 40 Bilder unmittelbaren Bezug darauf.[68]

Wenn wir heute Wesen wie Orks und Dementoren, Klonarmeen und Replikanten in Spielfilmen sehen oder im Computerspiel steuern, sollte uns bewusst sein, dass das Gebären von Ungeheuern – also das Ausreizen unserer Fantasie – zu allen Zeiten ein menschlich-künstlerisches Bedürfnis war und dass die oben genannten Kunstwerke in ihrer jeweiligen Entstehungszeit Entsetzen auslösten, weit mehr als die begrenzte Empörung, die heute das eine oder andere Medienerzeugnis bewirkt.

Die Neurowissenschaften zeigen, dass die menschliche Imagination nichts Irrationales, Bedrohliches ist, sondern dass es sich um ganz normale, alltägliche Vorgänge in unserem Gehirn handelt. Wir ergänzen oder ersetzen die Bilder unserer Realität permanent durch Vorstellungen und Erinnerungen. Jedes Mal, wenn wir aus dem Fenster schauen, können wir den sichtbaren kleinen Ausschnitt der Welt durch unser Vorwissen ergänzen und uns vorstellen, wie es außerhalb des schmalen Fensterausschnitts aussieht, wie die Welt links und rechts des Blickwinkels »weitergeht«.

Und wir können jederzeit Fantasiegestalten kreieren. Wenn ich Ihnen, liebe/r LeserIn, *Die Geschichte vom Wurgl* ankündige, dann können Sie sich diesen Wurgl bildlich vorstellen, auch wenn sie noch nie von ihm gehört haben. Es handelt sich vielleicht um einen Lindwurm, einen Zwerg, ein Fantasietier, einen Lokalpolitiker, einen Wurm im Apfel – je nachdem welches Bild in Ihrer Vorstellung entsteht.

Die Fantasiekonstruktionen in unserem Gehirn erhalten durch die digitalen Medien völlig neue Dimensionen. Jahrhundertelang konnten wir sie zwar in Texten beschreiben oder in Bildern malen und damit faszinierende oder verstörende Kunstwerke schaffen. Heute erlaubt die Digitalisierung jedoch, unsere Fantasiegestalten im virtuellen Raum lebendig werden zu lassen, sie lässt Realität und Imagination in bisher ungeahnter Weise einander durchdringen. Ovids *Metamorphosen* sind in den trivialen Ebenen der Werbung und der Hollywoodmovies angekommen, wenn sich in den Actionfilmen *Transformers* Autos in Lebewesen und retour verwandeln. Via Computerspiel und Social Media können wir in diese digitalen Fantasyräume selbst einsteigen und Teil von ihnen werden: als Avatare oder als Spielfigur. Die Vorstellung von Michael Endes *Die unendliche Geschichte*, in der ein Junge in eine Fantasiewelt eintaucht, ist durch Konsolenspiele zur Alltäglichkeit geworden.

Die digitale Welt ist eine multimediale Konstruktion. Wir leben in einer Zeit ständiger Metamorphosen, changierend zwischen Realität und Virtualität. Unsere vermeintlich nüchterne, rationale Informationsgesellschaft erweist sich bei genauerem Hinschauen als ständiges Oszillieren zwischen Realität und Simulation. Ich denke, dass Heerscharen von PsychologInnen das Phänomen noch durchleuchten und analysieren werden, wie sich die allgegenwärtige Virtualität auf die Wahrnehmung von Kindern auswirkt.

In der Zwischenzeit sollten wir PädagogInnen aber schon darauf reagieren,

- dass Imagination und virtuelle Welten nicht mehr wie früher auf Kunsterzeugnisse beschränkt sind, sondern längst tief in die Alltagskommunikation eingedrungen sind;
- dass die kommerzielle Erzeugung von Imaginationen in der Freizeitindustrie und Wirtschaftswerbung durch ihre perfekten Illusionen in Filmen und Computerspielen das menschliche Fantasievermögen überlagert und übersteigt;
- dass wir selbst unsere Fantasien digital realisieren können, nicht nur als Zeichnung auf dem Papier oder als geschriebene Geschichte, sondern als 3-D-Simulationen am Computer.

Spricht man heute über das Lesen, so lässt es sich nicht mehr auf naives, passives Aufnehmen von Zeichen reduzieren. Lesen ist automatisch das Deuten von Sinnkonstruktionen und zugleich das Co-Konstruieren von Inhalten durch unsere eigene Vorstellungswelt. Darin liegen zweifellos Gefahren, jedoch auch Chancen. Und es ist wohl eine der größten Herausforderungen an die Lese- und Medienkompetenz, mit dieser virtuellen Welt und ihren Erscheinungsformen kritisch und selektiv umzugehen.

Es wird Zeit, dass auch Schule sich den virtuellen Welten stellt. Sie ignorierte mit der Suche nach der *richtigen* Interpretation eines Textes zu lange, dass jede/r Lesende seine/ihre eigene Textvorstellung und Deutung entwickelt, über die man zwar in der Gruppe diskutieren und abstimmen kann, die aber dennoch immer völlig individuell bleibt. Schule reagierte und reagiert auf die virtuellen Welten unserer Informationsgesellschaft immer noch weitgehend mit Verweigerung oder mit Verboten. Und zu schlechter Letzt wurde die didaktische Diskussion in den letzten Jahren auf den technischen Aspekt des Lesens reduziert, jenen Aspekt, der getestet und abgeprüft werden kann. Lesen wird als bloße Sinnentnahme statt als Sinnkonstruktion gesehen, neue und neueste Erkenntnisse der Neurowissenschaften werden ignoriert. All die spannenden Ansätze des handlungs- und produktionsorientierten Lese- und Literaturunterrichts, die ganzheitlichen Methoden des kreativen Lesens, die in den vergangenen Jahrzehnten mit großem Erfolg entwickelt und eingesetzt wurden, drohen von den PISA-Testbatterien niedergewalzt zu werden.

Angesichts der latenten Manipulationsversuche von Mediengestaltern aller Art ist es höchste Zeit, den SchülerInnen neue Rollen anzubieten, Rollen, in denen sie sich als aktiv Teilnehmende am Konstruktionsprozess von Wirklichkeit in analogen und digitalen Medien sowie als kritische, selektive KonsumentInnen sehen und wiederfinden können. Rollen, die viele Jugendliche in ihrer Freizeit in den Social Media schon innehaben.

Neben den ewigen MedienpessimistInnen gibt es mittlerweile auch eine Reihe von ExpertInnen, die davon überzeugt sind, dass die Allgegenwart der Manipulation unsere Kinder eher hellhörig als abgestumpft macht.

—— Der Text hinter dem Text: Wer steckt dahinter?

Was zwischen Buchdeckeln gedruckt ist, muss zwar nicht wahr sein, aber es gibt zumindest einen Namen auf dem Cover, der Verantwortung übernimmt. Im Internet ist diese Verbindlichkeit abhandengekommen, digitale Medien verweigern oft die Urheberschaft eines Textes. Hinter Wikipedia und anderen steht die Internetcommunity: kein Urheber fassbar, entweder anonym oder gar nicht mehr erwünscht, weil kollektiv. Auch bei Computerspielen bleiben die GestalterInnen in der Regel anonym.

Hinter den philosophischen Fragen nach dem Wesen von Texten und ihren UrheberInnen stehen auch handfeste: Wo werden wir seriös informiert, wo werden wir in einen echten Entscheidungsprozess einbezogen und wo werden wir schlicht manipuliert?

Ein signifikantes Beispiel für plumpe Manipulation war vor vielen Jahren die Kampagne einer Benzinfirma: Das Publikum sollte an den Tankstellen »demokratisch« darüber abstimmen, ob die Mineralölfirma künftig in Werbespots sachliche Information oder flotte Comics bieten solle. Die Protagonisten, die auf Plakaten zur Wahl standen, waren ein unsympathischer Managertyp und ein freundlicher Comictiger. Die Botschaft war – für die meisten Menschen – leicht durchschaubar. Egal wofür man stimmte, Hauptsache man frequentierte die Tankstelle und füllte den Tiger in den eigenen Tank. So offenkundig sind die Manipulationsversuche in den Medien heute nicht mehr, auch wenn manch eine Volksabstimmungsfrage der letzten Jahre frappante Ähnlichkeit mit dem No-na-Tiger hatte.

Oft ist schwer zu durchschauen, wann wir als KonsumentIn oder DemokratIn eine echte Entscheidungsoption haben und wann wir nur als Stimmvieh oder nützliche Idioten eingesetzt werden. Inwieweit sind Kampagnen in Zeitungen, von Firmen und Parteien tatsächlich echte Abstimmungen und inwieweit dienen sie lediglich der Mobilmachung? Wie seriös sind Votings bei diversen Fernsehformaten, bei denen wir den deutschen Dschungelkönig, den österreichischen Obertänzer oder den singenden oder sägenden Superstar küren? Wie frei kann sich der Player im Computerspiel tatsächlich bewegen und entscheiden? Ist er bloß auf vorgegebenen Alternativbahnen unterwegs oder kann er den Ausgang des Spiels beeinflussen? Wie echt ist die Wahlfreiheit bei 50 oder mehr verschiedenen Wurstsorten, Joghurts oder Schokoladen oder steckt ohnedies überall dasselbe Produkt in unterschiedlichen Verpackungen?

Kritisch lesen heißt, den MedienmacherInnen auf die Finger zu schauen und auf ihre Schliche zu kommen: sich der Intention des anonymen oder deklarierten Urhebers bewusst zu werden und die eigene Rolle als LeserIn und KonsumentIn zu identifizieren. Worin liegt die von dem/der AutorIn intendierte Bedeutung im Text? Was wollen die AutorInnen, dass wir denken? Wollen sie, dass wir denken? Wollen sie das, was wir beim Lesen denken?

Eine schöne Aufgabe für Textanalyse im Unterricht:

- *Artikulierte Bedeutung*: Gibt sich der/die AutorIn zu erkennen und sagt direkt seine/ihre Meinung? Bleibt die Autorenschaft ungewiss, anonym? Lässt sich der Text auf eine Quelle zurückführen?

- *Kalkulierte Bedeutung*: Wo will der/die AutorIn offensichtlich beeinflussen oder eine bestimmte Wirkung erzielen? Verschwimmen berichtende und kommentierende Beiträge oder werden sie deutlich getrennt? Sind die Abbildungen authentisch oder simuliert? Ist der Text appellativ?

- *Implizite/r LeserIn*. AutorInnen oder RegisseurInnen setzen bewusst Leerstellen und machen LeserInnen und ZuschauerInnen zu MittäterInnen. Die grausigsten Mordszenen der Filmge-

185

schichte werden häufig gar nicht gezeigt, sondern finden nur in unserem Kopf statt. Wo bezieht mich der/die AutorIn direkt mit ein? Wo stellt er/sie mir Fragen – echte oder scheinheilige –, unterstellt mir etwas, fordert mich zu etwas auf? Habe ich echte Entscheidungsfreiheit?

LeserInnen als KoautorInnen

Unsere Textrezeption ist immer subjektiv und emotional, von unserer Biografie, der Umgebung, unserer Tagesverfassung abhängig. Jeder Text löst subjektive Vorstellungsbilder aus, mal diffus, mal konkret. Wie das Gehirn sich Texte und Bilder, speziell Kunstwerke, aneignet, wird seit einigen Jahren in einem spannenden Dialog zwischen KunsttheoretikerInnen, WahrnehmungspsychologInnen und NeurowissenschaftlerInnen erforscht.

Emotionales Gedächtnis

Der Geschmack eines in Lindenblütentee getauchten Keks namens Madeleine diente Marcel Proust in seinem Roman *Auf der Suche nach der verlorenen Zeit* als Tor zur Vergangenheit. Kaum zergeht das Gebäck auf seiner Zunge, durchströmen den Erzähler die Erinnerungen. Proust nimmt damit Erkenntnisse aus den Neurowissenschaften vorweg, wonach Erlebtes oder Erlesenes eine Flutwelle von Erinnerungen gekoppelt an Emotionen auslöst: Unsere Schaltzentrale, der Hippocampus, fragt beim Anblick oder Geruch einer Rose, beim Rascheln derselben oder auch nur beim Lesen des Wortes »Rose« in den verschiedenen Hirnrealen nach, ob es zu dem Bild erinnerte Szenen gibt und welche Sinne daran beteiligt waren. Dieser Mechanismus lässt uns jeden gelesenen Text vereinnahmen und individuell und emotional aufladen. »Emotionales« oder auch »autobiografisches Gedächtnis« nennen ForscherInnen jene Fähigkeit, anhand winziger Hinweise einmal erlebte Szenen auch Jahre später im Geiste wiederauferstehen zu lassen. Für uns RezipientInnen ist es spannend, draufzukommen, welche Emotionen oder Erinnerungen ein Text oder ein Bild bei uns auslöst und was diese Emotionen bewirken: Wecken sie Sehnsüchte (Das muss ich kaufen, das will ich haben.), nostalgische Schwärmereien (»einen Sommer wie damals«, suggeriert eine Geträn-kewerbung), Mitleid oder Furcht?

_____ *Leerstellen und Rinnsteine*

Im ersten Panel des Comics liegt *Popeye, the sailor* niederge-schlagen von seinem ewigen, schwarzbärtigen Konkurrenten am Boden. Im zweiten Bild sieht man eine Dose Spinat. Im dritten ist Popeye aufgesprungen und haut seinen Gegner mit einem mächtigen Faustschlag um. Was ist passiert? LeserInnen des Comic wissen es: Popeye hat den Spinat gegessen, der ihm übermenschliche Kräfte ver-leiht. Im Comic sieht man das nicht, es passiert zwischen zwei Bildern und in unserem Gehirn.

»Gutter« (Rinnstein) nennt Scott McCloud den Raum zwi-schen den Panels, den einzelnen Bildern eines Comics. Zwischen zwei Panels, also in den Rinnsteinen, spielt sich die eigentliche Geschichte ab, unsere Fantasie ergänzt die Zwischenräume zum kompletten Film. Ähnlich funktionieren in geschriebenen Texten die Leerstellen. Ein bekanntes Haiku des japanischen Dichters und buddhistischen Zen-Mönches Ryokan (1757–1831) lautet: »Decken auf dem Gras, eine Nacht lang ohne Haus – reich nur durch den Mond.« In diesem Gedicht wird eine komplexe Situation und ihr philosophischer religi-öser Hintergrund in den 17 Silben des Haikus verdichtet. Die Leser-Innen haben die Entscheidungsfreiheit, die Leerstellen, die der Dich-ter lässt, mit eigenen Vorstellungen zu füllen: Sie können sich, wenn sie wollen, den Schauplatz bildhaft vorstellen, sie können eine kon-krete Situation dazu kreieren (Handelt das Gedicht von ein oder zwei Personen, die im Freien übernachten?); sie können, ausgehend von der dritten Zeile, philosophische Überlegungen anstellen. Sie haben aber auch die Wahlfreiheit, den Text unverändert zu belassen, die

Reduktion zu akzeptieren und gerade darin die dichterische Kraft zu finden.[69]

Dieses Phänomen wird oft beschrieben, wenn Jugendliche Literatur lesen, die eigentlich zu anspruchsvoll für sie ist. Sie bewältigen den Text dennoch, weil sie sich auf bestimmte Aspekte konzentrieren und andere ignorieren. Ich ließ etwa bei Karl May die ellenlangen Landschaftsschilderungen aus und konzentrierte mich auf die Actionszenen.

Unser Gehirn sucht beim Lesen ständig nach bekannten Mustern, um neue Informationen in bereits vorhandene eingliedern und bewältigen zu können. In der Regel werden Informationen, die unsere eigene Position stützen oder die uns besonders interessieren, stärker wahrgenommen als solche, die sie infrage stellen. Wenn wir verliebt sind, nehmen wir die positiven Aspekte der geliebten Person unvergleichlich stärker wahr als allfällige negative. Das gilt auch fürs Lesen: Wir können uns in einem Roman auf einen Handlungsstrang konzentrieren, für eine Figur Partei ergreifen, dem Text unsere Sichtweise überstülpen. Letztlich ist keine Geschichte vor unseren persönlichen Kommentaren, Meinungen und Interlinearversionen sicher. So wie ich den Trojanischen Krieg einst zugunsten der Trojaner umdichtete, so entscheiden letztlich wir über das Schicksal literarischer Figuren. Wer ist uns sympathisch, wer nicht, wer wird freigesprochen, wer schuldig – Raskolnikow, Dorfrichter Adam, Severus Snape?

_____ *Intertextualität*

Alle früheren Geschichten, die wir je gelesen haben, spuken in jeder neuen Geschichte, die wir lesen. Während ich Episoden aus Christoph Ransmayrs *Atlas eines ängstlichen Mannes* lese, denke ich zwangsläufig seine früheren Romane mit: Die zwielichtig-feindselige Atmosphäre aus *Die letzte Welt* und die dunkelgrau-kalten Szenarien von *Morbus Kitahara* liegen wie ein Schleier oder eine transparente Folie über der Lektüre des neuen Romanes. Beim Inhaltsverzeichnis ertappte ich mich glatt dabei, an Jules Vernes *In achtzig Tagen um die Welt* zu denken. Jeder neue Text steht im Kontext aller früheren Texte, die wir gelesen haben, und verschmilzt zu unserem ganz persönlichen Romanweltschatz.

Spiegelneuronen und die Theory of Mind

In Ilse Aichingers Kurzgeschichte *Fenstertheater*[70] beobachtet eine Frau im Haus vis-à-vis einen alten Mann, der am Fenster steht und allerlei merkwürdige Faxen macht. Sie hält ihn für verrückt und verständigt die Polizei. Tatsächlich jedoch hatte der Alte mit einem kleinen Kind kommuniziert, das im Stockwerk unter der Frau ebenfalls am Fenster stand und die Gesten und Grimassen des Mannes jauchzend erwiderte.

Siegmund Freud führte die »Theory of Mind« in die modernen Wissenschaften ein. Wir können aus der Mimik und Gestik eines Menschen, aus seinen Bewegungen Schlüsse auf seinen psychischen Zustand, auf seine Stimmung ziehen. In der bildenden Kunst wird dies seit jeher von Künstlern genutzt, um Gefühlszustände zum Ausdruck zu bringen. Der bereits erwähnte Eric Kandel verdeutlicht in *Das Zeitalter der Erkenntnis*, wie die Maler des österreichischen Expressionismus, vor allem Schiele und Kokoschka, mithilfe expressiver Körperdarstellungen Gefühle ausdrückten: Schiele durch groteske Verrenkungen von Körpern, Kokoschka durch fast karikaturistisch grob verzerrte Zeichnungen von Gesichtszügen und Händen.

Wir betrachten bei Gemälden oder Fotos von Menschen zunächst das Gesicht, anschließend den Körper als Ganzes und dann seine Bewegungen und die Haltung.

Nun kommen die »Spiegelneuronen« zum Einsatz, Nervenzellen im Gehirn, die beim Betrachten der Mimik und Gestik eines Gegenübers das gleiche Aktivitätsmuster aufweisen, so als würden wir diese Aktivität selbst durchführen. Wenn Babys die Grimassen der Mutter nachzuahmen versuchen, dann sind es die Spiegelneuronen, die das Gegenüber imitieren. Wir erleben Spiegelneuronen auch im Alltag: In Gruppen neigen Menschen instinktiv dazu, das Verhalten eines »Leaders« nachzuahmen. Wir simulieren die Verhaltensweisen des anderen und versuchen dadurch, uns in seinen emotionalen Zustand hineinzuversetzen. Das gilt nicht nur für lebendige Gegenüber, sondern auch für Bilder. So gibt es zum Beispiel amüsante Fotoreihen, die zeigen, dass Menschen dazu neigen, in Museen vor Kunstwerken stehend die Haltung der dargestellten Figuren anzunehmen.[71] Auch wenn wir lesen, sind unsere Spiegelneuronen aktiv und lassen uns die beschriebenen Stimmungen oder Bewegungen unserer literarischen Figuren nachahmen. Wenn wir uns also beim Lesen in Old Shatterhand oder Winnetou verwandeln, dann galoppieren unsere Spiegelneuronen durch die literarische Prärie.

All die erwähnten Prozesse in unserem Gehirn, vom emotionalen Gedächtnis bis zu den Spiegelneuronen, unterstützen uns LeserInnen dabei, fremde Texte, Bilder oder Filme nicht nur zu verstehen, sondern sie auch mit unseren persönlichen Subtexten anzureichern. All diese Vorgänge können und sollten wir unseren SchülerInnen bewusst machen.

___ Kreatives Lesen: das Gehirn als »Kreativitätsmaschine«[72]

Kreative Verfahren, in der Didaktik etwas uncharmant »handlungs- und produktionsorientierter Leseunterricht« genannt, sind so vielfältig, dass sie ein eigenes Buch füllen würden: vom Ergänzen eines Lückentextes bis zur Umsetzung eines Textes als Lesetheater. Kreatives Lesen beginnt am besten am ersten Schultag und sollte bis zur Matura und am besten auch darüber hinaus nicht aufhören.

| Texte können mit anderen Modi wie mit Farben, Licht, Geräuschen verknüpft und in andere Kunstformen wie Musik, Tanz, bildende Kunst, Pantomime, Theater überführt werden;

190

- Texte können dekonstruiert, parodiert, verdichtet, verfremdet, ergänzt, fortgeführt, konterkariert, erweitert, gekürzt werden;
- Texte können auf eine andere Ebene, in eine andere Zeit, Textsorte, Erzählperspektive oder in ein anderes Medium transferiert werden als Comic, Film, Hörspiel und vieles mehr.

All diesen Methoden gemeinsam sind die Vorteile und Chancen, die ein kreativer Umgang mit digitalen oder analogen Texten grundsätzlich öffnet.

- Kreatives Lesen lässt SchülerInnen Texte nicht nur semantisch-sprachlich, sondern auch emotional und mit allen Sinnen erfahren und hilft, die kognitiven Prozesse des Lesens, die Flutwelle der Assoziationen und Vorerfahrungen in Gang zu bringen. Es provoziert spontane Reaktionen, subjektive Wertungen und Meinungen und ermöglicht oder erleichtert dadurch einen individuellen Zugang zum Text.
- Beim kreativen Lesen erfahren sich die LeserInnen in einer aktiven Rolle und werden ermutigt, Texte kritisch zu hinterfragen. Sie lernen ihre eigene Kreativität kennen und einsetzen: dem emotionalen Gedächtnis nachspüren, Leerstellen füllen, intertextuelle Bezüge finden.
- Kreatives Lesen ist nicht still sitzen und passiv konsumieren, sondern schneiden, kleben, basteln, spielen, malen, musizieren, tanzen, reden … und ermutigt zu einem spielerischen, lustvollen und respektlosen Umgang auch mit anspruchsvoller oder »sperriger« Literatur.
- Kreatives Lesen ermöglicht den Flow, die faszinierende Zwischenwelt zwischen höchster Aktivierung einerseits und totaler Konzentration andererseits: mit roten Wangen selbstvergessen und verbissen aktiv sein.
- Kreatives Lesen konkretisiert Texte, indem abstrakte Sprache und Symbole in konkrete Bilder und Handlungen aufgelöst

werden und hilft vor allem schwächeren SchülerInnen, mit nonverbalen Ausdrucksmitteln am Text mitzuarbeiten.

| Kreatives Lesen erfordert genaues Arbeiten am Text und ist verzögertes, wortgenaues Lesen. Es ist kein Widerspruch zur Interpretation, sondern legt die Basis dafür.

| Kreatives Lesen ist sozial und kommunikativ. Es macht Leser-Innen zu aktiven DialogpartnerInnen und schafft Anlässe für Anschlusskommunikation.

| Kreatives Lesen kommt den Rezeptionserfahrungen der Jugend-lichen entgegen: Patchworktechniken und Collagen, Weiter-schreiben in Social Media, Verfilmen und Vertonen für You-Tube und andere Kanäle – junge Leute sind offen für kreative Verfahrensweisen.

Lesevielfalt: Wann Kind und Text zusammenkommen

Für jedes Kind gibt es passende Literatur, wir müssen sie nur anbieten, ermöglichen, zulassen – zu Hause und in der Schule.

Pferderoman oder Dinosaurierbuch?

Wie viele Tupfen haben Marienkäfer?[73] Warum tropft der Strom nicht aus der Steckdose, wenn kein Stecker drinsteckt? Wie lange würde man mit einem Fahrrad bis zum Mond brauchen? Warum verlieren Kinder rasch ihre wunderbare Neugier, sobald sie in die Schule kommen? Fragen, die schwer zu beantworten sind. Eine geht noch? Wann lesen Kinder freiwillig?

Die Schlüsselfrage der Lesepädagogik ist eigentlich leicht zu beantworten: Neugier und Wissbegier sind ein wichtiger Motor für Kinder, der im Unterricht allzu oft ignoriert, oft sogar abgewürgt wird, statt dass er genutzt würde. Ob man Lesen an einer faden Lesebuchgeschichte oder an einer spannenden Dinosaurierstory übt, bleibt sich lesetechnisch gleich. Motivatorisch macht es aber den entscheidenden Unterschied.

Buchausstellung am Elternabend in der Schule. Patrick, neun Jahre alt, blättert mit glänzenden Augen im neuen *Guinness Book of Records*. »Darf ich dieses Buch …?« Die Mutter, empört: »Findest nix G'scheites zum Lesen?«

Das informierende Lesen wird immer noch unterschätzt, sowohl als private als auch als schulische Lektüre. Dabei gibt es eine beträchtliche Zahl von Kindern, die zwar belletristischer Literatur nichts abgewinnen können, die aber durchaus bereit wären, Sachtexte zu Themen, die sie interessieren, zu lesen. »Warum die Dinosaurier ausstarben«, »Die gefährlichsten Tiere der Welt«, »Die unendlichen Weiten des Weltraums« etc.: Bis in die Schule hat sich kaum herumgesprochen, dass es einen boomenden Markt für Kindersachbücher und

Juniorwissensbücher und vergleichbare Literatur in hoher inhaltlicher und ästhetischer Qualität gibt.

Besonders unter die Räder scheinen die Burschen zu kommen und hierin liegt auch ein möglicher Erklärungsansatz für männliche Leseunwilligkeit. Viele Burschen (und Mädchen ohnehin) würden sich für Sachbücher interessieren bzw. lesen gern Sachthemen am Bildschirm, also genau das, was sie in der Schule selten dürfen. Wenn Kinder etwas wirklich interessiert – Ritter, Piraten, Dinosaurier –, dann sind ihnen Umfang, Schriftgröße und Informationsdichte egal! Wir besitzen zu Hause ein Pokémon-Lexikon, das auf 352 eng beschriebenen Seiten in einer Acht-Punkt-Schrift grün auf grau alles Wissenswerte über die kleinen Taschenmonster enthält. Wird von unserem Junior mit höchster Konzentration studiert.

____ Minimalistisches Lesen und Embedded Reading

Kinder sind Jäger, Sammler und Forscher. Sie lesen, wenn sie sammeln, und sie sammeln, wenn sie lesen. Es gibt kaum ein Kind, das nicht ExpertIn auf einem Gebiet aus dem Alltag ist: Automarken, Gormitis[74] oder Stars der Fußball-WM. Und sie investieren einen guten Teil ihres Taschengeldes in die dafür erforderliche Literatur, wie etwa Sammelkarten und Stickeralben. Berühmt sind die Paninipickerl, die jeweils vor Fußball-Großevents über Familien hereinbrechen. Das Album gibt's vorab umsonst und dann heißt es Panini kaufen, sammeln, tauschen. Dass eine deutsche Volksschule das Sammeln von Paninipickerln allen Ernstes verbieten wollte, halte ich für ein Verbrechen an der Leseförderung. Ich kenne in meinem Wohnort eine Reihe von Lesemuffeln bis ins reifere Alter, die freiwillig nie einen Text, geschweige denn ein Buch lesen würden. Dieselben Burschen, die »Mama mit Mimi am Tor« kaum zusammenlauten können, buchstabieren mit Feuereifer die schwierigsten Namen berühmter Fußballspieler auf besagten Sammelkarten: Vasili Berezutski, Diniyar Bilyaletdinov, Giannis Amanatidis. »Minimalistisches Lesen«, wie geschaffen für alle jene Kinder, die im Teufelskreis »Nicht lesen können ist nicht lesen wollen« stecken: kurze Texte mit Zusatznutzen verknüpfen so zum Beispiel Sammelleidenschaft und Fußball mit ein paar Zeilen Text. Zehn Minuten Sammelkarten täglich können didaktisch wertvoller sein als eine quälende Stunde Lesehausübung.

»Embedded Reading« (in eine Handlung oder Aktion eingebettetes Lesen) klingt martialisch, hat aber nichts mit Journalisten in amerikanischen Schützenpanzern zu tun, sondern ist dem minimalistischen Lesen nahe verwandt: Lesen, ohne dass es wehtut. Kinder lesen im Feuereifer eines Spiels Aufgabenkärtchen, Spielpläne und Quizfragen und merken es gar nicht. In manchen Konsolenspielen unterhalten sich die Figuren in Sprechblasen – Lesenkönnen erforderlich! Vom Kinoprogramm bis zur Bastelanleitung, vom Wegweiser bis zur Gebrauchsanweisung, vom Rätsel zum Kochrezept. Mein Sohn begann mit einem *Star-Wars*-Kochbuch jüngst eine respektable Kochkarriere: seine Darth-Maul-Brownies schmecken ausgezeichnet.

Die wichtigsten Formen des »Embedding Reading« sind heute wohl digitales Lesen und Schreiben: Simsen, Posten, Chatten. Wann immer wir Erwachsenen über diese neue Schreibkultur schimpfen, treiben wir vielleicht einem lesewilligen Kind ein kleines Stück Lesefreude aus. SMS kann man vielleicht wegen des zu teuren Handytarifs kritisieren, aber bitte niemals wegen des Lese- und Schreibaspekts, sondern im Gegenteil. Wenn Lydia und Severin täglich 50 SMS austauschen (Eltern sollten wissen, dass das eher die Untergrenze ist.), dann lesen und schreiben sie einander an einem Tag im Umfang eines Märchens oder einer Sage, in einem Monat (wenn Liebe und Wertkarte halten) einen ganzen Liebesroman. Rechtschreibfehler bei »Ich libe dich«? Geschenkt!

Dass Erwachsene sich über die Internetsucht von Kindern Sorgen machen, halte ich im Zweifelsfall für ein gutes Zeichen. Dass Kinder sich in diversen Foren und Chats die Nächte um die Ohren schlagen, erinnert mich irgendwie an Zeiten, in denen Eltern nächtliches

Lesevorbot erteilten und wir mit der Taschenlampe unter der Bettdecke lasen. Aus lesepädagogischer Sicht ist heimliches und exzessives Surfen zu begrüßen.

Minimalistisches Lesen und Embedded Reading eignen sich auch gut als Lesetraining: Personality-Porträts von Pop- und Filmstars im Internet zu recherchieren; auf den Seiten von Sportorganisationen – FIFA, FIS, FIA – gezielt nach Informationen zu suchen, Sportergebnisse und Tabellen auszuwerten. Die Kids suchen lassen, welche Informationen sie zum Lieblingsfilm, zum Lieblingspopsong, zum Lieblingsbuch im Netz finden, ist auch eine Möglichkeit und außerdem eine Abwechslung zu Fibeltexten und Lesebuchsagen. Klingt ungewöhnlich? Ist es auch leider.

___ Easy Reading

Umfragen, was Kinder in Jugendmagazinen am liebsten lesen, ergeben übereinstimmend: Witze. »Easy Reading« ist das Junkfood im Lektürekontext und hat trotzdem seine Berechtigung und für manche Kinder sogar essenzielle Bedeutung: Lesen just for fun. Kann sich bei *Donald Duck* und anderen Comics einstellen, wenn Bilder und wenig Text in Sprechblasen lustige Geschichten erzählen, oder beim Manga, durch den LeserInnen galoppieren »wie ein Rennpferd durch die Seiten und die Geschichte quasi wie in einem Film erleben«.[75] Comic und Manga sind echte Einstiegshilfen für Kinder, vor allem für Burschen, die laut Gehirnforschung eher vom Bild zum Text orientiert lesen. Und sie sind längst eine anerkannte Literaturform. Der legendären *Donald-Duck*-Übersetzerin Erika Fuchs wurde jüngst zu Recht ein Museum errichtet. Comics werden nicht nur von Kids, sondern auch von LeseexpertInnen als wichtiges Medium geschätzt.

Tun wir Erwachsene ja auch gern, anstrengungsfrei lesen … PsychologInnen sprechen dann etwas nobler vom »ludischen« Lesen: ohne Zwang und Zweck, nur zum individuellen Vergnügen. Wenn ich mich am Sonntagvormittag durch Zeitungen döse oder im Internet surfe, so ist der Informationscharakter nur *ein* Grund oder Vorwand – tatsächlich betreibe ich Easy Reading. Wir alle blättern ab und zu gern durch eine Melange aus Unterhaltung und nutzlosem Wissen, wie sie selbst seriöse Zeitungen unter dem Druck digitaler Medien immer öfter anbieten.

Dasselbe gilt für Kinder: Anstrengungsfreies Lesen ist die ideale Ergänzung zu den Mühen des Lesenlernens und daher aus pädagogischer Sicht unbedingt zu empfehlen. Schmökern kann eine befreiende Leseerfahrung sein, vielleicht sogar kurzfristige Alternative zum allgegenwärtigen Konsolenspiel: auf Urlaubsreisen, in Wartezimmern, im Bus. Erlaubt ist, was gefällt: Bücher zum neuesten Spielfilm (große Fotos, kurze Texte), Witzesammlungen, Begleithefte zu TV-Serien (gibt's zu praktisch jeder erfolgreichen Serie), Star-, Auto- oder Sportmagazine sind zweifelsfrei keine »hohe« Literatur, aber allemal besser und sinnvoller als jene Billigübungsblattsammlungen, die Eltern in guter Absicht gern auf Urlaubsreisen für ihre Kinder mitnehmen und die weder mit Lesen noch mit Freude irgendetwas zu tun haben. Alle solche Easy-Reading-Produkte gehören meines Erachtens auch in eine gut sortierte Schulbibliothek!

____ Evasorisches Lesen

Vom Küchentisch ab in die Galaxis, aus der U-Bahn raus in den gefährlichen Dschungel: »Evasorische Literatur« wird oft abschätzig behandelt und ist doch für viele Kinder der Türöffner zum Lesen: Bücher, die Lustgefühle erzeugen, Streicheleinheiten für den eigenen Gefühlshaushalt bieten und – meist in Buchreihen erscheinend – verlässlich vertraute Grundmuster mit Spannungs- und Gruseleffekten kombinieren. Sie fordern LeserInnen auf einem bestimmten Level heraus, aber nie darüber. Das Lesemotiv ist Ablenkung durch Handlung, Spannung und Abenteuer, Kitsch und große Gefühle. Lektüre wie eine Soap Opera oder eine Fahrt in der Geisterbahn. Das Angebot ist vielfältig: Superhelden- und Heldinnenbücher, Mutmach- und

Zutrau-Bücher, Fantasy-Schinken und Prinzessinnen-Klischees im Hollywoodsetting. Ich breche hiermit eine Lanze für alle jene Serien voller Lesefutter, die für viele Kinder den Einstieg in die Welt der Literatur bieten, auch und gerade weil sie oft von TV-Serien oder Filmen unterstützt werden: für die *Hexe Lilli* von Knister und Thomas Brezinas Wunderfahrrad *Tom Turbo*, für die diversen Dinosaurier-, Mittelalter-, Spionage- und Mysteryreihen für Halbwüchsige und die immer noch wachsende Familie von Drei-oder-Vier-oder-Fünf-Freunde-als-Superdetektive-Reihen, die nie den Nobelpreis für Literatur erhalten werden, aber gerade in ihrer stereotypen Vorhersehbarkeit für Kinder attraktiv sind, vor allem für jene, die im Elternhaus nicht ästhetisch vorgeschult wurden.

Die Unterhaltungsabteilung für Erwachsene unterscheidet sich nicht wesentlich davon: Buchserien mit Markencharakter, gut berechenbar und vorhersehbar, leicht verfilmbar und mit den immer gleichbleibenden Charakteren und Handlungselementen. Ich selbst schäme mich auch nicht für meine Lektüre der pseudogelehrten Weltverschwörungstheorien eines Dan Brown und für die italienische Commissario-Abteilung mit Stereotypen des guten italienischen Essens, mafiösen Geschäften und leicht vertrotteltem Vorgesetzten von Triest bis Sizilien. Man wird ja nicht als Kleist-, Kafka- oder Bachmann-LeserIn geboren, und wem die häusliche Sozialisation fehlt, der hat oft über Trivialliteratur die einzige Chance, zum Buch und zum Lesen zu finden. Und so wie ich nach 40 Bänden Karl May irgendwann genug von deutschem Edelmut und pseudoindianischer Folklore hatte und zu Anspruchsvollerem griff, geht es den Jungen heute vermutlich auch. Was ist denn überhaupt ein »gutes Buch«? Ein gelesenes. Ein schlechtes Buch: eines, das nicht gelesen wird. Lesen darf hemmungslos Spaß machen, urspannend und untief sein und auch unanständig; es darf trivial, kitschig, klischeehaft sein – so wie das Leben selbst.

Wie vermitteln wir Easy Reading und evasorisches Lesen? Anbieten, ermöglichen, ermutigen, die Lektüre respektieren! Sie ist

Leseeinstieg und Lesefutter, oft einzige Chance für Lesemuffel, oft das einzig Schaffbare für Kinder mit Leseproblemen. Kein schlechtes Gewissen wegen Micky Maus und Batman: Wirklicher Schmutz und Schund lauern anderswo. Respektieren, sich nicht lustig darüber machen, behutsam mit dem Text und seinen LeserInnen umgehen, nicht zerreden und zerlesen: Evasorische Literatur eignet sich nicht für Textanalyse.

⎯⎯ Literaturnobelpreis für Bob Dylan?

Jahr für Jahr wird Bob Dylan für den Literaturnobelpreis vorgeschlagen, bekommt ihn natürlich nicht, doch ehrwürdige BewahrerInnen der Literatur schütteln schon beim bloßen Gedanken daran indigniert den Kopf. Ein Popstar als Nobelpreisträger? Undenkbar. Möge dem Nobelpreiskomitee so ein Fehlgriff nicht passieren. War ja schon peinlich, dass ein Theaterclown wie Dario Fo oder eine Nestbeschmutzerin ohne Satzzeichen wie Elfriede Jelinek ausgezeichnet wurden. Schade eigentlich, denn es wäre ein feines Signal: »Lyrics« – jene Form der Literatur, die fast alle jungen und auch älteren Menschen erreicht. Es wäre eine spannende Öffnung des Literaturbegriffs, es würde neue Töne zulassen. Wenn wir junge Generationen zur Literatur führen wollen, wird es dringend notwendig sein, die Popkultur einzubeziehen.

Der deutsche Sprachraum (und die ihm innewohnenden Schulen sowie das Feuilleton) erweist sich seit jeher als besonders resistent gegen Unterhaltungsliteratur und versteht sich als Hort des Wahrenschönenguten. Dabei wehrt sich der Literaturmarkt selbst heftig gegen E- contra U-Etikettierungen (E für Ernst, U für Unterhaltung) und erzeugt fröhlich Hybride aller Art. Comic lesen oder Thomas Bernhard? Kafka oder Manga? Am besten beides in einem! Comic und Literatur vermischen sich zur neuen Form der »Graphic Novel«; Thomas Bernhards *Alte Meister* oder Franz Kafkas *Verwandlung* gibt es als faszinierende Hybride von genialen Zeichnern.[76]

Ist es nicht befreiend, wie offen und locker der Literaturbegriff geworden ist? Erzählende Sachbücher verpacken Informationen in spannende Geschichten (und verkaufen sich hervorragend), Bilderbücher werden für alle Altersgruppen geschrieben und gezeichnet und erfordern selbst von Erwachsenen ein hohes Rezeptionsniveau. Mit *Gregs Tagebüchern* von Jeff Kinney entstand ein frecher Crossover zwischen Cartoon und erzählender Literatur. Viele AutorInnen scheren sich um Erwachsenen- und Jugend-Schubladen genauso wenig wie um E- und U-Literatur und bieten sogenannte Popliteratur an, die unterhält, betrifft, erschüttert – oft alles in einem Buch.

Dazu gehören auch die bereits erwähnten Mythenschinken mit Filmbegleitung. Ich empfinde es als unerträglich, wenn LehrerInnen offen zugeben, dass sie Jugend-Popkultur nicht interessiert und dass sie keine Ahnung haben von Bestsellern wie *Eragon* oder *Harry Potter* oder *Twilight*. Für mich ist diese in Seminaren manchmal offensiv zur Schau getragene Haltung kein Beweis für Niveau, sondern eher für mangelndes Berufsverständnis. Als pädagogische Bezugspersonen müssen wir keine Fans von Darth Vader oder Dumbledore sein, aber wir sollten eine Ahnung davon haben, was unsere SchülerInnen bewegt und interessiert. Und wir müssen zur Kenntnis nehmen, dass die Aneignung literarischer Themen heute vorrangig über digitale Medien und sehr viel seltener über Bücher läuft. Natürlich wollen wir Kinder zum Buch und zum Lesen bringen. Ignoranz der Popkultur macht uns aber selbst in den Augen der Kinder nur unglaubwürdig. Wir bringen uns so nur um die Chance, Literatur zwangsfrei in das Medienuniversum einzubetten. Und vor allem: Wenn wir heute ernsthaft das gute Buch in Konkurrenz zu den bösen Medien stellen wollen, ist klar, wer auf der Strecke bleibt.

Vielleicht führen ja die computeranimierten Clone Wars manch einen jugendlichen Yedi-Ritter dazu, eines der Begleitbücher in die Hand zu nehmen, vielleicht will ein weidwundes Mädchen nach Ansehen von *Twilight* genauer nachlesen, wie es ist, von einem Vampir geküsst zu werden. Wenn nicht, so wird zumindest das narrative Bedürfnis unserer Kids befriedigt, ohne das unsere Kinder nicht nur fantasy-, sondern auch fantasielos wären. Popkultur muss man nicht im Unterricht lesen, das wäre womöglich kontraproduktiv. Aber Popkultur kann man fördern, zulassen, empfehlen, in die Schulbibliothek stellen, in jedem Fall aber dulden. Wir sollten akzeptieren, dass zur Literaturaneignung heute auch das Anschauen von Filmen, das Hören von Hörbüchern, eben das ganze mediale Programm gehört.

Es muss mir erst mal jemand beweisen, warum das Lesen von *Herr der Ringe* oder *Die Tribute von Panem* zwingend wertvoller ist als das Anschauen der entsprechenden Filme.

___ Bilderbücher, Kinder- und Jugendliteratur

Back to the roots. Die heutige Generation der Bilderbücher bietet ein faszinierendes Zusammenspiel von Schrift und Bild, erzählt Geschichten auf unterschiedlichen Ebenen und Modi. Typografie, Papiermaterial, Format, Bilder und Worte formen gemeinsam ein Buch. Moderne Bilderbücher sind Gesamtkunstwerke, in denen die einzelnen Teile in einen Dialog miteinander und mit den LeserInnen treten, einander unterstützen, manchmal sogar widersprechen. Das gegenwärtige Bilderbuchangebot ist längst eine eigene literarische Kategorie geworden: »All-Age-Bilderbücher«. Ich finde es immer wieder erstaunlich, dass anspruchsvolle Bild-Text-Kompositionen im Kindergarten genauso gut ankommen wie bei MaturantInnen oder erwachsenen RezipientInnen. Für Bilderbücher gilt dasselbe wie für die digitalen Medien: Lesen erfolgt heute nicht nur über die Rezeption von Buchstaben und Schrift, sondern auch über bildhafte Elemente und Gesamtdesign. Bilderbücher sind die ideale Vorbereitung auf Lesen im digitalen Zeitalter, bieten in allen Altersstufen ästhetische und literarische Herausforderungen. Freilich braucht es von uns Erwachsenen die Offenheit, uns auf zeitgemäßes Design einzulassen.

Ich quäle mich schwitzend und keuchend durch den peruanischen Dschungel von Yurimaguas auf der Suche nach Inkaspuren; ich trinke mit Onkel Mustafa einen Kräutertee auf seinem Zauberteppich im Libanon und begleite das Hirtenmädchen Amani mit ihren Schafen in die Hügel des Westjordanlandes. Als Jurymitglied für den österreichischen Kinder- und Jugendbuchpreis musssolldarf ich innerhalb weniger Wochen über einen Bücherberg fliegen – Bilder-, Kinder-, Jugendbücher. Es ist ein seltsamer Flug: in 80 und mehr Büchern um die Welt, viele kleine und große Schicksale, Kinder aus vielen Ländern, viele Sorgen und Probleme, aber auch viel Freude und Begeisterung. Gute Kinder- und Jugendliteratur hat sich vom pädagogischen Zeigefinger verabschiedet und spiegelt die Themen und Anliegen, aber auch die Sprache junger Menschen wider. Unverständlich, dass viele LehrerInnen immer noch resistent gegenüber neuer Jugendliteratur sind, obwohl gerade diese einen emotionalen Zugang für SchülerInnen schaffen könnten. Wir sollten überlegen, was jungen Menschen nähersteht und was sie sprachlich mehr involviert: ein angestaubter Text von Gottfried Keller oder ein zeitgemäßer Jugendroman zum Beispiel von Wolfgang Herrndorf oder Elisabeth Etz oder Sarah Orlovsky oder Rosmarie Eichinger oder oder … Nestroy oder Nöstlinger. Selbst dort, wo mit Jugendliteratur gearbeitet wird, spürt man manchmal den Staub der Jahrzehnte rieseln. Nichts gegen Georg Noacks wunderbaren Roman *Rolltreppe abwärts* (Ich hatte die Ehre, einmal mit dem Autor persönlich in einem Wiener Café Tafelspitz zu essen.) oder gegen Gudrun Pausewangs erschütternde Dystopie *Die letzten Kinder von Schewenborn*. Natürlich gibt es Jugendbuchklassiker, die viele Generationen von Jugendlichen ansprechen, doch eine besonders große Qualität von Jugendliteratur liegt in ihrer Zielgruppenreferenz: dass sie die Themen, Anliegen und die Sprache, den Jargon einer bestimmten Jugendgeneration aufgreift. Und es gibt wunderbare junge AutorInnen und Werke, die sich einen Platz neben den Klassikern in der Schulbibliothek verdienen.

Enhanced E-Books, Buch-Apps und SMS-Romane

Eine interessante Entwicklung ist derzeit mit Enhanced E-Books für Kinder und Jugendliche im Fluss, digitale Bücher, bei denen der Text durch verschiedenste Modi erweitert wird. Alle großen und kleinen Verlage experimentieren – mit unterschiedlichen Budgets, aber allesamt noch recht rat- und ziellos – mit digitalen Medien und bieten Kinderbücher in unterschiedlichsten Formaten und Animationen für Tablets an. Die Bandbreite reicht von minimalen Animationen (in denen der böse Wolf gerade mal den Schwanz bewegen kann) bis zu Digital Books, die wie eine Mischung aus Film und Computerspiel wirken. Es gibt E-Books, die man sich in verschiedenen Sprachen vorlesen lassen kann, und solche, deren Text man wie eine Karaoke-CD selbst vorlesen und aufnehmen kann. Welches Format sich durchsetzen wird, wohin sich diese Hybride entwickeln und wie sie heißen werden – E-Book, Buch-App, digitales Buch? –, ist derzeit noch völlig offen. Aber wenn Kinder an Apps und E-Books Spaß finden, dann sollten wir sie darin unterstützen, denn ohne Zweifel liegt die Zukunft des Lesens in digitalen Formaten. Ich halte auch die japanischen SMS-Fortsetzungsromane, die täglich in SMS-Länge aufs Handy Tausender Jugendlicher gesendet und von ihnen in der U-Bahn auf dem Weg in die Schule begeistert gelesen werden, für eine interessante Literaturform.

Muss man Weltliteratur lesen?

Welche und wie viel Weltliteratur sollen, müssen junge Menschen heute gelesen haben, vor allem jene, die Matura machen wollen? Und noch viel wichtiger: Wie bringt man junge Menschen dazu, dass sie nach der Schule wenigstens ab und zu freiwillig – und jetzt passt diese abgegriffene Formulierung endlich –»zu einem guten Buch greifen«?

Clay Shirky, Wissenschaftler an der New York University, forderte 2008, man solle seine Zeit nicht mehr damit verschwenden, Bücher wie Tolstojs *Krieg und Frieden* zu lesen.»The reading public has increasingly decided that Tolstoy's sacred work isn't actually worth the time it takes to read it (…) No one reads War and Peace. It's too long, and not so interesting.«[77] Keine Sorge: Menschen, die dicke Bücher mögen, dürfen und werden sie selbstverständlich auch weiterhin lesen. Aber Hand aufs Herz: Wie viele waren das in der Vergangenheit? Musils *Der Mann ohne Eigenschaften* gilt in Österreich als legendäre Nacht-kästchenausrede, seit der frühere Bundeskanzler Bruno Kreisky seiner-zeit beiläufig nuschelnd erwähnte, dass dieses Buch immer neben sei-nem Bett liege. Für wie viele Menschen waren und sind *Krieg und Frieden, Anna Karenina* oder *Die Strudelhofstiege* bloß fünf Zentimeter gut verstaubtes, bildungsbürgerliches Dekor im Bücherregal? Ich selbst habe diese drei Bücher nie gelesen. Ich sah jedoch die beiden Romane von Tolstoj mehrmals als Kino- bzw. Fernsehverfilmungen und in bemerkenswerten Dramatisierungen am Theater. *Die Strudelhofstiege* begleitete mich einige Tausend Kilometer auf Dienstreisen als Hör-CD-Edition von großartigen SchauspielerInnen gesprochen. Und ich habe durchaus das Gefühl, diese Werke ganz gut zu kennen.

Ich denke, auch das ist eine wichtige Form der Literaturaneig-nung in der Schule und passt zum erweiterten Lesebegriff: die großen Werke der Weltliteratur über Film, Theater und Hörspiel kennenzu-lernen, ebenso auf YouTube, dem wohl umfangreichsten kostenlosen Archiv der Weltliteratur, durchaus auch fragmentarisch und exempla-risch. Oft macht das verfilmte Werk Lust darauf, zumindest Ausschnit-te nachzulesen. Oder ein Ausschnitt macht Lust aufs Ganze.

Ich beschloss seinerzeit, nach dem Film *Die Gefährten* aus Peter Jacksons Trilogie *Herr der Ringe* das Buch zu lesen, weil ich nicht zwei Jahre auf die Filmfortsetzungen warten wollte. Weltliteratur lesen? Max Delius, eine der Hauptfiguren in Harry Mulischs Roman *Die Entdeckung des Himmels*, besitzt ein Bücherregal, auf dem nur zehn Bücher Platz haben. Es stehen dort immer die zehn Bücher, die Max im Augenblick am meisten bedeuten. Sobald ein neues Buch wichtig wird, wandert es auf dieses Regal, ein anderes muss weichen. Augenblicksaufnahme der eigenen Interessen. Das wünsche ich allen jungen Menschen: ein – möglichst nicht nur metaphorisches, sondern reales – Bücherregal mit zehn wichtigen Büchern, die laufend gewechselt werden. Und LehrerInnen, die SchülerInnen helfen, so ein individuelles Bücherregal zu bestücken.

Ich bin nämlich ein strikter Gegner irgendwelcher Kanons. Selbstverständlich soll und wird man auch in Zukunft Weltliteratur lesen, und MaturantInnen ist sowohl klassische als auch moderne Literatur zumutbar, aber bitte nicht in der anachronistischen Form der Zwangs-, pardon, Klassenlektüre im Monats- oder Wochentakt mit anschließender Pflichtinhaltsangabe. Das Selbstbild von uns DeutschlehrerInnen sollte doch nicht eines von LiteraturzwangsvollstreckerInnen sein, sondern eines von ErmöglicherInnen, die jungen Menschen helfen, aus der faszinierenden Vielfalt der Literatur ihr individuelles Bücherregal zusammenzustellen.

_____ Lesen als Verunsicherung

»Das größte Verdienst der Literatur ist vielleicht nicht so sehr, die Welt zu beschreiben, gesellschaftliche Bedingungen zu durchleuchten oder uns zu belehren, sondern vielmehr die personalen Erfahrungen, die wir machen können, über die Grenzen unseres unmittelbaren Erlebens hinaus zu erweitern. Literatur ermöglicht Begegnungen, wie sie der Alltag in der Regel nicht gewährt«, sagt Bettina Hurrelmann.[78]

Am Anfang steht bei Kindern meist das distanz- und auch kritiklose Identifizieren mit einer literarischen Figur. Sie begegnen ihr abseits des eigenen, realen Alltags und verstehen durch sie sich selber besser: indem sie ihre Nöte und Befindlichkeiten in die Figur projizieren und umgekehrt. Schritt für Schritt erweitern LeserInnen den Umgang mit den literarischen Figuren, aus bedingungslosem Identifizieren wird »Involvement«, immer noch lebt die Lektüre von der emotionalen Beteiligung, aber oft macht nun das Pendeln zwischen Nähe und Distanz zu den Figuren den besonderen Lesegenuss aus. Es zeichnet schließlich kompetente LeserInnen aus, dass sie auch neugierig sind auf Unerwartetes, Verstörendes, dass sie bereit sind, Fremde zu akzeptieren oder sich auch einmal von literarischen Figuren zu distanzieren. Gut nachvollziehbar wird dieser Mechanismus bei Joanne K. Rowlings *Harry-Potter*-Romanen: Identifizieren sich die meisten LeserInnen anfangs mit dem Zauberlehrling Harry – welches Kind träumt nicht davon, sich unliebsame Verwandte durch Zaubertricks vom Leibe zu halten? –, so gewinnen nach und nach auch andere Figuren an Faszination. Glaubt man den Fansites im Internet, so ist der schillernde Severus Snape eindeutig der Superstar, von dem im Roman fast bis zur letzten Minute offen bleibt, ob er eigentlich ein ganz Guter oder ein furchtbar Böser ist.

Bleibt noch ein letzter literarischer Schritt: die Bereitschaft, schwierige, vertrackte Texte anzunehmen, Texte zu lesen, die den eigenen Gefühlshaushalt nicht bestärken, sondern verunsichern. Literatur, die keine Antworten gibt, sondern Fragen stellt.

»Mich interessieren also Dichter, die abseits gehen und fremd bleiben, auch sich selbst fremd, Verstörte, die aber besessen sind von der Präzision des Ausdrucks, als wollten sie sich bis zuletzt an etwas festhalten …«, so Elfriede Jelinek.[79]

Als sie den Literaturnobelpreis erhielt, nannte eine entrüstete Politikerin die Jelinek eine Nestbeschmutzerin, die dieses Österreich »in den Dreck ziehe«. Ich erinnere mich, dass rechte Recken Thomas Bernhard eine Fuhre Mist vors Burgtheater führten, H. C. Artmann Ungeheuerlichkeiten unterstellten und Peter Turrini und Josef Winkler zu Vaterlandsverrätern stempelten, weil sie das taten, was Literatur tun muss und wofür sie wichtig ist: Gewissen sein und Gewissen zeigen. Nicht das Nest beschmutzen, sondern auf den Schmutz im Nest hinweisen und oft und oft verzweifelt darüber sein. Und ich erinnere mich, dass man auch Christine Nöstlinger, die vor ein paar Jahren den Hans-Christian-Andersen-Preis, den höchsten Kinderbuchpreis der

Welt, erhalten hat, einst beschimpft hat, weil sie Kinder in ihren Büchern so reden ließ, wie Kinder nun mal reden.

Was hat Literatur denn letztlich für eine andere Aufgabe, als ein Spiegel zu sein für Realität, Zustände zu benennen, sie zur Sprache zu bringen? Und alle diejenigen, die über unsere SchriftstellerInnen geifern und so gern von Hoch- oder Volkskultur schwafeln, haben offensichtlich keine Ahnung, dass ein Schiller, ein Büchner und ein Nestroy auch nie etwas anderes taten, als ihre Heimat zu kritisieren und an ihrer eigenen Kritik oft schier zu verzweifeln.

Der Nobelpreis für die Jelinek war für uns LiteraturpädagogInnen eine wichtige Ermutigung, aber auch ein Korrektiv. Literatur ist nicht für den Deutschunterricht da, sondern umgekehrt! Die Dichter wollen uns keine Antworten liefern, sondern Fragen stellen! Literatur beschwichtigt nicht, sie weckt auf! Literatur hat keinen Grundgedanken, keine Patentlösungen, sondern erzählt vom (eigenen) Nichtwissen, der Ungewissheit. »Mir scheint an den Dichtern … die Nichtgewissheit das Gemeinsame zu sein«,[80] sagt Elfriede Jelinek. In Zeiten der Slogans und Schlagworte, der simplen politischen Lösungen und der vielen Selbstgefälligen im Rampenlicht der Medien ist dies vielleicht das Wichtigste: die Nichtgewissheit. Die Selbstzweifel. Das Nachdenken über sich und den anderen. Das sich in Literatur ausdrückt.

»Lesen heißt mit einem fremden Kopfe statt dem eigenen denken«, so der Philosoph Arthur Schopenhauer.[81] Lesen heißt, sich selbst zu finden in einer fremden Figur, in einer fremden Geschichte. Wir erkennen uns im Fremden. Literatur macht uns das Fremde ein wenig vertrauter. Und Literatur verfremdet das Vertraute, damit wir es aus einem anderen Blickwinkel sehen können. Das ist der faszinierende Dreischritt: von Identifikation über Involvement zu Distanz. Von der evasorischen Literatur, die unseren Gefühlshaushalt durch Klischees bestärkt, bis zu Texten, die diese infrage stellen. Kein Entweder-oder, sondern Etappen einer Lesebiografie, die ich all unseren Kindern und Jugendlichen und uns LeseerzieherInnen wünsche.

⸻ Abschied vom Lesen? Nachwort.

Wer im Februar nach Florenz fährt, kann das Glück haben, die Brancacci-Kapelle in der Kirche Santa Maria del Carmine ohne touristischen Ansturm und endlose Warteschlangen zu erleben. Da steht man fasziniert und liest die Bilder von *Adam und Eva im Paradies* und die *Geschichte des Apostel Petrus* in der gewaltigen Bildersprache des Masolino da Panicale und seines revolutionären Schülers Masaccio. Ist überwältigt von der emotionalen Radikalität Masaccios, der Adam und Eva bei der Vertreibung aus dem Paradies Verzweiflung und Ratlosigkeit in die Gesichter schreibt und ihre Nacktheit illusionslos zur Schau stellt. Bemüht sich instinktiv, die Bilderfolge vom Leben des Petrus in eine chronologische Reihenfolge zu bringen. Man steht und schaut und liest die Kapelle wie ein Buch: ein frühes, multimodales Informationssystem aus Licht, Farbe, Zeichen.

Während ich dieses Buch schreibe, fällt mir immer wieder dieser solitäre Raum ein. Und ich wünsche mir, dass junge Menschen lernen, auch solche Räume zu lesen und für sich zu deuten. Dass sie die Nuancen erkennen, die den Unterschied zweier großer Künstler ausmachen. Dass sie die Atmosphäre eines stillen Text-Bild-Raumes wie jenes in der kleinen Seitenkapelle der dunklen kühlen Kirche spüren. Und dass sie Lust bekommen, aus dem Lärm und der Kakofonie unserer Multimediagesellschaft draußen in der Stadt und überall in der vernetzten Welt ab und zu für ein paar Momente auszusteigen, in einen Raum wie diesen oder in ein Bild in einer Ausstellung oder in ein Buch.

Die Sorge, dass unsere Kinder das Lesen verlernen oder, besser gesagt, nicht richtig erlernen, ist ernst zu nehmen. Die digitalen Medien können zu geistigen Höhenflügen führen, aber auch dazu verleiten, abzustumpfen. Der Umgang mit digitalen Medien und Social Media erfordert ähnliche Vorsichtsmaßnahmen wie der Straßenverkehr. Andererseits: Panik ist unangebracht. Pauschale Medienkritik ist so alt wie die Medien selbst. Sokrates warnte schon in meinem Vorwort davor, dass Lesen unser Gedächtnis töte, meine Großtante warnte mich, dass Bücherlesen meine Augen verderbe und allein in den letzten 100 Jahren gab es jede Menge medialer Bösewichter, die vermeintlich die Jugend verblöden lasse: Radio, Rock 'n' Roll, Fernsehen, Comics, Computerspiele. Die angesagten Horrorszenarien fanden alle nicht statt.

Zweifellos kommen auf Elternhaus und Schule viel Arbeit und spannende Herausforderungen zu. Es scheint mir aber, wie in allen pädagogischen Fragen, sinnvoll, Kinder nicht von vornherein als dumm und faul abzustempeln und nach Verbots- und Verhinderungsstrategien zu rufen, sondern ihnen einen vernünftigen Umgang mit digitalen Medien zu ermöglichen und zu vermitteln. Ich glaube und sehe, dass viele junge Leute mit diesen Medien besser, kritischer und geschickter umgehen als wir Erwachsene. Statt über die Bedrohungen der digitalen Medien zu jammern, könnten wir die Situation »ums selbe Geld«, wie man auf Wienerisch sagt, auch positiv sehen.

- Unseren Kindern steht eine faszinierende Medienorgel zur Verfügung, die sie mit der ganzen Welt verbindet und die Sichtweisen möglich macht wie nie zuvor. Internet und Popkultur können demokratische Welten sein, zu denen wirklich jeder Zugang haben kann.

- Kinder lesen und schreiben heutzutage mehr als je eine Jugendgeneration vor ihnen, freilich in anderen Medien, in einer anderen Sprache und zu anderen Inhalten als frühere Generationen.

- Nicht die digitalen Medien befördern den Analphabetismus, sondern umgekehrt: Analphabetismus verhindert, digitale Medien kritisch und selektiv zu nutzen. Wer nicht lesen kann, bleibt von weiten Teilen unserer digitalen Gesellschaft ausgeschlossen.

- Leseerziehung muss sich von den Gleichungen Text = Buch und Lesen = Buchstabenlesen verabschieden. Die Fähigkeit, zu lesen, ist heute eine umfassende Rezeptionskompetenz in digitalen Medien und Informationssystemen. Die Schule muss rasch die Herausforderungen der digitalen Welt annehmen, statt mit Realitätsverweigerung, Restriktionen und Verboten zu reagieren.

⏐ Das literarische, narrative Bedürfnis junger Menschen wird heute nicht nur durch Bücher, sondern als Mediencrossover auch durch Film, Fernsehen, Computerspiel, Hörbuch abgedeckt. Es sollte für uns PädagogInnen selbstverständlich sein, dass wir von dieser neuen literarischen Welt der Jugendlichen zumindest eine Ahnung haben.

⏐ Bücher verlieren ihren moralinsauren Pflichtcharakter, wenn wir ihnen den Platz zuweisen, den sie bei begeisterten BuchleserInnen immer hatten: individuelles Medium zur Selbstfindung und Selbstorientierung, privater Rückzugsort.

⏐ Die häufigsten Textformen des Alltags sind multimodale Texte in realen oder virtuellen Informationssystemen, also die Kombination von Schrift mit Bildern und anderen Modi. Eine große Herausforderung an die Leseförderung ist es, Kindern Strategien für dieses multimodale Lesen zu vermitteln.

⏐ Lesen ist niemals eine passive, sondern immer eine aktive, konstruktive Tätigkeit. LeserInnen, die sich dessen bewusst sind, können Medien, ihre Inhalte und Absichten kritisch bewerten, selektiv nutzen oder auch verweigern.

Das alles ist keine Abwertung des Lesens, wie es KulturpessimistInnen befürchten, sondern eine Neubewertung. Lesen ist heute keine elitäre Tugend oder weltfremder Selbstzweck, sondern fließt in unser tägliches Leben selbstverständlich ein. LeserInnen sind keine besseren Menschen, aber sie können ihren Alltag, ihr Leben besser organisieren, freudvoller, erfüllter, easier bewältigen. Und zwar sowohl in den spielerischen Potter-Universen als auch in den pflichtbesetzten PISA-Business-Welten.

Danke

Berufsbedingt habe ich das Glück, viele großartige Leseforscher-Innen und engagierte LeseförderInnen persönlich zu kennen, speziell meine Freunde und Freundinnen von der EU-Read und vom Buchklub-Netzwerk sowie viele engagierte LehrerInnen in ganz Österreich. Ihnen und vielen anderen verdanke ich wertvolle Impulse und Empathie für Leseförderung und auch für dieses Buch. Meine MitarbeiterInnen im Buchklub helfen mir, vage, theoretische, manchmal verrückte Ideen in die Praxis spannender Medien und Leseprojekte für Kinder umzusetzen.

Mein älterer Sohn Viktor begleitete mich bei meinen und seinen ersten Schritten im Internet und auf Computerkonsolen, er als Digital Native, ich als »Zugraster« (Zugereister). Ich verdanke ihm viele gemeinsame Erfahrungen. Heute fungiert er als verlässlicher Ratgeber, wenn sich sein Vater mit digitalen Geräten wieder einmal nicht auskennt. Mein jüngerer Sohn Nikolaus verdiente bis zu seinem elften Lebensjahr redlich die Bezeichnung »Lesemuffel« wie viele Burschen seines Alters. Vor Kurzem bat er mich, ihm doch einmal ein *Harry-Potter*-Buch mitzubringen. Ich kaufte skeptisch den ersten Band. Nikolaus begann zu lesen und hörte nicht mehr auf. Nach wenigen Wochen hatte er Band eins bis vier verschlungen. Ich hatte zwar bisher von diesem Kick gelesen, wenn Kinder das richtige Buch entdecken, es aber doch eher als nettes Märchen abgetan. Ich möchte aber nun allen Eltern und LesepädagogInnen Hoffnung machen: Es gibt das richtige Buch für jedes Kind! Nikolaus half mir übrigens, mich in der aktuellen Kinder- und Jugendkultur der Pokémon und Yu-Gi-Ohs zurechtzufinden.

Meine Partnerin Birgit ertrug es mit Geduld, dass ich tage- und nächtelang im UFO, meinem Arbeitszimmer, verschwand, um an diesem Buch zu arbeiten, lächelte alle meine depressiven Phasen und Schreibblockaden weg und ermutigte mich, dieses Buch zu schreiben. Meine Lektorin Karin Ballauff hat meinen Text mit viel Sprachgefühl präziser und stimmiger gemacht. Danke euch allen!

___ Anmerkungen

1 Manguel Alberto (1999), S. 15

2 Turkle Sherry: Leben im Netz: Identität in Zeiten des Internets. Reinbek bei Hamburg 1999

3 Schopenhauer Arthur: »aber lasst die Sprache unbesudelt«, zit. n. Polenz: Deutsche Sprachgeschichte Bd. III, Berlin 1999, S. 301

4 JIM-Studie (2012)

5 Vgl. Böck Margit (2007)

6 Lobe: Das kleine Ich-bin-ich, Wien 1972

7 Kunczik und Zipfl (2004), S. 17

8 Bettelheim Bruno: Kinder brauchen Märchen. Stuttgart 1977

9 Vgl. Rosenstingl Herbert und Mitgutsch Konstantin (2009)

10 Paus-Hasebrink Ingrid u. a.: Medienkindheit Markenkindheit (2008), S. 25

11 www.westhoefer-online.de/dirk/starwars

12 Watzlawick Paul: »Die Geschichte mit dem Hammer«, in: Watzlawick Paul: Anleitung zum Unglücklichsein. München 1983

13 Vgl. Dehaene Stanislas (2010)

14 Kafka Franz: Die Verwandlung. http://gutenberg.spiegel.de/ buch/165/1

15 Frisch Max: Stiller. Frankfurt am Main 1954

16 Im folgenden Abschnitt beziehe ich mich vor allem auf Dehaene (2010).

17 Coltheart Max: »Lexical Access in Simple Reading Tasks«, in: Geoffrey Underwood (Hg.): Strategies of Information Processing. London 1978, S. 151–216

18 Vgl. Dehaene Stanislas, S. 127

19 Speer Nicole K. et al: »Reading Stories Activates Neural Representations of Visual and Motor Experiences«, in: Psychological Science 20, Nr. 8/2009, S. 989–999

20 Nielsen Jakob: How Users read on the Web, www.useit.com/ alertbox/9710a (1997)

21 In der umfangreichen Studie »The secret lives of experiments« kritisiert der Psychologe Jonathan Carp, dass viele Untersuchungen im Rahmen der Hirnforschung methodisch unzureichend sind. Zit. n. http://science.orf.at/stories/1705204/

22 Nielsen Jakob: www.useit.com/alertbox/reading_pattern

23 Carr Nicholas (2010), S. 200

24 Media Psychology 9/2007, S. 179–191, zit. n. Carr Nicholas (2010), S. 206

25 Assmann Jan: »Die Frühzeit des Bildes«, in: Maar Christa und Burda Hubert (Hg.): Iconic Turn. Die neue Macht der Bilder. Das neue Buch zur Vorlesungsreihe. Köln 2004, S. 304 ff

26 Maar Christa und Burda Hubert (Hg.) (2004), S. 11

27 Belting Hans: »Echte Bilder und falsche Körper. Irrtümer über die Zukunft des Menschen«, in: Maar Christa und Burda Hubert (Hg.) (2004), S. 355

28 Vgl. Stöckl Hartmut (2004)

29 Singer Wolf: »Das Bild in uns – Vom Bild zur Wahrnehmung«, in: Maar Christa und Burda Hubert (Hg.) (2004), S. 56 ff

30 Das mentale Bild in unserem Kopf ist kein echtes Bild, sondern eher ein abstrakter Cluster vernetzter Daten. Ray Jackendoff sagt: »There's no little person inside the head who sees images.« Vgl. Stöckl Hartmut (2004), S. 61

31 Frith Chris (2010): Wie unser Gehirn die Welt erschafft. Heidelberg 2010, S. 147 und S. 175

32 Kandel Eric (2012), S. 359

33 Singer Wolf: »Das Bild in uns – Vom Bild zur Wahrnehmung«, in: Maar Christa und Burda Hubert (Hg.) (2004), S. 69

34 www.medialine.de/deutsch/wissen/medialexikon.php?snr=1330

35 Stöckl Hartmut (2004), S. 56 ff

36 Stöckl Hartmut (2004), S. 60

37 Vulner Jo (2000), S. 389

38 Barthes Roland: Mythen des Alltags. Frankfurt am Main 1964

39 Stafford Barbara Maria: »Neuronale Ästhetik – Auf dem Weg zu einer kognitiven Bildgeschichte«, In: Maar Christa und Burda Hubert (Hg.) (2004), S. 106

40 Löffler Diana: Gestaltung intuitiver Benutzung mit Image Schemata, www.ibis-rojekt.de/icc/assisto/nav/123/broker.jsp?uMen=66970e07-a8d2-7031-486e-6c816350fd4c

41 Dehaene, Stanislas (2010), S. 151 ff

42 Dehaene, Stanislas (2010), S. 242

43 Hesse Hermann: Der Steppenwolf. Frankfurt am Main: 1975, S. 179

44 von Hofmannsthal Hugo: Buch der Freunde, Gesammelte Werke in zehn Einzelbänden, Band 10, Reden und Aufsätze III, Bibliografie. Frankfurt am Main 1986, S. 268

45 Kress Gunther (2010), S. 79

46 Kress Gunther (2010), S. 87

47 Hier und im Folgenden: Böck Margit, Falschlehner Gerhard, König Michaela (2012)

48 Vgl. BIFIE (Hg.) PISA (2012), PIRLS 2006

49 Baacke Dieter (2003), S. 81

50 Rosebrock Cornelia und Nix Daniel (2011), S. 97

51 Dieses schöne Begriffspaar verdanke ich Christoph Schäfer von der Stiftung Lesen.

52 OECD-Studie 2003

53 OECD-Studie 2003

54 Der basale Leseerwerb kann hier nur gestreift werden, es gibt jedoch wunderbare Literatur dazu. Geprägt haben mich vor allem Hans Brügelmanns ganzheitlicher Ansatz und Renate Valtins Lesekompetenzbegriff.

55 Valtin Renate (2012), S. 9

56 Coltheart Max (1978): »Lexical Access in Simple Reading Tasks«, in: Geoffrey Underwood (Hg.): Strategies of Information Processing. London 1978, S. 151 ff

57 Es gab Tests mit zwei Gruppen von StudentInnen, die eine Kunstsprache erlernen sollten, die eine Gruppe lernte Wortbilder, die andere Gruppe das Alphabet. Die erste Gruppe erlas anfangs die

erste Wortgruppe schneller, aber schon nach kurzer Zeit zeigte sich die Überlegenheit der zweiten Gruppe. Vgl. Dehaene, Stanislas (2010), S. 257

58 Vgl. Valtin Renate (2012)

59 Wolf Maryanne (2009), S. 155

60 Rosebrock Cornelia und Nix Daniel (2011), S. 21

61 Spitzer Manfred (2002), S. 67

62 Bruneforth Michael, Herzog-Punzenberger Barbara und Lassnigg Lorenz (Hg.): Nationaler Bildungsbericht Österreich: Indikatoren und Themen im Überblick. Graz 2012, S. 44

63 Siehe www.lesepartnerinnen.at/Partnerlesen

64 Unter dem Namen »Paired Reading« wurde dieses Modell in den USA entwickelt, wobei meistens TutorIn und SchülerIn zunächst gleichzeitig laut lesen, und erst nach und nach, wenn der/die SchülerIn sich im Text sicher fühlt, liest er/sie alleine weiter.

65 Siehe www.ksl.salzburg.at/symposium_11/ksl_strobl2011_vortrag_ huettis-graff

66 Pennac Daniel: Wie ein Roman. Köln 2006 (orig.: Comme un roman 1992)

67 Alle Zitate siehe YouTube unter »Kommentare« zum Hörbuch von Goethes »Die Leiden des jungen Werther«

68 Ovid, Metamorphosen in der Gemäldegalerie des KHM. KHM 2011

69 Um die »Leerstellen« kreisen philosophisch-literarische Diskussionen. Der Philosoph Roland Barthes etwa kritisiert: »Der Westen tränkt alle Dinge mit Sinn … durch hastiges Zustopfen der Lücken.« Barthes Roland: Das Reich der Zeichen. Frankfurt 1981, S. 65

70 Aichinger Ilse: Der Gefesselte. Gesammelte Werke Band 2, Erzählungen 1, 1948–1952. Frankfurt 2005

71 Berenson Bernard, zit. n. Kandel (2012), S. 522

72 Kandel Eric (2012), S. 407

73 Marienkäfer haben laut Wikipedia von zwei bis zu 24 Punkten auf ihrem Rücken.

74 Das sind kleine Monster aus einer gleichnamigen Manga-Serie.

75 Melanie Schober, eine Salzburger Manga-Zeichnerin, in: Die Presse, Ausgabe vom 04. 02. 2012, »Die Helden der Sprechblase«

76 Mahler Nicolas: Alte Meister, Berlin 2011; Corbeyran Eric (2010): Die Verwandlung von Franz Kafka. München 2010

77 www.britannica.com/blogs/2008/07/why-abundance-is-good-a-reply-to-nick-carr/

78 Hurrelmann Bettina: »Literarische Figuren. Wirklichkeit und Konstruktivität«, in: Literarische Figuren. Praxis Deutsch 177. Seelze 2003, S. 4

79 Jelinek Elfriede und Landes Brigitte (Hg.): Jelineks Wahl. Literarische Verwandtschaften. München 1998, S. 14

80 Jelinek und Landes (1998), S. 13

81 Schopenhauer Arthur (1986): Sämtliche Werke in fünf Bänden, Band IV: Parerga und Paralipomena, Kapitel XXII; § 261. Frankfurt am Main 1986

Quellen

Bücher

Ballstaedt, Steffen-Peter (1997): Wissensvermittlung, Weinheim

Ballstaedt, Steffen-Peter u. a. (1981): Texte verstehen. Texte gestalten, München – Wien – Baltimore

Baurmann, Jürgen (2009): Sachtexte lesen und verstehen. Grundlagen – Ergebnisse – Vorschläge für einen kompetenzfördernden Unterricht, Seelze

Bergmann, Wolfgang (2000): Computer machen Kinder schlau. Was Kinder beim Computerspielen sehen und fühlen, denken und lernen, München

Bertschi-Kaufmann, Andrea (2003): Lesen und Schreiben in einer Medienumgebung. Die literalen Aktivitäten von Primarschulkindern, Zentrum Lesen, Aargau

Beutner, Eduard und Tanzer, Ulrike (Hg.) (2010): Lesen. Heute. Perspektiven, Innsbruck – Wien – Bozen

BIFIE (Hg.) (2009): PIRLS 2006, Graz

BIFIE (Hg.) (2012): PISA 2012, Graz

Böck, Margit (2007): Gender und Lesen. Geschlechtssensible Leseförderung, bmukk Wien

Böck, Margit (2008): Förderung der Lesemotivation, bmukk Wien

Böck, Margit, Falschlehner, Gerhard, König, Michaela (2012): Family Literacy. Bestandsaufnahme von nationalen und internationalen Projekten, Buchklub Wien

Boehm, Gottfried (Hg.) (2006): Was ist ein Bild? München

Bönnighausen, Marion und Rösch, Heidi (Hg.) (2004): Intermedialität im Deutschunterricht, Hohengehren

Bos, Wilfried et al (2005): IGLU. Vertiefende Analysen zu Leseverständnis, Rahmenbedingungen und Zusatzstudien, Münster

Brinkmann, Erika und Valtin, Renate (Hg.) (2012): Lesen- und Schreibenlernen mit digitalen Medien, Deutsche Gesellschaft für Lesen und Schreiben Berlin

Brügelmann, Hans (1992): Kinder auf dem Weg zur Schrift. Eine Fibel für Lehrer und Laien, Lengwil

Brügelmann, Hans, Brinkmann, Erika (1998): Die Schrift erfinden, Lengwil

Bruhn, Matthias (2009): Das Bild. Theorie – Geschichte – Praxis, Berlin

Bruneforth, Michael, Herzog-Punzenberger, Barbara und Lassnigg, Lorenz (Hg.) (2012): Nationaler Bildungsbericht Österreich: Indikatoren und Themen im Überblick, Graz

Burda, Herbert (Hg.) (2010): In Medias Res. Zehn Kapitel zum Iconic Turn, München

Campbell, Joseph (1999): Der Heros in tausend Gestalten, Frankfurt am Main

Campell, Joseph (1994): Die Kraft der Mythen. Bilder der Seele im Leben des Menschen, Düsseldorf und Zürich

Carr, Nicholas (2010): Wer bin ich, wenn ich online bin … und was macht mein Gehirn solange? Wie das Internet unser Denken verändert, München

Carter, Rita (2010): Das Gehirn, München

Dehaene, Stanislas (2010): Lesen. Die größte Erfindung der Menschheit und was dabei in unseren Köpfen passiert, München

Dehn, Mechthild et al. (2004): Zwischen Text und Bild. Schreiben und Gestalten mit neuen Medien, Freiburg

Deutsches Jugendinstitut (Hg.) (2002): Sprachförderung im Vor- und Grundschulalter, Opladen

Doelker, Christian (1997): Ein Bild ist mehr als ein Bild. Visuelle Kompetenz in der Multimedia-Gesellschaft, Stuttgart

Dürr-Reinhard, Franziska und Vuillaume, David (Hg.) (2006): Staunen, begreifen, liebäugeln – Kinder und Jugendliche im Museum, Baden (CH)

Eco, Umberto (2006): Quasi dasselbe mit anderen Worten. Über das Übersetzen, München – Wien

Elschenbroich, Donata (2001): Weltwissen der Siebenjährigen. Wie Kinder die Welt entdecken können, München

Falschlehner, Gerhard (1997): Vom Abenteuer des Lesens, Salzburg – Wien

Falschlehner, Gerhard u. a. (1999): Lesen fördern im Medienzeitalter. Beiträge zum Grundsatzerlass Leseerziehung, Buchklub Wien

Feibel, Thomas (2009): Kindheit 2.0. So können Eltern Medienkompetenz vermitteln, Stiftung Warentest Berlin

Fenkart, Gabriele (2012): Sachorientiertes Lesen und Geschlecht. Transdifferenz – Geschlechtersensibilität – Identitätsorientierung, Weinheim und Basel

Garbe, Christine, Holle, Karl, Jesch, Tatjana (2010): Texte lesen. Textverstehen – Lesedidaktik – Lesesozialisation, Paderborn

Garbe, Christine, Maik, Philipp, Ohlsen, Nele (2009): Lesesozialisation. Paderborn

Glattauer, Niki (2010): Der engagierte Lehrer und seine Feinde. Zur Lage an Österreichs Schulen, Wien

Glattauer, Niki (2011): Die PISA-Lüge. Wie unsere Schule wirklich besser wird, Wien

Groeben, Norbert und Hurrelmann, Bettina (Hg.) (2002): Lesekompetenz: Bedingungen, Dimensionen, Funktionen, Weinheim

Groeben, Norbert und Hurrelmann, Bettina (Hg.) (2002a): Medienkompetenz: Voraussetzungen, Dimensionen, Funktionen, Weinheim

Groeben, Norbert und Hurrelmann, Bettina (Hg.) (2004): Lesesozialisation in der Mediengesellschaft: Ein Forschungsüberblick, Weinheim

Groeben, Norbert und Hurrelmann, Bettina (Hg.) (2006): Empirische Unterrichtsforschung in der Literatur- und Lesedidaktik: Ein Weiterbildungsprogramm, Weinheim

Groß, Gerald (2008): Wir kommunizieren uns zu Tode. Überleben im digitalen Dschungel, Wien

Großegger, Beate (2011): Jugend in der Mediengesellschaft. Sozialisiert im Zeitalter des dynamischen technologischen Wandels, Institut für Jugendkulturforschung, Wien

Großegger, Beate und Heinzlmaier, Bernhard (2007): Die neuen vorBilder der Jugend, Wien

Grundsatzerlass Leseerziehung des bmukk (2013), Wien

Haeusler, Tanja und Johnny (2012): Netzgemüse. Aufzucht und Pflege der Generation Internet, München

Heufeld, Paul (2006): Comprehension instruction in content area classes. In: The Reading Teacher, Volume 59, IRA, Newark

Hoffmann, Dagmar und Mikos, Lothar (Hg.) (2010): Mediensozialisationstheorien. Modelle und Ansätze in der Diskussion, Wiesbaden

Hofmann, Bernhard (1998): Lese-Rechtschreibschwäche – Legasthenie. Erscheinungen, Theorieansätze, Prävention, München

Horstkotte, Silke und Leonhard, Karin (Hg.) (2006): Lesen ist wie Sehen. Intermediale Zitate in Bild und Text, Köln – Weimar – Wien

Jochum, Manfred (2003): Bis uns Hören und Sehen vergeht. Stolpersteine auf dem Weg zu einer neuen Medienwirklichkeit, Wien

Johnson, Steven (2006): Neue Intelligenz. Warum wir durch Computerspiele und TV klüger werden, Köln

Kandel, Eric (2012): Das Zeitalter der Erkenntnis. Die Erforschung des Unbewussten in Kunst, Geist und Gehirn von der Wiener Moderne bis heute, München

Klicpera, Christian et al. (2003): Legasthenie. Modelle, Diagnose, Therapie und Förderung, München – Basel

Klippert, Heinz (1994): Methodentraining, Weinheim – Basel

Kress, Gunther und van Leeuwen, Theo (2006): Reading Images. The Grammar of Visual Design, New York

Kress, Gunther (2010): Multimodality. A social semiotic approach to contemporary communication, New York

Kunczik, Michael und Zipfel, Astrid (2006): Gewalt und Medien. Ein Studienhandbuch, Köln

Lischka, Konrad (2002): Spielplatz Computer. Kultur, Geschichte, Ästhetik des Computerspiels, Hannover

Maar, Christa und Burda, Hubert (Hg.) (2004): Iconic Turn. Die neue Macht der Bilder, Köln

Manguel, Alberto (1999): Eine Geschichte des Lesens, Reinbek bei Hamburg

McCloud, Scott (2001): Comics richtig lesen. Die unsichtbare Kunst, Hamburg

McCloud, Scott (2007): Comics machen. Alles über Comic, Manga und Graphic Novels, Hamburg

Mitchell, W. J. T. (2008): Das Leben der Bilder. Eine Theorie der visuellen
    Kultur, Nördlingen

Paus-Hasebrink, Ingrid, Bichler, Michelle (2008): Mediensozialisationsfor-
    schung, Wien – Bozen – Innsbruck

Pöyskö Anu (2011): Ständig online und super vernetzt – der Medienalltag
    von Jugendlichen, in: Erziehung und Unterricht, November-Dezem-
    ber 9–10/2011, Wien, S. 858 ff

Raab, Klaus (2012): Wir sind online – wo seid ihr? Von wegen dummge-
    surft! Die unterschätzte Generation, München

Rosebrock, Cornelia und Nix, Daniel (2011): Grundlagen der Lesedidaktik
    und der systematischen schulischen Leseförderung, Hohengehren

Rosebrock, Cornelia et al. (2011): Leseflüssigkeit fördern. Lautleseverfahren
    für die Primar- und Sekundarstufe, Seelze

Rosenstingl, Herbert und Mitgutsch, Konstantin (2009): Schauplatz
    Computerspiele, Wien

Schiefele, Ulrich et al. (Hg.) (2004): Struktur, Entwicklung und Förderung
    von Lesekompetenz. Vertiefende Analysen im Rahmen von PISA,
    Wiesbaden

Schirrmacher, Frank (2009): Payback. Warum wir im Informationszeitalter
    gezwungen sind zu tun, was wir nicht tun wollen, und wie wir die
    Kontrolle über unser Denken zurückgewinnen, München

Spitzer, Manfred (2002): Lernen: Gehirnforschung und Schule des Lebens,
    Heidelberg – Berlin

Spitzer, Manfred (2012): Digitale Demenz. Wie wir uns und unsere Kinder
    um den Verstand bringen, München

Steffens, Ulrich und Messner, Rudolf (Hg.) (2005): Neue Zugänge zum
    Lesen schaffen. Lesekompetenz und Leseförderung nach PISA,
    Institut für Qualitätsentwicklung Wiesbaden

Stiftung Lesen (2009): Lesesozialisation von Kindern in der Familie.
    Untersuchung zur familiären Lese- und Mediensozialisation in
    Deutschland, Mainz

Stöckl, Hartmut (2004): Die Sprache im Bild – Das Bild in der Sprache. Zur
    Verknüpfung von Sprache und Bild im massenmedialen Text, Berlin

Street, Brian V. (2003): Social Literacies. Critial Approaches to Literacy in Development, Ethnography und Education, Eastbourne

Suchań Birgit et al. (Hg.) (2006): Die Lesekompetenz am Ende der Volksschule – Österreichischer Expertenbericht, Graz

Thompson, Richard F. (2001): Das Gehirn. Von der Nervenzelle zur Verhaltenssteuerung, Heidelberg

Watzlawick, Paul (1983): Anleitung zum Unglücklichsein, München

Wolf, Maryanne (2009): Das lesende Gehirn. Wie der Mensch zum Lesen kam – und was es in unseren Köpfen bewirkt, Heidelberg

Wittgenstein, Ludwig (1918/2003): Tractatus logico-philosophicus, Logisch-philosophische Abhandlung, Frankfurt am Main

Valtin, Renate (2012): Phonologische Bewusstheit: Ein kritischer Blick auf ein modisches Konstrukt, unveröffentlichtes Manuskript, Fachportal Pädagogik, Frankfurt am Main

Vulner, Jo (2000): Info-Wahn. Eine Abrechnung mit dem Multimediajahrzehnt, Wien

_____ *Websites*

Bedingungsfaktoren des erfolgreichen Übergangs in Kindergarten und Grundschule, Studie der Universität Bochum, 2008, www.ruhr-uni-bochum.de/rubin/rubin-fruehjahr-08/geistes

D.A.CH.-Studie: Medienvorlieben der Deutschen, der Österreicher und der Deutsch sprechenden Schweizer im März 2009, www.boersenblatt.net/325924

EU.Read, www.euread.com

Family Literacy. Österreichischer Buchklub der Jugend, www.lesepartnerinnen.at

JIM Studie 2012, Medienpädagogischer Forschungsverbund Südwest 2012, www.mpfs.de

KIM Studie 2010, Medienpädagogischer Forschungsverbund Südwest 2010, www.mpfs.de

Koordinationsstelle Lesen, www.ksl.salzburg.at

Lesen in Deutschland 2008, Stiftung Lesen, www.stiftunglesen.de

Lesen in Österreich, www.buchklub.at

Lesen, Schreiben und neue Medien. Theoretische Einführung in Litereacy-Konzepte und Umsetzungsprojekte für die Praxis, www.literacy.educaguides.ch

Lesesozialisation von Kindern in der Familie 2009, Stiftung Lesen, www.stiftunglesen.de

PHILIPP. Der Lese-Award. Buchklub, www.lese-award.at

Wie ticken Jugendliche? Heidelberg 2009, www.sociovision.com

16. Shell-Jugendstudie, www.shell.de/aboutshell/our-commitment/shell-youth-study/downloads

Kunczik, Michael und Zipfel Astrid (2004): Medien und Gewalt. Der aktuelle Forschungsstand, http://bupp.at/uploads/media/Kunczik_und_Zipfl_Medien_und_Gewalt.pdf

OECD-Studie (2003): Key Competences for a Successful Life and a Well-Functioning Society, www.oecd.org/edu/oecdstudieidentifiziert-schlusselkompetenzenfurpersonlichessozialesundokonomisches-wohlergehen

____ *Zeitschriften*

IDE. Zeitschrift für den Deutschunterricht in Wissenschaft und Schule, Innsbruck-Wien-Bozen (Studienverlag)
    Internet. Heft 2/2009
    Kultur des Sehens. Heft 2/2012
    Reifeprüfung Deutsch. Heft 1/2012
    Literale Praxis. Heft 1/2013

Deutsch differenziert, Braunschweig (Westermann)
    Buch und Buchkultur. Heft 4/2011
    Leseschwierigkeiten begegnen. Heft 4/2012
    Lesewelten eröffnen. Heft 2/2011
    Übergänge zwischen Kindergarten und Grundschule. Heft 4/2009

Praxis Deutsch, Seelze (Friedrich)
    Lesekompetenz. Nr. 176/2002
    Lesekultur. Heft 231/2012
    Literarische Figuren. Heft 177/2003
    Sachbücher und Sachtexte lesen. Heft 189/2005

Text und Bild. Heft 232/2012

Grundschule, Magazin für Aus- und Weiterbildung, Braunschweig (Westermann)

Literatur genießen. Literatur verstehen. Heft 7–8/2011

Medienkunst. Heft 11/2009

Recherchieren. Heft 5/2009

Sachtexte. Lesen. Verstehen. Schreiben. Heft 9/2012

Schriftenreihe der Stiftung Lesen, Mainz

Medienkindheit. Wandel der medialen Lebenswelten von Kindern und Jugendlichen. Band 4/2008

Was geschieht beim Lesen im Gehirn? Grundlagen und Erkenntnisse der Hirnforschung und ihre Relevanz für die Leseförderung. Band 9/2010

Der Deutschunterricht, Velber bei Hannover (Friedrich)

Sprache und Kommunikation im Web 2.0. Band 6/2012

Sprachverfall? Band 5/2009

Sonstige:

Medienbildung. Wer beherrscht wen? Praxis Schule 5–10/2009, Braunschweig (Westermann)

Auf der Suche nach Sinn. Woran Kinder und Jugendliche heute glauben, 2005, Seelze (Friedrich)

Lesen + Schreiben. Schüler, 2003, Seelze (Friedrich)

Perspektiven für eine effiziente Leseerziehung. Erziehung und Unterricht. 5–6/2013, Wien (ÖBV)

Wie werden wir morgen lesen? Die digitale Kultur-Revolution und was sie verändern wird, GEO Heft 08/2009, Hamburg (Gruner & Jahr)

1001 und 1 Buch. Das Magazin für Kinder- und Jugendliteratur. Hg v. Institut f. Jugendliteratur, Wien

Lesemomente. Magazin für Eltern und LehrerInnen. Hg v. Österreichischen Buchklub der Jugend.